说到孩子心里去
完美亲子沟通书

富杰 ◎ 著

北京联合出版公司

目 录

第一章　不要否定孩子

第一节　打击孩子的梦想，是父母最大的失职 / 1
第二节　梦想不分高低贵贱 / 6
第三节　孩子有缺点，不要盯着不放 / 10
第四节　赞赏孩子身上的闪光点 / 14
第五节　鼓励孩子相信自己 / 18
第六节　好奇心最可贵 / 23
第七节　孩子情绪低落时，让他知道有你陪伴 / 28
第八节　有效缓解孩子的心理压力 / 32

第二章　可以批评，但不要伤害

第一节　孩子行为"另类"，怎么办？ / 35
第二节　不要在外人面前揭孩子"伤疤" / 38
第三节　"别人家的孩子"真的那么好？ / 42
第四节　不要用话语攻击孩子 / 46
第五节　打骂并不能真正树立威信 / 49

第六节 一味说教会带来隔阂 / 53
第七节 与孩子沟通时,腔调语气要恰当 / 56
第八节 批评孩子,最忌讳唠叨不休 / 59
第九节 严厉批评,语气也要委婉 / 64
第十节 要给孩子留面子 / 67
第十一节 与其批评,不如建议 / 71

第三章 赞美孩子的每一个进步

第一节 每天夸孩子一句 / 75
第二节 明确赞扬,孩子才能做得更好 / 79
第三节 赞美孩子要真心实意 / 82
第四节 只要孩子尽全力,就要称赞孩子 / 86
第五节 孩子有进步,父母就该称赞 / 90
第六节 赞美适度才是对孩子好 / 93

第四章 放下家长的架子

第一节 尊重孩子的兴趣和爱好 / 97
第二节 尊重孩子的隐私 / 102
第三节 站在孩子的角度看问题 / 107
第四节 尊重孩子的朋友 / 111
第五节 尊重孩子独立自主的能力 / 115
第六节 孩子也有发言权 / 119

第五章 说教之前，父母要学会倾听

第一节 共情和体谅，让孩子主动倾诉 / 123
第二节 不要逼迫孩子倾诉心事 / 128
第三节 倾听是沟通的一部分 / 132
第四节 不了解孩子，是倾听出了问题 / 136
第五节 孩子做错事，先听听是怎么回事 / 140
第六节 耐心倾听孩子的话，不要中途打断 / 144
第七节 不要被动倾听，要表现出积极的一面 / 149
第八节 倾听时，氛围选择很重要 / 153
第九节 倾听时，要表现自己接受的意愿 / 157
第十节 倾听时要及时给予孩子回应 / 161
第十一节 多听少说，不做霸道父母 / 164
第十二节 孩子的话也有弦外之音 / 168

第六章 引导孩子从侧面意识到自己的错误

第一节 让孩子学会反思 / 172
第二节 给孩子发泄的机会 / 176
第三节 用故事影射孩子的错误 / 180
第四节 说教和强迫，不如摆事实讲道理 / 185
第五节 用暗示法教育孩子 / 189

第七章　督促孩子跟坏习惯说再见

第一节　卫生习惯至关重要 / 193
第二节　纠正孩子挑食偏食的毛病 / 197
第三节　帮助孩子养成良好的作息规律 / 201
第四节　孩子边吃边玩，父母如何纠正 / 206
第五节　看电视也要把握好度 / 210
第六节　帮孩子远离电脑游戏和网络 / 214
第七节　如何纠正孩子的残忍行为 / 218
第八节　对孩子的肆意妄为，千万不能放任 / 222
第九节　尽早纠正孩子动手打人的行为 / 227
第十节　孩子"顺手牵羊"，父母正确引导 / 231
第十一节　孩子说谎，父母要自我检讨 / 236

第八章　善于拒绝孩子的过分要求

第一节　有求必应，只会助长孩子的非分之心 / 242
第二节　如有正当理由，可以直接拒绝孩子的无理要求 / 246
第三节　提前抑制孩子提要求 / 249
第四节　拒绝了就不要妥协 / 253
第五节　拒绝后，学会安抚孩子 / 258

第九章　这样给孩子定规矩，孩子不抵触

第一节　孩子为什么对规矩有抵触心理 / 262

第二节 下达指令要具体，不能太笼统 / 266
第三节 适当给孩子一些惩罚，让孩子服从 / 270
第四节 乱发脾气需要面壁思过 / 274
第五节 跟孩子约法三章，培养孩子的自控力 / 279
第六节 孩子到公共场合喜欢瞎闹，需提前提出要求 / 284
第七节 父母忙碌，要让孩子学会不打岔 / 290
第八节 让孩子从一项活动轻松过渡到另一项活动 / 295
第九节 不要给孩子开空头支票 / 299
第十节 不要要求孩子绝对服从 / 303
第十一节 父母双方对孩子的教育要一致 / 307

第一章　不要否定孩子

第一节　打击孩子的梦想，是父母最大的失职

大多数父母认为，孩子从小就应该好好读书，如果学习成绩不好无论有多么美好的愿望都是无用的。当孩子说"我长大后想当明星""我长大后想当科学家"或是"我长大后想成为一名宇航员"时，父母立即会说："你连这么简单的知识都记不住，还想当什么科学家、宇航员，还是别做梦了。"父母也许只是随口一说，但孩子会信以为真，于是，他们的自信心就被一句没有经过深思熟虑脱口而出的话彻底摧毁了。

其实，父母应该知道，一个人在小时候表现得好坏不能反映出他长大后所创造成就的大小。从古至今，很多事例可以证明这一点。当然这并不是说，孩子不好好学习也无所谓，父母无须教导，而是说父母不应该过早否定孩子，要用正确的观念指引孩子，让孩子保持自信、勇敢、积极向上的良好心态，这样才能帮助孩子朝着正确的道路前进。

毕加索小时候经常发呆，同学问他一加二等于几，他回答不出来，于是被同学讥讽为"呆子"。毕加索的老师更是认为

这个孩子智力低下，根本不具备学习能力，因此经常在他父母面前告状，说这个学生如何痴呆，这让毕加索的母亲感觉颜面无存。但是毕加索却在其他方面有惊人的天赋，他总是在毫不费力的情况下就能作出一幅让人耳目一新的画。

当然，在那个年代，一个人如果在智力上有缺陷，很容易遭受社会的嘲笑和轻视，无论他在其他方面有怎样的才华，也不会被人重视。如果这一切都让一个年纪尚轻的孩子背负，简直太残忍了。

面对日益猛烈的冷嘲热讽，小毕加索心中满是阴霾，他变得越来越不爱说话，整天低着头，成了一个不合群的孩子。幸运的是，毕加索的父亲堂·何塞是一个画家，只不过在当时不算入流，挣钱也很少，少到不足以维持他一个人的开销。不过，在对待孩子的问题上，何塞表现得与他妻子不同。他从来不用大众的眼光去评判自己的孩子，他相信毕加索有独特之处，只不过没有被发现而已。他学着赏识与认可毕加索，并坚持认为，毕加索学习不好，但是可以发展绘画方面的特长。毕加索那时年龄虽小，但也从父亲的言行举止中感受到父亲的认可与赏识，他那颗受伤的心一点一点得到了安慰。

每天何塞会送儿子上学，他想儿子读书不好，可不能丢了绘画天赋。他把儿子带到教室，把鸽子标本当作临摹的东西放在桌子上，还专门把带来的画笔交给儿子，让他作画。在父亲的支持下，毕加索每天坚持绘画，因为他觉得在文化课上不曾有过的快乐在绘画中都找了回来。每天被学校惩罚对于毕加索来说已经习以为常，但是只要有地方能放纸和笔，他就会画画。而父亲是毕加索最坚强的依靠，父亲不会粗暴地对待他，也不会否定他的想法,只要毕加索愿意画画,父亲会一直支持。因此毕加索找到了面对生活的勇气,在通往理想的道路上坚持不懈,最终获得令人瞩目的成就。

如果当初毕加索被老师和同学称为"低能儿"的时候,父亲没有站出来赏识和认可儿子的才华,可能从小到大,毕加索会一直生活在忧郁与恐惧之中,以致扼杀了自己的绘画天赋。但是父亲发现了毕加索优于常人的一面,并给予认可和激励,帮他树立自信,助他渡过难关,小毕加索才能扫除心理上的阴霾,在绘画的世界中畅游,成为享誉世界的艺术大师。

为人父母,都有一颗望子成龙的心,但是好的期盼也要与现实情况相结合。不要只懂得让孩子埋头苦读,而忽视了孩子在其他方面的特长。不要只把眼光放到课本和作业上,看见孩子没有读书或是没有及时完成作业就说出一些打击性的话伤害孩子的自尊。父母以为提前否定孩子不切实际的幻想是对孩子的一种激励,却不知道这种做法已经阻断了孩子对美好未来的畅想,令他整天生活在气馁与自卑之中。父母可以想想,如果一个孩子连自己的未来都无心关注,学习再好又有什么用呢?

松松最近迷上了武打片,只要是成龙、甄子丹还有李小龙演的电影,他都要看,而且每部电影基本都看了两遍。松松为什么喜欢看武打电影呢?原来是因为他有一个伟大的梦想——长大后成为像李小龙、成龙一样的武打明星。一次,松松看李小龙演的一部电影,看到演员在电视里挥动双截棍那帅气的样子时,不住地叫好,还跟着嘿嘿哈嘿地模仿起来。爸爸妈妈听到这声音很是心烦，让他老实坐下，别再做什么稀奇古怪的动作。松松跟爸爸说："爸爸，我在模仿李小龙舞双截棍呢。你看我舞得是不是很好？以后我要和李小龙一样，也成为一名武打巨星，先在中国成名，然后到美国闯荡，让全世界都知道中国有我这个武打巨星……"爸爸嘴里"啧啧"两声说道："别做梦了，你还想当武打巨星，骗你自己还行。你连书都读不好，以后能找到个工作就不错了。"松松听了爸爸的话很是灰心，不愿再跟爸爸探讨梦想的事情。

每个孩子都有自己的梦想，或许是因为他们还没有真正接触社会，无法预料社会的艰难险阻，梦想可能与现实脱节，或是相差太远。但是作为父母，不该轻易用一两句话就将孩子心中熊熊燃烧的希望浇灭。松松的明星梦看似很不现实，但俗话说凡事皆有可能，谁又敢一口咬定这一天真的不会到来呢。

一个人的未来是很难预料的，父母不该随意断言。不要为了在孩子面前树立威信，就直接否定孩子的想法，而让孩子接受父母的安排。孩子在成长的道路上必定会经历艰难险阻，但不应该怕孩子受伤就给他们设定好一条父母自认为安全的路线，然后让他们按着这条路线去生活、去成长。父母要相信，每一条路线都有其独特的风景，只有让孩子去尝试，他们才能欣赏到。

不要过早否定孩子的梦想，不要轻易给孩子的想法下结论，因为你会把你的消极情绪传递给孩子，让孩子失去判断自身情况的能力。如果父母一直否定孩子，孩子会在潜意识中认同父母的想法，继而吸收更多的负能量，那会使他畏缩不前。

孩子毕竟是孩子，比较懵懂无知。父母应该用自己积极乐观的心态感染孩子，鼓励孩子，让孩子感受到父母的赏识和认同。即使孩子在某些地方做得不够好，父母也要充当孩子坚强的后盾，在后方支持和保护他们。当孩子听到父母的一句"去做吧，你一定可以"，相信即使前进的道路布满荆棘，他们也能勇敢战胜一切挑战，自信地走下去。

第二节 梦想不分高低贵贱

在 20 世纪八九十年代，由于社会物资不充足，科学技术不够发达，大多数孩子的理想是成为科学家、宇航员、医务人员等文化程度较高的人。然而到了 21 世纪，随着社会的多元化发展，儿童的理想和追求也发生了变化。每当他们被问道"你的理想是什么"的时候，他们给出的答案有花匠、卡车司机、农民伯伯、售票员、饭店厨师、街头表演者等，可谓多种多样、千奇百怪。

当孩子不经意间说出这些理想的时候，大多数父母认为孩子的追求太低，实在是不可理喻，于是他们采用各种方法打击、挖苦、讽刺自己的孩子，希望他们将低层次的理想变更为崇高的理想。还有父母甚至早已为孩子绘制出一幅理想的蓝图，迫使孩子按照父母设计好的轨道前进。其实，父母这种做法会给孩子的幼小心灵带来伤害。

萱萱已经上小学一年级了，她最大的爱好是看花。每当妈妈带她到公园，她便立即到开满鲜花的地方仔细观察。如果去花卉市场，看到那么多不常见的鲜花，闻着清香扑鼻的气味，她更是久久站在鲜花跟前不愿离开。

一次，妈妈问萱萱："萱萱已经是小学生了，长大后想要做什么呢？"萱萱眨了眨明亮的眼睛，认真说道："我想像花卉市场的那个阿姨一样去卖花。每天看着那么多鲜花，该多高兴呢。"妈妈听了萱萱的回答，立即问道："萱萱怎么不想当医生或是老师呢，这样的工作多受人尊敬呢？"萱萱回答："我不要，我就是要去卖花，因为我喜欢鲜花。"妈妈很是生气，用严肃的语气说道："萱萱，你就没有高一点的理想和追求吗？真是没出息。卖花算什么理想？要是干这种工作的话，妈妈还用供你读书吗？你还需要奋斗吗？简直太让我失望了。"

萱萱完全没想到自己说出喜欢的事情，居然会遭到妈妈的批评，感到十分沮丧。

孩子在梦想的萌芽时期，说出的想法可能有些真实可行，有些不够理智，但却是他们发自内心的最纯真的声音。然而作为父母，一听到孩子的梦想与他们自己心里所期望的不一致，就好像一个刽子手一样，恨不得一句话或一个眼神，将孩子的梦想摧毁，这会给孩子心理带来巨大伤害。孩子毕竟年龄小，思想不够成熟，加之缺乏社会经验，在设定梦想的时候仅仅是从自己的喜好出发，没有掺杂任何功利成分。如果家长将此归结为"没出息"或是"不争气"，便对孩子冷嘲热讽，很容易影响孩子对事物的合理判断，从而令孩子感到迷茫。

其实，当父母自己处于孩童时期时，虽然梦想着成为宇航员或是科学家，但是长大成人后，能实现这种崇高理想的人真的是少之又少。这是因为人在年龄和思想不成熟的时候，看待问题的方式或对事物的认知是有局限性的,因思想受到一定限制,便会想当然地冒出各种想法,而这些想法是否合理或是需要付出多大的努力才能实现,则不在他们的考虑范围之内。随着年龄的增长和社会阅历的丰富,人的想法也不断发生着变化,更倾向于树立和现实情况相配的理想。因此小时候的梦想并不能决定其一生成就的高低,只要当初的梦想不违背法律和道德,即使是不合理的,父母也无须用自己的经验阻止孩子的探寻,应该给予孩子尊重,认同孩子的梦想和追求。

多多是个活泼好动的小男孩,为了培养他的专注力,父母给他买来各种玩具车模型,让他自己摆弄。此后,多多最喜欢的玩具就变成了汽车模型,特别是卡车模型。每天在家里,多多将所有的卡车排成长长一队,让它们拉上各种货物前进,到达目的地后,再将货物从卡车里卸下来,然后放其他东西上去再运送到另外的地方,玩得特别专注。即便到室外活动,他也要带着他"车队"中的一辆卡车出去,和其他小朋友玩运输小石子的游戏。爸爸妈妈带多多去超市或是商场,问他想要什么礼物,他总是说"要大卡车"。即使走在路上,看到卡车经过,多多都要停下来观看直到卡车消失在视线里。

一次,妈妈开玩笑地问他:"多多这么喜欢卡车,长大后想做什么?"多多说:"我要当一名卡车司机。"妈妈问:"为什么要当卡车司机呢,怎么不开小轿车?"多多说:"轿车太小,卡车又大又高,能拉很多东西,我要把我所有的积木和小汽车放在里边拉走。"看着多多说话时认真的样子,妈妈不禁说道:"好吧,那多多以后就当卡车司机,不过卡车那么高,上去很不容易,所以多多要多吃饭,长得高高的才行。"多多听了妈妈的话高兴地说:"妈妈,我要多吃菜,多吃饭,长得高高的就能开卡车了。"多多为了赶快长高,早日当上卡车司机,晚上吃了很多饭,连平时最不喜欢的青菜也坚强地咽了下去。

每一位为人父母者,也曾在幼小的时候许下过心愿,也曾希望得到父母的赏识和认可,而不愿看到他们对自己失望的神情,自己的孩子也是如此。孩子只是孩子,只是希望按照自己的喜好做事,作为父母如果用梦想的高低去衡量一个孩子的未来,否定他们不够"高尚"的梦想,实际上也否定了他们在某些方面的潜力和优势,抹杀了孩子的童真和快乐,让他们过早地感受压力和自卑。

孩子的内心是脆弱的,需要父母给予认可和鼓励,父母应该为孩子打开尊重的大门,允许孩子在自己梦想的天空自由飞翔。况且,三百六十行,行行出状元。职业不分高低贵贱,梦想不分崇高与卑微,只要付出真诚与努力,勇往直前,梦想再平凡也能活出自己的价值。

第三节　孩子有缺点，不要盯着不放

每个人都有优点和缺点，没有天生完美的人。但对于很多父母来说，他们允许自己身上有缺点，却希望自己的孩子尽善尽美，看到孩子的优点他们会视而不见，遇到孩子身上的缺点，他们会无限放大。

当然，每位父母都会对自己的孩子寄予最高的期望，希望他们身上最好都是优点。为使心中的愿望早点实现，就将更多关注点放到孩子的缺点上，因为在父母看来，如果关注孩子缺点的次数越多，孩子改正的概率就越大，于是他们发现问题就盯着不放。

台湾著名作家吴淡如在《自在一点，勇敢一点》一文中写道，她在学跳弗拉明戈舞的时候总是跳不好，为防止跳错舞步，就紧张地盯着自己的脚。她的朋友是个职业舞者，见她紧张的样子，就提醒道："像你这样一直看着自己的脚，全然没有办法放松身体，根本就享受不到跳舞的快乐。最糟的是，一个人如果跳舞时一直看着自己的脚，观众也会跟着注视你的脚，想知道到底出了什么问题；反之，如果你面带微笑，大家便会看你的脸。"吴淡如从朋友的话中受到启发，将注意力转移到其他方面，很快，她的身体就放松了不少，越跳越自如。这说明，一个人越是将注意力放在自己的缺点上，越不自在，不但不能改进缺点，反而会犯新的错误。如果把关注点放到大局上，以淡然的心态看待缺点，缺点慢慢就会被淡化。

很多父母眼睛总是盯着孩子的缺点不放，看到孩子吃饭挑三拣四，干事拖拖拉拉，玩完玩具不爱洗手，总爱看电视，等等，于是不停地强调这些缺点，督促他们改正。但实际情况是，父母越不让孩子看电视，孩子越是要看电视；越让他们好好吃饭不许乱动，孩子们越是坐不住。于是父母就认为自己的孩子不听话，总跟自己对着干。其实，父母这种行为不但不利于孩子改正缺点，反而会起到强化作用，让这些缺点愈演愈烈。

鹏鹏在上幼儿园的时候出现过口吃现象。妈妈为了帮他改正口吃，每天强迫他进行语音练习，让他每说一句话，必须要字正腔圆。有时鹏鹏仍然避免不了口吃，一个字可能会重复好几遍，妈妈就反复帮他纠正，直到他说对了为止。

随着妈妈纠正次数的增多，母子之间的矛盾也日益突出。有时候鹏鹏不愿反复练习，妈妈就会很生气，说："我这么做还不是为了帮你改正口吃的毛病，不然以后你这样跟人说话，人家一定会笑话你。"鹏鹏本来长相俊俏，活泼可爱，听到妈妈这样说后，真的害怕自己说话时受到别人的嘲笑。后来他说话越来越少，不但跟父母之间的交流减少，就连和最好的朋友说话也越来越少。不过他在生人面前倒是很喜欢说话，而且也很少出现口吃的情况。到现在，鹏鹏已经上初中了，但他还是很害怕表达。

孩子在小的时候发音系统还不完善，说话紧张的时候出现口吃或发音不清晰的情况是很正常的事情。如果父母过度关注孩子的缺点，这些缺点在无形之中就会被放大和强化。鹏鹏的妈妈因为过度关注孩子口吃的问题，想帮他改正，于是不断提示他的缺点，不断强化训练，结果孩子不但没有改正口吃的毛病，心理也出现了严重的问题，封锁了与外界沟通的通道。

人们常说"越害怕什么就越来什么"，父母盯着孩子的缺点不放也是这个道理。父母越是关注孩子的不良行为，这种行为就渐渐成为孩子的习惯。因此，父母应该多关注孩子好的方面，多对孩子好的行为给予肯定。

每个孩子因为出生背景不同、年龄不同或对事物的接受能力不同，所表现出的行为也不同。例如一个孩子安静内敛，不喜欢当众表达，父母如果只盯着这方面不放，不断教导，孩子会更不乐意和别人交流。如果一个孩子活泼好动、一刻也不老实，父母不断督促他坐好、别捣蛋，孩子可能更加顽皮捣蛋。另外，有些孩子天生就有生理缺陷，如果这个时候父母不能肯定和鼓励他们，而是只盯着他们的缺陷，孩子会认为父母看不起他们，他们原本明亮的心灵会蒙上一层阴霾，变得自卑气馁，一辈子抬不起头来。

孩子有缺点，父母应该多引导，多暗中帮其改进，而不是当面指出，挫伤孩子的自尊和自信。孩子的可塑性非常强，只要父母用心引导、积极鼓励，孩子的缺点必然会在潜移默化中得到改善或消失不见。

一天，露露的幼儿园老师对露露妈妈说："露露不喜欢上手工课，她的动作比其他小朋友慢，老师让小朋友们给小雪人粘眼睛、鼻子和嘴巴,其他小朋友都已经完成,露露还没有开始做,桌子上像一盘散沙。您在家中有空时多帮露露练习一下动手能力。"妈妈回家带露露一起做手工,露露因为手不够巧,总把东西粘得歪七扭八。妈妈对她说:"露露不要着急,慢慢来。每个人的能力不同,也许你不善于做手工,但你一定也有很多别人没有的优点,千万不要灰心。其实妈妈小时候手也很笨,还没你做得好看,现在不是也能给你织毛衣吗?"

露露听后高兴地对妈妈说:"妈妈,我虽然不会做手工,但画画很棒,上回我画了一个小房子和红太阳,老师还夸奖我了呢。"妈妈和露露都开心地笑了。

当孩子出现一般性的问题时,有时看似是缺点,但从长远的角度看也可能是优点。父母不要直接抱怨批评,而应该用平和的语气激励孩子不要灰心,然后告诉孩子应该怎么做。人无完人,金无足赤,孩子有缺点并不可怕。父母不要用大人的眼光去评判孩子,盯着孩子的缺点不放,而应该安慰他、鼓励他,让他对自己充满信心。当孩子有了自信和勇气,任何困难都不能使其畏惧,这样他才能在成长的道路上不断前进。

第四节　赞赏孩子身上的闪光点

美国成功学大师和励志书籍作家拿破仑·希尔说："每个孩子都有许多优点，父母却总是盯着孩子的缺点，认为只有管好孩子的缺点，才能让孩子更好地成长，其实这样做就像蹩脚的工匠，是不可能造出完美的瓷器的。"

每个孩子在有缺点的同时必然拥有优点，很多父母将关注点放到孩子的不良行为上，却忽视了孩子的闪光点。孩子的心灵是脆弱的，需要父母的呵护与关怀，而父母关怀孩子的最好方式则是对他的肯定和赞美。如果父母只盯着孩子的缺点不放，不但徒劳无功，还会伤害孩子幼小的心灵。反之，如果将注意力放到孩子的闪光点上，孩子便会从父母的夸赞中获得能量，在不知不觉中变得更优秀。

宇航是班上最让老师头疼的孩子，他每天不是推这个一下，就是碰那个一下；不是把花花画的拼图抢走，就是把君君刚堆起来的积木碰倒。从早到晚老师听到的全是小朋友们针对宇航告状的声音。老师把各种方法都用了一遍，但还是无法教育好宇航，只好把这个爱惹事的孩子放在一边，对他不理不睬。

班上来了一个新同学萱萱。萱萱刚到一个陌生的环境，很不适应，总是哭鼻子。宇航见状，就走过去坐到萱萱的身边给她擦眼泪。如果萱萱哭得厉害，他就轻轻拍拍她安慰道："别哭了萱萱。"上周四不知什么原因，萱萱突然哭了起来，宇航赶快告诉老师："老师，萱萱又哭了，我去给她拿纸擦眼泪。"边说边给她擦，嘴里还说着："萱萱别哭啊，萱萱乖，我给你拿玩具，给你吃好吃的。"宇航不停地在萱萱旁边"说好话"，萱萱情绪似乎好了很多，后来破涕为笑，跟宇航玩了起来。

到了吃饭的时候，萱萱想妈妈了，又轻声哭了起来。宇航吃完碗里的饭后，看到萱萱一口没动，马上搬椅子过来坐到萱萱身边给她喂饭。虽然宇航年龄跟萱萱相差无几，此时俨然像小哥哥一样呵护着她。尽管宇航在给萱萱喂饭时把米粒撒得到处都是，但老师看到这一幕时，还是被感动了。老师发现每个孩子身上都有闪光点，不能因为孩子的某个缺点就否定他的全部，而应该尽力看到孩子好的一面，将优点放大，这样孩子的缺点才能被缩小。

有的家长一张嘴就是对孩子百般挑剔，如果问他为什么要这样对待孩子，他会振振有词地说："孩子不打骂不成器，棍棒底下出孝子。"如果你再问他："孩子身上有什么缺点，有什么优点？"他会脱口而出，列举孩子身上的各种缺点，至于优点却一个也想不出来。

父母对孩子严格要求固然没错，但也应该善于发现孩子身上的闪光点。每个孩子都有优点，例如一个调皮捣蛋的孩子也可以帮妈妈干活，一个爱搞恶作剧的孩子也会关心同学、帮助老师。所以，为人父母，要改变看待孩子的标准，改变教育孩子的思路。

有些父母总是夸赞别人家的孩子多好，觉得自己家的孩子不听话，其实是因为父母教育孩子的思路错了。父母应该尽量找到孩子身上闪光的地方，放大他们的优点，对这些优点进行真心的赞美与赏识，让孩子知道自己身上有很多难能可贵的地方，并暗中指导，帮他们改掉不良行为，这样孩子的心理才会积极健康，才会变得出色。

晨晨一天到晚调皮捣蛋，一会儿拿着水枪去浇花，一会儿把一袋瓜子倒得到处都是，家里被他弄得乱七八糟，每天妈妈都收拾不过来。妈妈经常开玩笑说："人们说'七岁八岁狗都嫌'，我看晨晨还不到四岁就被嫌弃了。"有时候，妈妈看到晨晨把玩具摆得到处都是，就生气地说："我都告诉你多少次了，把你的东西都收拾到小箱子里再去玩别的，你怎么就不听话呢？"由于越说越生气，妈妈还会把晨晨所有缺点搬出来数落一通，例如坐不住，注意力不集中，没有耐心等。

每当这时，爸爸就听不下去了，赶忙出来作和事佬。爸爸说："晨晨，你一定知道自己哪里做得好，哪里做得不好，对不对？晨晨身上是有缺点，但是也有很多闪光点啊。昨天你还帮助妈妈收拾碗筷呢。"晨晨听了爸爸的话，心里很高兴，他问爸爸："爸爸，我身上还有什么优点呀？"爸爸说："那天陈阿姨带着妞妞来咱们家玩，晨晨主动把玩具车给她骑，还给她喝你最喜欢喝的酸奶呢。"妈妈接着说："没错，晨晨还很聪明，那天妈妈教你背的诗，你很快就记住了。妈妈下班进门的时候，你还帮妈妈拿拖鞋呢。"晨晨没想到，爸爸和妈妈会说出他这么多的优点，他都快不好意思了。

之后，晨晨果然变得听话了不少，他更乐意帮妈妈收拾碗筷，帮爸爸递报纸、拿拖鞋，看到谁把水放在桌子上，还主动跑过去端起来送到爸爸妈妈面前。爸爸妈妈看到晨晨发生了这么大的变化，感到十分欣慰。

有的父母说："我的孩子很不自信，不够阳光。"其实，不是你的孩子真的不自信，不积极向上，而是父母没有通过肯定孩子的闪光点激发孩子的自信，而是在抱怨和批评中，将孩子的自信心一点一点摧毁。

面对孩子的时候，父母应该极力去寻找他们的闪光点，哪怕被人扣上"无恶不作"帽子的孩子，也有他发光发亮的一面。可能，对于大人来说，寻找孩子的闪光点如同大浪淘沙般艰难，但只要能淘到一粒发光的沙子，我们也要发自内心地去鼓励、去赞扬，这样才能指引孩子规范自己的行为。

如果孩子学习成绩不好，父母要多夸赞他懂文明礼貌；如果孩子动手能力不好，父母可以夸他助人为乐，是妈妈的好帮手；如果孩子的体育能力不好，可以夸他好的人际交往和卫生习惯。只要父母去挖掘孩子身上的闪光点，就不难找到他们值得表扬的方面。

在教育和引导孩子的时候，父母不能只看其中一个方面，而是要纵览全局，系统全面地去分析。孩子虽然有令人烦恼的地方，但更有他的可爱之处。父母应该沉下心来，用放大镜对孩子从上而下从前到后细心观察，也许你会发现，孩子的一个表情、一个动作都能让你觉得骄傲。

赞美是父母对孩子的最佳认可，是送给孩子的最好礼物。用心发现并肯定孩子身上的闪光点，孩子才能变得更加自信，更加优秀。

第五节　鼓励孩子相信自己

让孩子获得打开幸福和快乐的钥匙，通往成功的道路，最关键的因素之一就是要让孩子获得自信。孩子的自信程度与家庭教育密不可分，如果父母像阳光一样释放光芒，那么这些光芒会照射到孩子身上，让他们感受温暖，变得自信开朗；如果父母像冰山一样对待孩子，那么孩子就会封锁自己的内心，无法接收外界照射过来的阳光。

为人父母最大的责任就是帮助孩子建立积极向上的意识，让孩子自信地展示自我。但是很多家长却不知道如何做到这一点。一般家长认为孩子有错误，我们会坚定地指出，并帮助他们改正；或是孩子碰到无法逾越的障碍，我们会义不容辞地帮他们消除，不让他们受到一点伤害。其实这两种做法都不好，最好的方式就是肯定孩子。

一位亲子教育专家曾说，孩子在成长的过程中需要父母千百次的肯定。很多家长对此表示不解。如果过多地肯定孩子，会不会助长了孩子的威风，让他们变得骄傲？其实，专家所说的肯定是对孩子一种认可和赏识，这比赞扬孩子的进步还要有用。如果家长能在各种场合、各种事情上肯定自己的孩子，鼓励孩子相信自己，那么孩子就会从父母那里真正感受到能量，从而变得更加认同和赏识自己，即使遇到再大的风雨，他们也能找到解决的办法。

　　天天放假的时候，妈妈为他报了一个游泳班。天天很喜欢游泳，每天在老师的指导下进步很快。他在深水区的时候，蛙泳游得很好，可是一到自由泳时，身体就不听使唤了，每次还没游一段，就会呛水好几次，越是呛水就越没有信心，经常离对岸还有七八米距离的时候就放弃了。其实天天已经完全掌握了自由泳的要领，而且老师也认为他游得不错，可能因为几次呛水，他有些害怕了。妈妈看到天天这个样子很着急，在观察了几次之后，妈妈说："天天，妈妈觉得你游得很好，你要相信自己。如果你相信自己可以游好，你就一定可以游好的。这是个秘密，你先试试哦，千万不要告诉别人。"天天听后，再次向水中扎去。刚开始的时候，他呛了一下水，后来可能是想起了妈妈的话，使劲向前游去，游到还有三米到岸的时候，可能有些疲惫，再次放弃，但在此期间，没有再呛水。妈妈在岸边向天天竖起大拇指。接着天天要游第二回合，这次他不但没有呛水，还一口气游到了岸边。妈妈和老师都走过去夸奖他游得不错。天天对自己更有信心了，换到深水区游泳，这次他完全没有心理顾虑，游得十分轻松，表情看起来也很轻松。

　　后来的几次课，天天好像找到了游泳的诀窍，当老师教他们仰泳时，他很快就学会了。妈妈问天天，为什么仰泳那么快就学会了？天天回答说："因为我知道要相信自己啊，只要我相信自己能游好，无论哪种游泳方式都不怕了。"妈妈欣慰地点点头。

每个孩子身上都有无穷无尽的潜能，只不过有些父母帮孩子挖掘了出来，有些没有。挖掘孩子潜能的方式其实很简单，那就是一定要相信自己的孩子。因为只有父母相信孩子，才能激励孩子相信自己。当孩子相信自己可以克服挫折和困难，一切难题都迎刃而解。

为什么很多孩子遇到一点挫折就无法跨越，那是因为人的潜意识只接受实质性意义的信息。例如学开车的人都知道，教练越是大声斥责我们不要碰前边的栏杆，不要轧道路上的白线、黄线，我们反而越会碰这些东西。教练责备的次数越多，我们越无法改正，严重的甚至不敢再开车。这是因为，我们的大脑已经接受了"不能碰……"等实质性的信息，越是不让，就越会去做，直到被人训斥而失去了自信，觉得自己是个什么都不会的笨蛋。

就像孩子，父母越是不让他们干什么，责备他们笨，他们越会畏首畏尾，出错的频率更高。与其让孩子在担惊受怕中出错，还不如鼓励他们、肯定他们，让他们相信自己能做好，这样反而会化解很多难题。

为人父母最重要的是与孩子建立良好的沟通，而沟通的第一步则是肯定孩子，让孩子相信自己。当然肯定孩子并不是说不加约束，随便用词，让孩子的自信心膨胀，从而变成一个唯我独尊的小霸王。鼓励孩子要分时间和场合，也要在言辞上细心斟酌，总之，要让孩子感受到你真心实意的鼓励，这样孩子才能充分肯定自我，向更高的山峰冲刺。

欢欢已经上了三年级，但字写得张牙舞爪，每次做作业又涂又改，本子上被弄得乱七八糟，为此他经常受到老师的批评。妈妈希望能赶快帮欢欢把字练好，于是给他买了一本字帖，让他按照上边的字练习。刚开始的时候，妈妈总是激励欢欢，说他只要勤快，一定能把字写好。欢欢听了妈妈的话，每天一写完作业就开始练字，不写完五篇字帖都不睡觉。妈妈对他的行为很满意。

但是过了没有一个星期，欢欢就有些懒惰，不想再继续练字了。无奈妈妈每天都在身边监督，他为了凑够页数，只好敷衍，草草写完。一天妈妈检查欢欢的字帖，看他后边的字越写越潦草，很是生气，就大声地数落他："你真是不给妈妈长脸，我这么辛苦陪你练字，你还把字写成这样，你说你以后还能有什么出息？"

欢欢伤心极了，为了不惹妈妈生气，只好继续练字。但是此后，无论他怎么练习，再也没有一点进步。妈妈有时候又困又累，看欢欢这么不长进，就不再逼他写字了。欢欢见妈妈对他不再关心，也就放弃了练字。过了一段时间，他变得不像以前那么自信了，就连班里举行的小活动，他都没有勇气参加。妈妈问他："班上同学都踊跃报名，为什么你不参加呢？"欢欢说："妈妈认为我没出息，我担心让你丢脸。我根本什么都干不好，参加活动也是失败者。"

孩子之所以缺乏自信，主要是因为他们没有得到父母的信任。俗话说，父母是孩子的第一任老师，如果父母不能激励和肯定孩子，教导他们相信自己，他们又怎么能充满信心呢。

父母对孩子的信任，是给予孩子的最大能量，它能融化孩子心中的寒冰，驱散孩子心中的乌云，让孩子自信勇敢地面对自己。当父母信任孩子的时候，是在鼓励孩子相信自己，而孩子会用最坚定的信念克服困难，让自己越变越好，这也是对父母的最好回报。

每个孩子都可能遇到难题，都会感到迷茫和担忧。父母的责备只会让孩子在迷茫中越陷越深。只有相信孩子，并鼓励孩子相信自己，才能让孩子更有自信地去发挥自己的潜力，把困难转化为前进道路上的动力。

孩子需要父母的肯定和鼓励，而父母的肯定是让孩子获得自信的最好方法。父母要相信孩子，并鼓励孩子相信自己，只有这样，才能帮助孩子勇敢地向信念和追求迈进。

第六节　好奇心最可贵

孩子天生就有很强的好奇心，他们想象力非常丰富，对周围任何事物都充满好奇。

孩子出生没几个月的时候，因为视力有限，会对听到的声音感到好奇。等到眼睛发育到可以看清事物时，会对周围的东西和人好奇，对各种颜色好奇。随着年龄的增长，他们接触的东西和知识越来越多，好奇心也会越来越强，对世界上的事物都抱着一种探索的心理。

好奇心是孩子得到知识技能的一个最重要的门路，是开发智慧的推动力。文森特·鲁基洛曾说："好奇心、求知欲和善提问是创造性思维的引擎。"当孩子对新鲜事物感到好奇，会推动他们去积极观察这个世界，并培养创造性思维。

对于孩子来说，好奇心是非常宝贵的东西。孩子拥有好奇心，才能不断去探索，获取许多新知识，让思维更加活跃。然而很多父母不知道这一点，他们不但不珍惜孩子这种宝贵的东西，还总想着如何压制，这是为什么呢？

孩子在小的时候，拥有的知识有限，对很多事情不明白，于是会不停地围绕在父母身边问这问那，例如"鱼为什么会游泳""鱼儿睡觉时为什么不闭眼""太阳为什么在天上""老虎为什么那么厉害"等。父母刚开始会回答一两句，但被问得次数多了，感到心烦，于是就斥责孩子说："你问这么多烦不烦啊！"当孩子听到这样的回答，会觉得自己对所有事物充满好奇是错误的做法，于是好奇心就这样被摧毁了。

熙熙是个好奇心很强的孩子，每天都在不停地探索。他一会儿翻箱倒柜找出小工具箱假装修理门窗、水管，一会儿把所有玩具车摆满地，假装他们是运输货物的车队，总之把家里折腾得乱七八糟，好像永远不知疲惫。

熙熙的妈妈是个沉稳严谨的人，做任何事情都一板一眼，因此看到这个调皮捣蛋的孩子头疼不已。一天，妈妈无意间将万花筒放到了桌子上，熙熙觉得这东西挺有意思，他拿起来透过小孔向里边望去，发现随着转动，小孔里看到的东西也会发生变化。熙熙越玩越感觉有意思，他特别好奇里边装的什么东西，就把万花筒拆了。对于熙熙来说，拆东西可是一大趣事，家里好多个玩具车，例如厢式货车、出租车、小客车等都被他卸了轮子和车门，还有几个小型玩偶，不是没了耳朵就是丢了鼻子，这让妈妈气愤不已。这次，妈妈回家后发现熙熙把万花筒拆了个零零散散，十分生气，不但把他大骂一顿，还让他到墙根处罚站。

但是熙熙只老实了几天，就又趁着妈妈不在的时候把桌子上放的小闹钟拆了，零件散了一地。这下妈妈暴跳如雷，动手打了他。之后，妈妈还大声而严肃地告诉熙熙："以后你要是再敢随便拆我的东西，再这么胡作非为调皮捣蛋，我就把你送走……"

熙熙感到很害怕，不停地哭。此后他真的不敢再随便拆东西，也不敢和妈妈那么亲近地说话了。他的眼里时常带有一丝忧郁，也不像往昔那么活泼好动了。

孩子年龄小，眼界有限，面对五彩斑斓的世界无疑会感到好奇，产生求知的欲望。他们的所作所为虽然稀奇古怪，令人捉摸不透，但这些稀奇古怪的想法背后蕴藏了巨大的、难以预测的能量。

孩子因为天性所致，拥有了探索和创新的勇气，这些勇气能帮助他们带着想象力和创造力在天空中展翅翱翔。但是父母面对孩子难以想象的好奇心时，总是用成人的眼光去看待和衡量，把孩子的行为当作调皮捣蛋，不服管教或是忤逆父母。其实孩子的心充满纯真，他们考虑的可不是怎样能让父母生气，而是他们真的对这些父母习以为常的东西表现出极大的兴趣，并极力想要弄明白这是怎么回事。

著名教育学家陈鹤琴曾说："好奇动作是孩子获得知识的一个最紧要的门径。"因为强烈的好奇心可以激发孩子的兴趣，孩子对一种东西或是一门学科感兴趣，才能从中获得意想不到的财富，并体验获得过程中所蕴含的快乐和满足。如果父母因为烦躁不堪，不断大声呵斥，阻止孩子提问或是用心探索，只是想让他们变得"听话"，就会将孩子的好奇心扼杀在萌芽之中。与此同时，孩子的想象力、创造力和其他各种更重要的能力也可能随之一起停滞不前。

其实，孩子未来所取得的成就与好奇心有着密切关系，每个孩子的心灵深处都有一种强烈的需求，希望自己是一个发现者和探险者，因此父母应该积极引导孩子的好奇心，培养孩子独立思考和探索新知识的能力。当孩子对一件事物感兴趣的时候，父母应该肯定他们的好奇心，并给予鼓励，这样才能帮助孩子在新奇的知识领域自由自在地探索。

美国作家珍玛丽·库根在回忆她的童年时说，她有一个与众不同的妈妈，因为她的妈妈总是给她肯定，激励她前进，即便是看到她在做一件看似危险的事情，但是为了满足她的好奇心，仍然给予她很大的支持。

珍玛丽小时候居住的那条街道有很多参天大树。那时孩子们总对征服大树充满好奇，于是就沿着树干爬上爬下，其他小伙伴的妈妈从那里经过，总是感到惊恐，然后大声斥责她的孩子："赶快下来，不然摔断你的腿。"

一天，珍玛丽也同平时一样和小伙伴们去爬树，正当她玩得兴高采烈时，看到妈妈从那里经过。珍玛丽担心妈妈也会大声斥责她的行为，为此惊慌失措，但是令她意想不到的是，她的妈妈站在树下大声地跟她说："没想到你能爬那么高啊，你太厉害了。但是要小心，千万不要掉下来啊。"说完，妈妈就向家中走去。

其他小朋友立刻向珍玛丽投来羡慕的目光，不停地称赞她有一个好妈妈。从那以后，珍玛丽的小伙伴们总喜欢跟她一起玩耍，还喜欢到她家中做客，即便是那些平时畏首畏尾的好朋友，到了她家也能自由自在地表达。而珍玛丽自己，更是在妈妈的不断鼓励与支持下探索与尝试，并从容不迫地绽放自我。

虽然爬树只是一件小事，但由于父母所持态度不同，所得到的结果也截然不同。那些阻止孩子上树的妈妈，看似帮孩子将危险排除在外，但同样也阻断了孩子探索与求知的欲望,让孩子失去自信。而能够理解孩子,对孩子的大胆举动给予支持和肯定的父母,更有利于保护孩子的好奇心,激励其不断自信地探索下去。

莱特兄弟在小时候对如何爬上树去摘月亮富有强烈的好奇心,在父亲的耐心开导和指引下,他们努力制作着能上天的"大鸟",因此制造了世界上第一架飞机。诺贝尔物理奖获得者理查德·费曼教授从小就对科学感到好奇,他十二岁在家建立了自己的科学实验室,经常摆弄光电管、马达等东西,直到读研究生的时候,他的好奇心还如影随形,因此他长大后能在世界物理领域获得非比寻常的成就。这一切与他家人的耐心鼓励和支持是不可分割的。

因此,父母在培养孩子的过程中,要特别珍惜孩子的好奇心。给孩子一些耐心的鼓励,让孩子放心大胆地去思考和探索。当孩子有问题要问时,给予他们耐心的解答。如果你无法解答,也不要感到不好意思,尽量跟孩子一起去寻找答案。如果孩子想亲身体验他们从未体验过的事情,例如爬树,拆东西,摸他们喜欢的小猫、小狗、小兔子等,父母在保障孩子自身安全的情况下,放手让他们去尝试。如果父母以积极肯定的态度对待孩子的好奇心,孩子一定会给予你最积极乐观的回报。

第七节　孩子情绪低落时，让他知道有你陪伴

孩子就是孩子，当他伤心烦恼的时候，往往会直接说出自己的感受，并希望得到父母的关注。而父母为了帮孩子从烦恼中走出来，总喜欢给他们讲一大堆大道理，例如"伤心烦恼有什么用啊，反正事情已经发生了，不如就把它忘记"，或是"你想想这件事情是不是你的不对"等，让孩子无所适从。

其实孩子跟父母诉说，无非想找个倾诉的对象，以此排解心中的烦恼，他们在乎的不是父母如何回应他们，而是父母以何种态度回应。不过父母却认为，他们应该为孩子解决问题，于是不停地把大人的意识强加给孩子。可是，父母这样做不但不能帮助孩子摆脱低落情绪，反而会令孩子反感，从此向父母关闭倾诉的大门。

宇阳今年六岁，聪明伶俐，活泼可爱，非常招人喜欢。宇阳最喜欢的玩具是轮船模型，他每天拿着一艘小轮船跑来跑去，还总是跟妈妈说："妈妈，以后我要当一名航海家。"妈妈听后

心里非常高兴。

可是这段时间以来,妈妈发现宇阳好长时间没有跟她说他想成为航海家这句话,也好长时间没有拉妈妈一起玩轮船的游戏了。妈妈很疑惑,就问宇阳原因,宇阳说:"妈妈你一点都不了解我。"

一天妈妈的好朋友陈阿姨来家里做客,陈阿姨是个亲子老师。此时,宇阳手中正拿着轮船模型高兴地玩着,他看到陈阿姨就叫个不停,跟陈阿姨无比亲热。陈阿姨问:"宇阳,你手中拿的轮船很好看啊。"宇阳高兴地问:"陈阿姨,你也喜欢轮船吗?"陈阿姨说:"当然喜欢。宇阳也这么喜欢轮船,长大了想当船员吗?"宇阳说:"我可不当船员,我要做船长,管理整条船。"陈阿姨问:"那你到大海里去干什么呢?"宇阳说:"大海很宽广,一眼望不到边,里边还有各种各样的鱼。我就喜欢那种自由的感觉。"陈阿姨高兴地说:"希望你早日成为船长。"宇阳也很高兴,信心满满地说道:"我一定会。"

妈妈见陈阿姨对付小朋友很有一套,对她大加赞扬。陈阿姨坐到宇阳妈妈身旁,问道:"宇阳告诉你他想当一名航海家,你是怎么回答的呢?"妈妈说:"我就告诉他'妈妈也希望你能成为航海家'或是'你的梦想真的很不错啊'这样的话。"陈阿姨说:"你这样说话太笼统了。父母要想获得孩子的信任,一定要认同孩子的观点才行。"

其实,让孩子信任父母很简单,那就是尊重孩子对事物的认知和评价,让孩子知道他的父母对他的感受是认可的,这样孩子的心灵就会有歇息的地方。如果孩子有什么事情想对父母倾诉,父母总是简单地对孩子说"我理解你的想法"或是"我支持你的梦想",反而得不到孩子的信任。随着孩子听到这种话次数的增多,便会觉得父母难以理解自己,于是愈发疏远父母,不愿和父母交流。父母只有用有针对性的语言认可孩子的感受,孩子才能感觉自己是真正受父母关注的,从而对父母敞开心扉。

  一次程程和妈妈到公园玩,回来的路上经过一个服装店,店铺门前的橱窗里摆放了好多色彩缤纷的装饰球。程程最喜欢球形的东西,想赶快跨上楼梯到橱窗前仔细看看装饰球。可能由于上楼梯时速度太快,没有扶好把手,程程栽了个跟头。妈妈吓了一跳,伸手去搀扶,但是程程还是结结实实地摔到了地上,放声大哭起来。妈妈很担心程程会摔伤,但不敢表露出来,因为如果妈妈表现得很紧张,孩子会更加紧张。等程程哭了一会儿,妈妈关心地问道:"程程摔得很疼吧?"其实妈妈知道,孩子此时哭泣不一定是摔疼了,而是为摔跤这件事感到害怕。程程听到妈妈的声音,哭得不那么厉害了。接着妈妈又问道:"很害怕是吗?"程程停止了哭声。妈妈不希望孩子强忍,于是又说道:"如果还疼,就再哭一会儿吧。"结果程程却停止了哭泣。

  程程双眼望向橱窗,好像还想爬上楼梯去看看里边的装饰球,但他没有立即行动,明显是害怕再摔一次。妈妈认同程程的感受,于是说道:"程程刚才在楼梯上摔了跤,一定感到害怕吧?摔跤是会让人害怕的,但现在没事了,程程还想看橱窗里的装饰球吗?"程程感受到妈妈的鼓励,站起身来。妈妈又说:"没关系的,程程,这次小心点,扶好扶手就不会摔倒了。"程程在妈妈的指引下,慢慢地迈上楼梯,当他看到橱窗里放着的各式各样的装饰球时,开心极了。

当孩子伤心苦恼时,家长千万不要说教,例如对他们说"这点疼算什么""有什么好哭的"。如果家长先安安静静地倾听,然后再用关心和安慰的态度回应孩子,让他知道你对他的感受是持认同和接纳态度的,这样孩子才能完整地叙述和宣泄自己的情绪,才能得到情感上的满足。

每个孩子遇到困难时都会感到害怕,作为父母首先应该认同孩子的感受。如果孩子的情绪和感受得到了父母的认可,很容易克服困难,而最初的恐惧感也很快会烟消云散,不会在心里留下阴影。如果孩子的感受长期得不到父母的认可,孩子会感到焦虑、愤怒,甚至深陷情绪困境难以自拔。

因此,当孩子感到伤心、难过、焦虑、恐惧时,父母的态度是最关键的。试着接纳孩子,认同孩子的感受,以真诚的态度回应孩子,一定能帮孩子找到解决问题的方法。

第八节　有效缓解孩子的心理压力

孩子在参与社会活动的过程中，不可避免会遇到挑战，有挑战就会有压力，就会感觉困难重重。有些孩子可能勇于面对挑战，对抗压力，而有些孩子则不然。这两种类型孩子之间的区别一方面是先天因素造成的，另一方面与各自的父母是否能从内心真正给予孩子肯定、关心、爱护孩子，并帮助他们有效缓解心理压力是分不开的。

各种课业负担、学习时间过长、考试不理想或是在某项比赛中失利等，都会引发孩子的紧张和不安，甚至会令其感到自己一无是处。这个时候如果父母将错误归咎于孩子，并喋喋不休地指责，就会使孩子越来越惊恐无助，压抑感无从排解，以至于内心痛苦不堪。特别是性格内向的孩子、单亲家庭的孩子或是身体上有某种缺陷的孩子，面对众多问题，内心更是郁闷。此时，只有他们最亲近、最信赖的父母才能真正帮助他们打开心结，减轻他们的心理压力。

当然，要想帮助孩子排忧解难，增强他们抵抗挫折的能力，需要与孩子进行心与心的交流，找出其压力产生的根本原因。但是在交流之前，要让孩子知道自己在父母心中是受到肯定和尊重的。父母和孩子说话时，语气要尽量柔和平稳，让孩子看出你的真心与诚意，激发其倾诉的欲望。不说责备的话，态度积极，给予孩子肯定和信任，孩子就会信任父母，向父母敞开心扉。

雨菲已经上小学五年级了，她最大的心愿就是当上班长。一次，班里进行班干部投票竞选，雨菲第一个报名参加。由于参选的人很多，竞争相当激烈，雨菲没有当班长的经验，最终没有实现愿望。此后，她感到伤心失望，好几天都一副无精打采、闷闷不乐的样子。妈妈看出了雨菲的心事，及时与她交流，不断给她安慰与鼓励，她才走出失败的阴影，又积极投入学习之中。

那是落选之后的第四天，雨菲像往常一样回到家里，打开课本开始写作业。可是不知为何，参选失败的那一幕再次在她的脑海中浮现出来，她感到委屈，伤心地哭了起来。妈妈听到雨菲的哭声，走过来关切地问："孩子，为什么哭啊，发生了什么事？"雨菲擦了擦眼泪，难过地说："妈妈，我们班举行班干部竞选，我想当班长，但同学们都不选我，你说他们是不是欺负人。"妈妈静静听完雨菲的倾诉，把她揽入怀中说："我知道你心里很难受，要是难受就哭一会儿吧。不管你当不当得上班长，你都是妈妈最疼爱的宝贝，妈妈会永远爱你。"雨菲说："妈妈，你真好。"妈妈摸了摸雨菲的头，接着说："我知道你喜欢写作，作文经常被贴到光荣榜上，我也知道你喜欢画画，还经常得到老师同学的夸奖。那么你就好好写作文，好好画画，并且与同学友好相处，这样他们一定会更加喜欢你。"雨菲听了妈妈的话，受到很大鼓舞，她感觉之前的伤心难过一扫而光，很快就与妈妈说笑起来。之后几天，她放学回来也都是高高兴兴的，整个人充满了活力。

经常有父母抱怨自己的孩子太娇气，什么挫折和压力都承受不了。其实不是孩子心理脆弱，也不是他们承受能力差，而是父母没有真正关心孩子。真正的关心首先要肯定孩子的心理压力也是他们生活中的一部分，继而帮助他们有效疏导。如果每位父母都像雨菲的妈妈那样，当孩子遇到问题，内心无法承受的时候，先认同他们的感受，然后再用爱心和耐心与孩子交谈。当孩子感受到父母的认可与鼓励，就好像找到了情感的发泄口，无论压力、忧愁还是烦恼，都能烟消云散。

帮助孩子疏导心理压力时，父母要讲究方式方法。与孩子交谈的时候尽量不要给孩子定脱离实际的目标。例如孩子考试没有取得好成绩，表现得垂头丧气，信心大减。此时，父母不要对孩子说"你好好学习，下次一定要超过某某"或是"相信你一定会得第一"等。虽然这是在安慰和鼓励孩子，但也要结合实际，如果父母树立不切合实际的目标，孩子感觉自己无法实现，无异于又遭受了一次打击。

父母在说话时，还要积极给予孩子鼓励。孩子遇到挫折和压力，本身心情就不好，此时对孩子持肯定态度往往会增强他们的自信心。当孩子感到身体疲惫或是睡眠不足，给他们足够的时间去休息或是到户外进行娱乐活动，当孩子心情放松、沉浸在欢乐之中时，压力自然而然就会化解。

第二章 可以批评，但不要伤害

第一节 孩子行为"另类"，怎么办？

现如今，人们经常感叹或议论"现在的孩子跟以前不一样了"。随着社会的不断发展和进步，现在的孩子接触社会、接触新事物也更早、更广泛，这使不少孩子容易突发奇想，有意无意地做一些"出格"的事。不少家长为此非常苦恼，觉得孩子太调皮、无理取闹，有的家长会严厉地斥责孩子。但是孩子的"出格"仅仅是因为他们在无理取闹吗？

社会在进步，孩子的生活环境和家庭条件也都发生了很大的变化。父母那一辈人没有吃过的东西，或是没有玩过的玩具，到孩子们这一辈都有所体验。因为他们面对的世界更为精彩和丰富，于是激发了更多的探索欲望，希望凭借自己寻找与众不同的体验，于是就无意识地做出一些另类举动。例如有些孩子一拿到玩具就喜欢将它们拆成很多个小零件，有的用力把自己家的门把手拽下来，有的用彩色笔在干净的墙壁上画上无数朵五颜六色的花，等等。

家庭原因是导致孩子的"另类"行为的又一方面。当代社会，大多数家庭都只有一个孩子。他们除了受到父母的关心与疼爱，还被家中爷爷、奶奶、姥爷、姥姥宠爱,几乎是一个孩子集六位家长的宠爱于一身。他们的要求总是能得到满足,他们感到愤怒或是委屈的时候,总是能及时得到安慰,因此便表现出天下唯我独尊的姿态,觉得自己的一切行为都是应该的,在行事的时候更加肆无忌惮,希望吸引更多人的关注。例如有些孩子独处的时候很听话,一来了客人就变得淘气,为所欲为;有些孩子在吃饭的时候专门把饭菜搅和得一团糟等。

　　凡凡是个淘气的孩子,他每天不是把小乌龟扔进洗菜盆,就是往水桶里撒尿,妈妈经常为他收拾残局,简直头疼不已。

　　一天,凡凡像往常一样悄悄地对妈妈说:"妈妈,我帮你干活了。"妈妈问:"干什么了?"凡凡说:"我帮你擦了地板。"妈妈很高兴地说:"真乖,用什么擦的?"凡凡得意扬扬地举起一个东西说:"就是它。"妈妈脸上立即流露出既惊奇又气愤的表情,原来凡凡用马桶刷刷的地板。妈妈直呼:"天呐!"凡凡觉得有意思极了,一个人哈哈大笑。

　　还有一次,凡凡用颜料画画,一不小心将颜料瓶碰倒,他担心受到妈妈的责备,赶快收拾,可是越收拾,桌子就越花,到后来桌子变成五颜六色的了,就连他的小手也被染成彩色的了。凡凡见状,感到既新鲜又好玩,一下来了兴致。他把没有流尽的颜料使劲往桌子上倒,然后兴奋地搞起了"个人创作",没一会儿,地板上、墙壁上、床单上,凡是能够得着的地方,都留下了他的艺术作品。大功告成之后,凡凡用手往上衣、裤子和脸蛋上一蹭,整个人都成了彩色的了。他自己去照镜子,忍不住哈哈笑。

　　孩子做事出乎意料,可能令父母无所适从。但对于一个孩子来说,能有如此丰富的想象力和创造力，也是十分难能可贵的。孩子年龄小，思想不成熟，难免做出一些出格的事情，但如果父母将这种行为完全看作是破坏性的，并加以干涉和批评，很可能会抹杀孩子的主动性和创造性。

其实，从某种角度来看，另类行为对孩子也是有一定积极作用的。孩子处于生长发育时期，神经系统活动过多，常常处于兴奋状态，造成思想出格，这说明他们思维活跃，想法不会受传统思想的束缚。他们力求自主创新，独出心裁，因而也不会让负面情绪滞留心里，而是很好地调节情绪，以饱满的热情示人。

孩子有独特的想法，实际上是心理进入了突破阶段。因为他们想突破想改变，就不会听话顺从或缺乏主见，而是勇于竞争、敢于拼搏，即使遭遇风险也无所谓，这有助于他们形成独立的创造性和开拓进取的精神。

对于孩子的另类行为，父母要正确区分并认真对待。只有正确对待孩子与众不同的行为，他们才可能成为与众不同的人。当然，如果孩子的另类行为过于严重，为个人成长带来了负面影响，父母应该积极引导并帮助孩子正确对待。

父母要清楚地了解，孩子表现出另类行为，并非真的无理取闹，也并非变成了坏孩子，而是一种尝试性的反映。基于这种情况，父母在解决问题的时候，首先应该在双方之间搭建平等沟通的桥梁，主动倾听孩子此种举动的动机，并站在孩子的角度思考问题，帮助他们分析利弊，然后与他们一同分享自己总结的经验教训。

人与人之间最需要的就是沟通，父母和孩子更是如此。沟通是走进孩子内心最好的方式。父母听听孩子怎么说，弄清孩子的想法，才能有针对性地解决问题，提高引导和教育的效果。有"另类"行为的孩子并非真的另类，只有敢于接受"另类"的孩子的挑战，才是一名合格的父母，只有积极正确引导"另类"的孩子，才能助他们活出自己的精彩。

第二节 不要在外人面前揭孩子"伤疤"

人与人沟通需要相互尊重,最忌讳的就是"哪壶不开提哪壶"。而父母和孩子沟通的时候,却常忘记这一点,经常用大人的权威和身份向外人数落孩子的缺点和不足,这会让孩子感到手足无措,甚至产生自卑心理。

雨欣以前是个活泼伶俐的孩子,可是最近她越来越不喜欢说话了,还总是拒绝出去和小朋友一起玩耍,原因在于她的妈妈经常在外人面前揭她的短,让她感觉一出门就会受到别人的嘲笑。

一天,雨欣的好朋友白雪和妈妈到雨欣家做客,雨欣牵着白雪的手就去自己房间摆积木。这时客厅里留下雨欣妈妈和白雪妈妈在聊天。她们两人各自聊着自己的孩子,这时,雨欣和白雪从小屋跑了出来,两人手里一人拿着一个玩具苹果,并跑到自己妈妈身边炫耀:"妈妈你看,我先拿到大苹果的。"雨欣妈妈笑了笑说道："别臭美了。"转身就向白雪妈妈说："这孩子干什么都是咋咋呼呼的，让人搞不明白。几个星期前，她在幼儿园不是尿了裤子，就是在中午睡觉的时候尿了床，我总是要给她送去换洗的衣服。"雨欣虽然年龄不大，但显然听懂了妈妈这是在对外人说自己的缺点，显得不太高兴，但妈妈依然在说："她尿了裤子还能忍着，也不告诉老师，等老师发现的时候，她的屁股冰凉冰凉的，老师问她有尿为什么不跟老师说，她还说老师正在上课她不敢打扰，真是胆小。"此时，雨欣愈发不好意思，头深深地低了下去，转身走进了小屋。

　　接着，白雪跟她说什么，她都心不在焉，也高兴不起来了。白雪感觉出雨欣的异样，询问她发生了什么事，雨欣没有说话，站在那里一动不动，一个劲儿地揉手里的那团纸巾，她应该是不希望妈妈那样说她。

每个孩子都是独立的个体，都有自尊和自信。他们除了需要从父母那里得到关心和保护外，还需要得到尊重和理解。但是，父母总是以孩子心智不成熟、分辨是非能力低为由，到处宣扬孩子的不足，认为自己这样做不但不会对孩子造成伤害，还会大大提高孩子的关注力，有助于他们积极面对并改正自己的缺点。但是即便父母对外大肆宣扬孩子的缺点出于无心，也会给孩子造成不良影响。

　　英国教育家洛克曾说："父母不宣扬子女的过错，则子女对自己的名誉就愈看重，他们觉得自己是有名誉的人，因而更会小心地去维持别人对自己的好评；若是你当众宣布他们的过失，使其无地自容，他们便会失望，而制裁他们的工具也就没有了，他们愈觉得自己的名誉已经受了打击，则他们设法维持别人的好评的心思也就愈加淡薄。"父母故意当众讲孩子的过失,相当于伤害了孩子的自尊心,孩子本来有积极向上的表现,但因为自尊心被伤害,认为父母不爱他们,不理解他们,对父母心生抱怨,从而影响亲子关系。

宇豪喜爱交际,待人友好热情,但他有个缺点就是经常把家里的东西丢得到处都是,弄脏什么地方也不喜欢整理,为此妈妈经常和他生气,几次劝说和教育后,宇豪的这个毛病才稍稍有所纠正。

一天,宇豪趁父母都外出有事,请一帮同学到家中做客,他们买了一大堆零食,边吃边聊,因为聊得兴奋,吃完零食的包装纸随地扔,弄得家里乱七八糟。正在此时,妈妈突然开门回来了,面对一大堆孩子和杂乱无章的屋子,顿时怒气冲天,走到宇豪面前就大声斥责道:"你这不讲卫生的坏毛病怎么就屡教不改呢?看来我打你打得还不够,今天就让你再领教一次。"宇豪的脸顿时涨得通红,一句话没说。其他同学感觉到气氛明显不对,全都离开了。

此后,宇豪就好像变了一个人,放学回来后就喜欢独处,不跟妈妈交流。在学校里他也总觉得受到同学的嘲笑,抬不起头来,有意与同学保持距离,变得孤僻起来。同学邀请他一起玩,他总是拒绝,也不愿主动参加班级活动了。妈妈为此还找宇豪谈心,但宇豪什么都不愿跟妈妈交流,弄得妈妈十分为难。

父母是孩子最亲近最信任的人,如果父母总是揭孩子的"伤疤",孩子幼小的心灵会遭受打击,认为没有什么人是值得信任的,从此为保护自己,他们会拒绝与他人坦诚相见。

其实,大人爱面子,孩子更爱面子。因此父母不要当众揭孩子的伤疤。孩子因为心理年龄特点,任何所作所为都是有原因的。如果父母不了解事情真相,就当众说出孩子的不足,不但不能激励孩子改正错误,反而会形成僵局,使问题变得复杂化,导致矛盾难以调和。

孩子有缺点,父母不要急于宣扬,可以在没有外人的时候进行善意的教育。无论何时,父母都要多给孩子一些耐心,多倾听孩子的心声,理解和包容孩子,这样才能保护孩子不受伤害,让他们自由快乐地成长。

第三节 "别人家的孩子"真的那么好？

大多数家长都会犯的一个常见错误就是，喜欢赞扬别人家的孩子，贬低自己的孩子，例如"某某家的孩子长得又高又胖，咱家孩子又矮又瘦"，或是"你家孩子学习不错，分数考得高，我家孩子不行"等。固然，不夸赞自己的孩子而赞扬他人的孩子本没有错，这会给人留下谦虚的印象。但是父母用自己家的孩子和别人家孩子作比较，继而贬低自己的孩子，则显得不够明智。

每位家长都有一颗望子成龙的心，都希望孩子的未来是光明美好的。但是由于人的性格、性别的不同，想法和行为能力也千差万别，即便做同样的事情，也不一定能获得相同的结果。如果父母一味地以别人家的孩子为参照物，与自己的孩子作比较，相当于用别人家孩子的长处比自己家孩子的短处，便会无限放大自家孩子的不足和缺点，让孩子失去信心。

> 文青和梅林从小一起长大，一起上幼儿园，现在同在一个小学一个班级读书。两个孩子在班上都有突出表现，都很受老

师的喜爱和同学的欢迎，但是她们的长处和优点不一样。文青擅长学习，数学、语文等各科成绩名列前茅。而梅林虽然学习成绩在班上排名中上等，但在文体方面特别优秀，经常代表班级参加学校的各项艺术和体育比赛，拿到很多奖项。

文青和梅林各自的妈妈，都为自己的孩子感到骄傲，便有意无意地拿两个孩子作起了比较。在三年级后半学期的期末考试中，文青又获得了全班第二名的好成绩，而梅林却考了全班第十名。其实这对于梅林来说已经算是不小的进步了，可是妈妈却感到很不满意，她对梅林说："你看看文青，每次考试不是第一就是第二，你就不能超过她吗？"从此以后妈妈给梅林报了各种辅导班，督促她学习，看她稍微有放松，就给她脸色看，还经常把"你一定要超过文青"这句话挂在嘴边，弄得梅林十分苦恼。

为了在学习上超过文青，满足妈妈的愿望，梅林不断努力学习。她每天下课后上完辅导课，晚上回来还要做很多试卷，经常很晚才睡觉，可是考试成绩仍然不理想，不但不能满足妈妈的愿望，反而与文青差得更远了。梅林心里烦躁不堪，此后经常自暴自弃，不愿认真学习。

所谓"爱之深，责之切"，父母责备孩子的本意都是源于爱，但世界上没有两个人是一样的。人各自有各自的长处，父母如果以别人家孩子的标准来要求自己的孩子，很难在教育上获得成效。孩子虽然在外在条件或是内在能力上有一定差距，但都是有自尊心的。父母一边作比较，一边责备孩子，无疑会使孩子的自尊心受到伤害。孩子长时间在这样的环境下长大，将如何成为人格健全的人呢？

其实,家长的攀比除了影响孩子的身心健康,伤害孩子的自尊之外,自己在攀比的过程中也会失去心理平衡。经常用别人家孩子的长处比自己家孩子的短处,比来比去也只能得到不满意的结果,心中更加焦躁不安,于是不断向自己的孩子施压,导致亲子关系恶化。

印度思想大师奥修说:"玫瑰就是玫瑰,莲花就是莲花,只要去看,不要比较。"孩子生来就有差别,每位父母都应该抱着一颗平常心去看待自己的孩子,从内心深处拒绝对比孩子。不要给孩子施加压力,多给他们一些鼓励,孩子自会找到自己的人生价值。

田晓菲小时候是天津出了名的才子,她十岁出版个人诗集,十四岁就考上全国学子梦寐以求的高等学府北京大学,很多记者到她家采访,希望她妈妈能将成功的教育经验分享给大家,但她妈妈只说了一条,并且也是最重要的一条,就是:"我从来不拿她和别人家的孩子作比较。"

晓菲四岁的时候还不会写字,她看到哥哥新拿回来的作文本十分兴奋,拿起笔在上边涂涂抹抹,整整四页都被她涂得乱七八糟。妈妈回来后,她还特意拿起本子凑到妈妈面前说:"妈妈你看,这是我写的作文。"妈妈看到干干净净的作文本被画得不成样子,有点心疼,但是她转念又想,这正说明晓菲对写字开始感兴趣了,于是问道:"这真是你写的吗?"晓菲高兴地点点头。妈妈不但没有责备晓菲把本子弄得乱七八糟,反而表扬了她,还给她买了一个新的作文本让她多多练习写字。如果当时晓菲妈妈责备晓菲,并说"你写得这么糟糕,你看看邻居家的××像你这么大的时候都会写字了,还会弹琴画画"这种攀比的话,晓菲刚刚萌发的学习兴趣很可能被浇灭。

每个孩子都是一个独立的个体，没有与其他孩子相比较的必要。让孩子学习别人的优点虽然重要，但是父母也要因材施教。当看到别人的孩子比自己的孩子强，父母先不要急着让孩子追赶，先找找自己孩子身上的优点。或许你会发现自己孩子身上的优点更难能可贵。

孩子与孩子之间都是有差异的，这种差异也是孩子个性的体现。父母无须过于苛刻，而应该用欣赏的眼光去看待孩子，尊重孩子的个性。盲目跟风让孩子效仿别人的长处，相当于束缚了他们个性发展的脚步，这样做是不可取的。

孩子自有孩子的未来，父母只需相信孩子，解放孩子，并在必要的时候引导孩子就可以了。你的孩子就是你的孩子，无须与他人比较。只要他们昨天比前天进步，今天比昨天进步，父母就应该站在一旁为他们鼓掌。只要他努力过奋斗过，不管是好是坏，总会奏出自己生命中最美妙的乐章。

第四节　不要用话语攻击孩子

如果问什么对孩子的伤害最大，很多人的答案很可能是身体伤害。身体伤害固然是不可取的，因为它会给孩子的身体带来难以承受的疼痛，甚至会影响其心理健康，但肢体伤害毕竟表现在外部，是肉眼看得见的，处于父母可控制范围之内。而语言伤害对孩子造成的伤害，远比肢体伤害要严重，因为它会给孩子的心灵留下难以磨灭的创伤，而这种创伤是看不见摸不着的。

中国少年儿童平安行动曾进行了一项调查，询问学生们认为最急迫需要解决的校园伤害是什么。结果表明：81.45%的小学生认为语言伤害是校园里最亟须解决的问题。也就是说，语言伤害所带来的痛苦让孩子们难以承受。

尽管校园里存在语言伤害，但对于大多数家庭来说，父母用话语攻击孩子也是很普遍的现象。无论在什么地方，一些用语言伤害孩子的事情总在上演。五岁的小姑娘不小心将米饭弄到地上，妈妈怒气冲天地说："你这孩子怎么什么都不会，连饭都不会吃，简直愚笨至极！"七岁的小孩因为贪玩没有及时完成妈妈交代的任务,妈妈指着孩子骂道:"爸妈上班给你挣钱多不容易,你一点儿也不争气,怎么对得起我们的养育?"十岁的孩子考试得了98分,把试卷拿到爸爸面前等待表扬,等来的却是无情的责备:"考98分算什么,还有考100分的呢,你可别得意,下次要不考全班第一,小心我的拳头。"……

当父母和孩子交流的时候,无论是提意见还是给出答案,你所说的每一句话都会给孩子带来影响。积极的语言会让孩子变得自信开朗、积极向上,但最可怕的是那些攻击性的语言,句句伤害孩子的内心,会让他们感到委屈自卑、失去自信、焦虑不安、胆小懦弱,严重者甚至会出现多种行为障碍。

于希上幼儿园的时候还是个开朗健谈的孩子,可是现在她却变得性格内向了,总爱一个人待在家里不与人交往。她的性格为何会发生如此大的转变?就是因为在家中遭受了语言攻击。

于希5岁的时候遭遇了父母离异,从此母亲对她要求便十分严格,希望她接受最好的教育,为自己争一口气。母亲为于希报了各种辅导班、特长班,并且规定她门门功课必须在95分以上,低一分也要接受最严厉的惩罚。此后于希每天在学校和上辅导班的路上奔波,纵然十分辛苦,但她认为更为辛苦的是听母亲的数落。一次,她数学得了94分,妈妈对她说:"你脑子进水了?这么简单的题都不会,真是不争气,罚你跪在地板上把错题抄写一百遍。"还有一次,她英语考了85分,虽然这个分数与妈妈的要求相差甚远,却是全班最好的英语成绩。可是妈妈不管这些,她对着于希劈头盖脸就责备了一通:"你说说你,我供你吃供你穿,你居然用85分来回报我,这么没出息，还不如把你扔给你爸呢。真是猪脑子！"于希解释说："英语题太难了。"可是妈妈根本不听，喋喋不休地对她进行语言伤害，于希最终难以忍受，流着眼泪跑回房间。她再也不想跟妈妈说话了。

父母在气急败坏的时候往往会随口说出很多带有攻击性的语言，尽管他们的本意是为了激励孩子，殊不知却对孩子造成了很大的伤害。父母望子成龙本没有错，但语言攻击会深深刺痛孩子的心灵。孩子视父母为世界上最亲近的人，父母的语言攻击让他们一时间感受到了亲人的冷漠无情，他们找不到安全感，为了抵挡攻击带来的伤害，便会疏远和躲避父母。

很多父母对孩子施展语言攻击，是因为他们认为这样做可以管住孩子，让他们不再犯错。但实际上，家长这些伤害性语言只能对孩子的行为起到一时的约束作用，之后孩子还可能再犯类似的错误。就好像父母希望孩子考取高分，便用攻击性语言刺激孩子，虽然孩子一时间发愤图强，努力学习，但可能依然无法取得好成绩一样。孩子们在语言攻击的作用下，各方面技能没有增加，反而恐惧心理增加了。

因此，父母要高度重视攻击性语言带来的危害，调整好心态，尽量改变自己的说话方式。尽管父母在很多情况下恨铁不成钢，但在教育孩子的时候也要尽量保持理智，控制好自己的情绪。当发现孩子某些地方做得不够好，要用温和的语气引导他们。即使批评孩子，也要讲究说话的艺术，不能不计后果，张口就来。尽量去掉那些指责、呵斥的话语，用积极性的语言代替，例如"慢慢来，没关系"或是"妈妈对你有信心"等。父母用平常心看待孩子，孩子也会从心底感受到父母的爱。

第五节 打骂并不能真正树立威信

当孩子不听话或做错事时，许多家长采取的解决方法是非打即骂，因为在他们看来，打骂有助于父母在孩子面前树立威信。而孩子有问题，如果父母温和面对，就会显得父母很懦弱。其实，父母在孩子面前树立威信本没有错，但打骂却并非树立威信的最好方式。

一般来说，父母的威信指的是在平等交往的基础上，孩子对父母产生的一种尊重和依赖的情感，从而与父母建立起一种积极、亲密的亲子关系。对于孩子而言，威信是父母的一种影响力，它会号召和引导孩子向好的方向前进。但是现在，越来越多的家长认为不打不骂就无法在孩子面前立威，这种想法是不正确的。

如果父母在孩子面前经常发脾气，打骂孩子，会令孩子处于恐慌之中。虽然孩子在父母的高压政策下，听从了父母的指令，但却由于内心的恐惧难以平息，从而疏远父母。父母打骂孩子，无非想让孩子不管任何事情都不能擅自做主，而是听从父母的差遣与安排，以便建立威信。也就是说不管孩子的想法是对是错，只要父母认为它是不可取的，就会不断责备、抱怨、斥责自己的孩子，甚至是大打出手。由于父母没有给孩子解释和说明自己问题的机会，导致双方交流沟通减少，孩子不知道父母的真实想法，父母也不清楚孩子的喜好和需求，这样亲子之间就产生明显隔阂。

　　一天早上，六岁的爱伦在一边玩耍，爸爸坐在旁边的沙发上聚精会神地看报纸。不一会儿，爱伦轻轻走到餐桌旁，趁爸爸不注意，将一个小球塞进桌上放着的一个玻璃杯，接着双手握着杯子上下使劲摇晃。听到小球与玻璃壁碰撞的声音，爱伦高兴极了。

　　爸爸看到了这一幕，对爱伦说："别玩玻璃杯，会把它打碎的，你可没少打碎东西。"爱伦说："不会的爸爸，我就玩一下。"刚说完这句话，玻璃杯被爱伦掉在地上，摔得支离破碎。爸爸很生气，大声呵斥道："说了不让你玩，你就是不听，看看现在好了，玻璃杯又被打碎了。你怎么那么笨啊？咱们家里的东西都快被你破坏得差不多了。"爱伦忍不住顶嘴道："可是那天，你不也把一个盘子打碎了吗？"听了爱伦的话，爸爸更加愤怒，大声责备道："你居然还敢说我，真是不像话。我可是你爸爸。"爱伦继续说："是你先说我的。"爸爸怒气冲天，最后大吼一声："给我马上到一边站着去，再说话我就打你。"爱伦对爸爸有些畏惧，小声嘀咕道："就会打人。"谁想到，这句话彻底激怒爸爸。爸爸异常愤怒，脸都涨红了，他一把揪过儿子，照着屁股就拍了几巴掌。这一下，爱伦慌了，大声哭起来。爸爸问他："还敢不敢再还嘴？"听到他认错之后，爸爸才停止了动作。

　　之后，爱伦什么都没做，一直独自哭泣，他不愿跟爸爸说话。到了中午爸爸叫他吃饭,他也一句话不说,也不看爸爸一眼,随便吃了两口就放下碗筷,到了下午依然如此。父子两人本应该尽情享受欢乐的亲子时光,结果因为父亲的打骂,美好的一天在沉默中结束。

尽管在这件事情中,爱伦得到了不能再玩玻璃杯的教训,但也使父子两人的关系受到影响。如果爸爸用另一种方式代替打骂,在孩子面前就会失去威信吗?当然不是。爸爸可以温和地拿走玻璃杯,给孩子找一个更合适的玩具。或是当孩子把玻璃杯打碎,爸爸先不要批评责备,而是设身处地地替孩子着想,这样不但可以避免消极影响的产生,而且孩子也会为自己做错的事心生歉意,反而对父母更加信任和尊重。

父母应该在孩子面前树立威信,以便将来能更好地教育和引导孩子。但是树立威信不是打骂,用好的品质影响孩子才是树立威信的最好方式。

第一,父母要能以身作则。古人有云:"以身教者从,以言教者讼。"意思是说,用自己的行动去教导别人,别人更容易接受,而用自己的言论去教化别人,反而会招惹是非。今天,这句话仍然适用于孩子的教育问题。父母如果经常用语言责备教训孩子,更容易引发矛盾和冲突,如果用行动去影响孩子,孩子则会效仿父母的行为,做得更好。例如父母品行端正,做事严谨认真,孩子就会从中得到自信,努力向上。

第二,父母要诚实守信。诚实守信是中华民族的传统美德,一个人不仅在社会和工作中要诚实守信,对待自己的孩子也要诚实守信。诚实守信就是对孩子要诚实,不欺瞒不哄骗,说出去的话就要做到,不能出尔反尔。如果父母做到"言必信,行必果",孩子一定会对父母产生信任。

第三,父母要勇于承担责任。人难免会犯错,小孩如此,大人也一样。犯了错不要紧,要敢于承认并勇于担当。父母要想在孩子面前树立威信,犯了错误就不应该为了面子而不敢承认。只有敢于承认错误，承担起应有的责任和义务，才能在孩子心里树立起高大的形象。

第四，父母要与时俱进。虽然孩子在成长的过程中需要不断地从父母那里获得指引和教导，这样才能丰富知识，开拓眼界。但是反过来，父母也需要不断从外界获取知识，丰富经验，做到与时俱进，才能更好地教导孩子。如果说孩子是祖国未来的花朵，那么父母就是给花朵提供营养的土壤，只有土壤不断补充营养，才能源源不断地输送给花朵，才能保证花朵茁壮成长。如果父母不加强学习，不多从外界吸收育儿经验，总是用老一套的方式方法教育孩子，则会影响自己在孩子心目中的地位。

总而言之，有智慧的父母不会以打骂的方式来树立威信，而会运用恰当的教育方式影响和感染孩子。当父母和孩子之间形成了尊重和信任的关系，父母的威信自然而然就树立起来了。

第六节　一味说教会带来隔阂

说教一词在古代最早作说经教授之用，也就是为人们讲解宗教理论。到了现代，说教不仅仅限于传播宗教理论，而成为说服教育别人的一种方式，特别是在家庭教育中，父母最喜欢对孩子进行说教。

提到说教，人的第一反应是说话者会生搬硬套一大堆大道理，用来说服和教训别人。就好比父母看到孩子犯错总会讲一大堆理论，让孩子明白他们的做法是不对的。当然，简单的说教对孩子有一定好处，因为它能及时传递一些观念和信息，对孩子起到警醒和引导作用。但如果父母一味说教，不理解孩子的情感，则会导致父母与孩子之间出现隔阂，亲子关系也会变得疏远。

三岁半的彤彤已经到了上幼儿园的年龄。刚去幼儿园的第一个月，由于对新环境比较好奇，有很强的探索欲望，所以每天早上都是高高兴兴地去，晚上高高兴兴地回，在幼儿园也不哭闹，吃饭洗手都能独立完成，经常受到老师的表扬。可是到了第二个月，新鲜劲一退，彤彤就不想去幼儿园了。每天早晨到了七点，她就赖在床上不肯起，妈妈要催她好长时间，她才不情愿地睁眼，第一句话就问妈妈："今天去幼儿园吗？"妈妈说去，她就会大声哭，边哭边说："我不去幼儿园！我就不去幼儿园！"妈妈眼看上班要迟到了，不由分说就给彤彤穿衣服。可是彤彤一点也不配合，妈妈刚把她的胳膊放进袖子里，她就使劲挣脱了出来，再次倒在床上大声哭喊不去幼儿园。

妈妈几次劝说无效，十分生气，便开始喋喋不休地说教："真是太不懂事了，说不去就不去，怎么能由着自己性子来呢？你不喜欢上幼儿园，妈妈和爸爸还不愿意去上班呢，但是不想去不也得去吗？大家要都由着自己的性子，不想去就待在家里睡觉，哪里能挣来钱？哪还能给你买好吃的东西和好玩的玩具呢？你快点穿衣服，听到了没有！"彤彤仍然在哭，就是不配合，妈妈又接着说道："你看那些芭比娃娃都是妈妈挣钱给你买的，就是因为妈妈从小好好上幼儿园，又认真读小学、中学、大学，学会了知识后今天才能挣到钱。所以上幼儿园是很重要的，不能半途而废，这样才能买到自己喜欢的东西。快点去幼儿园！"彤彤哭着大声说："我什么都不要，我不买芭比娃娃，就是不要去！"任凭妈妈怎么说教，彤彤依然不肯妥协。妈妈真是恼火了，她一把将彤彤从床上拽起来，强行给她穿上衣服，边穿还边数落彤彤的不是，接着直接把她拉出家门，送到了幼儿园。

到了晚上，妈妈去幼儿园接彤彤，彤彤也没有说话。回到家里她也不和父母玩，一副闷闷不乐的样子，往日的活泼淘气消失不见了。

经常有父母会说:"我跟孩子讲道理,说得口干舌燥,结果孩子还是想干什么干什么,就是不服管教。难道一定要冲他们大吼大叫,他们才会害怕?"大吼大叫当然不是父母教育孩子的明智之举,但一味对孩子说教也是行不通的。当父母说教个不停,会浪费大量时间。虽然他们认为这些付出是值得的,但是孩子长时间在说教中度过,会觉得昏昏沉沉,疲惫不堪。他们更希望将这些时间用来玩耍,而不是听父母这些令他们厌烦的话,因此会与父母发生争执,或是与他们疏远。

父母在教育孩子的时候喜欢不停地说教,往往认为说教能责令其改正错误。但孩子并不喜欢这种教育方式。这是因为父母枯燥的说教超出了孩子的承受能力和认知水平。孩子本身年龄还小,对很多道理不能理解得那么透彻,甚至根本无法理解。如果此时父母上纲上线地教育,不仅会让孩子感到无聊乏味,孩子的逆反心理还会被激发出来,更加坚定自己的行为。

要想让孩子接受说教,父母就要换一种方式与孩子交流。说教无非是通过说教育孩子,因此要在说上多下功夫。父母与孩子说话时,道理一定要充分,说出来的话要符合事物的发展规律和孩子的真实情况,不可为达目的故意夸大或隐瞒。给孩子讲的道理,切忌多次重复,因为说得过多孩子会不耐烦。在讲道理的时候,仅有理论还不行,还要有生动的事例来证明理论,否则枯燥无味,大人都不喜欢听,更何况孩子。孩子年龄小,要想说服他们就应该抓住他们的年龄特点,说话尽量生动形象,内容新鲜奇特,让孩子们有听下去的兴趣,这样,说教才能发挥其作用。

第七节　与孩子沟通时，腔调语气要恰当

每一位父母在与孩子沟通时，都不想使用不友善的语气，但当孩子做了一件事，令父母怒气冲天的时候，父母说话的语气和腔调会在不知不觉间发生改变。父母越是愤怒，越是不能控制自己的语气和语言，什么难听就说什么，此时父母心里想的不是这种粗暴的话语是否会伤害孩子幼小的心灵，而认为自己一定要说个痛快，给孩子留下惨痛的教训，这样孩子才能记忆深刻。

然而事实证明，父母口中的粗暴语言，例如"你给我滚，我没你这样的孩子""你简直跟猪一样笨""真是让人讨厌""再这样就把你扔在外边""我真是倒了大霉，生出你这么个孩子"等，对孩子是一种极大的伤害。当孩子接收到这些不好的信息之后，脑海里会浮现出种种可怕的画面，例如感觉自己愚昧无知、愚蠢至极、一无是处。因此自信严重缺失，感觉自己无力改变现实，只得垂头丧气地接受。孩子一方面希望得到进步，另一方面自我感觉不够好，这种矛盾心理一直在内心徘徊，时间一长就会压得他们喘不过气来。

馨馨上幼儿园大班的时候还不会算简单的加减法，每次妈妈问她二加三等于几的时候，她要把所有手指头都放在一起数，翻来覆去好几遍都数不对。

开始的时候，妈妈还耐心地教给她数数方法，馨馨当时也记住了，妈妈很高兴。可是过了两天，妈妈出了同样的加法题让馨馨算，馨馨早把妈妈教的忘在脑后了。她伸出十个指头笨拙地数了起来，数来数去结果还是不对。妈妈很生气，火山终于爆发了："你都五岁多了，就这么两个简单的数也不会算吗？真是太笨了！上次我已经教过你怎么算了，这刚过去两天你又忘了，你是猪脑子啊。真不知道我怎么生了你这么个孩子。"馨馨听了妈妈的话，痛哭流涕。妈妈还不解气，又阴着一张脸接着训斥："你还好意思哭？咱们小区里的文文、浩浩、晴晴比你还小呢，都会算算术，就你不会，你可真不给我长脸！"妈妈就这样愤怒地指责，馨馨边哭边说："妈妈，我不笨，你别这么说我！"这下妈妈停止了指责，她不是意识到自己的语气过于粗暴严重，而是认为说多了也没用，于是瞪了馨馨一眼，生气地走开了。

此后，馨馨每次算算术，就想到妈妈愤怒的指责，继而紧张得不得了，更算不出来。即便幼儿园老师教他们算术时，她也表现得一点兴趣也没有，每次老师提问馨馨，她基本上都低头不语，老师还专门向馨馨妈妈反映了这件事。

其实，对于父母来说，他们在自己的童年时代，也会承受来自家长的粗暴无礼，也会感到无从适应。他们深知这样粗鲁地对待孩子影响恶劣，但是又不由自主。粗鲁愤怒的指责虽然暂时起到了一定的震慑作用，但它会导致孩子的不良情绪长期堆积。孩子总有一天会忍无可忍，将全部情绪爆发出来，造成十分严重的后果。这就好像人体会患上感冒一样，病毒进入体内后会有一段时间的潜伏期，等到它一旦爆发，就会使我们鼻塞头疼、昏昏欲睡，对学习、工作和生活带来影响。因此，父母在和孩子说话的时候，一定要注意把握语气，尽量做到平心静气、语气和缓。

在日常生活中，父母与孩子交谈，如果能让孩子从中感受到积极、正面的力量，便容易使孩子分辨自己好的一面和不好的一面，积极乐观地面对自己。如果总是用粗鲁蛮横的语气与孩子说话，孩子的个性容易消极。这也就印证了"种豆得豆，种瓜得瓜"那句话，结果的好坏取决于培养方式。

当父母与孩子进行日常交流时，不要挖苦和讽刺孩子，抛弃"你真笨""真胆小""什么都干不好"这些带贬损意味的语句，也不要使用夸张的语句，例如"把你扔了""我不要你了""打死你算了"等。而是应该用温和的语气，进行循循善诱的指导，多说深入孩子内心、让孩子容易接受的话，才能促进亲子之间的关系。

在说话的时候，父母要站在与孩子平等的地位，尊重孩子的人格，然后通过商量与探讨的方式展开话题。给孩子分析问题的时候要晓之以理，动之以情，接受或是拒绝孩子做什么的时候，都要说明原因，再具体问题具体分析。这样，就能令孩子信服。

第八节　批评孩子，最忌讳唠叨不休

很多父母，特别是做母亲的，批评孩子的时候喜欢唠叨个不停。因为他们认为说的次数多，是在帮助孩子强化记忆，孩子印象深刻，执行起来才更容易。其实，批评孩子的时候唠唠叨叨，效果并不理想。

人们常说，说话要言简意赅、突出主题，说出的话才有说服力。而唠叨就是说话的时候冗长、琐碎，一句话或是同一件事情反复说个不停。在批评孩子的时候，如果同一句话重复多遍，或一件事情说个没完没了，成年人听了都会感觉心烦意乱，难以接受，更别说是孩子。

昔比小的时候特别喜欢学习，成绩在班里也是名列前茅，后来却越来越不喜欢学习，这是为什么呢？就是因为她的妈妈批评她的时候总是唠叨个不停，弄得她完全没有心情去做自己喜欢的事情。

一天，昔比放学回家，打开作业本准备做作业，突然被桌子上的一本课外读物吸引住了。那本书包装很精美，书名也很特别，昔比本来就很喜欢文学类读物，想对里边的内容一探究竟。于是她放下笔，打开课外书欣赏了起来。看了几页之后，昔比想起作业还没做呢，感到有些内疚，但书里的故事实在太有意思，她舍不得放下，所以决定再看一节。

这时妈妈进来了，看到昔比在读和作业无关的书籍，十分生气，大声地对昔比说："看这些乱七八糟的书干什么，怎么还不做作业？"昔比说："知道了，妈妈，我看完这一节就做。"妈妈说："看完一节？那得耽误多长时间呢，先去写作业。"昔比央求道："妈妈，还有十分钟就看完了，就十分钟。"妈妈不耐烦地说："十分钟？这可是你说的。"说完妈妈转身离开房间。没过多长时间，妈妈又进来了，再次生气地对昔比说："怎么还看呢？不是说看完就写吗？"昔比看了看闹钟说："妈妈，不是说好十分钟吗？这才过了四分钟。"妈妈没好气地说："你抓紧时间吧，现在不快点写，晚上又得睡那么晚。"昔比这时感到很心烦，没有说话，继续看着课外书。

妈妈此时开始不停地抱怨："别人家的孩子一进屋先写作业，可你呢，进门先看无关紧要的书，等到快睡觉了，才开始写作业，这样怎么能把学习搞好？"昔比听到妈妈的唠叨，连课外书也看不进去了，她说："妈妈我不是说了吗，只看完这一节就写作业，您就别唠叨了。"妈妈说："哎呀，你不写作业还有理了，我这样不停地说，还不是为你好？要是你能听点话，我至于这么累吗？"昔比感到越来越烦躁，把书合上，扔到一边生气地说："行行，我不看了还不行吗？"于是开始写作业。但是想起刚才妈妈说的话，她就生气，越是气愤，越写不进去作业，就这样磨磨蹭蹭，直到十点才做完。

昔比进家没有立即写作业而是看课外读物，本来就感到内疚，妈妈第一次进房间的时候，如果出于善意的提醒，昔比的内疚感会促使她尽快放下不相关的书籍，积极地抓紧时间去写作业。但是妈妈用唠叨的方式教育昔比，结果孩子本身的内疚自责因为妈妈的唠叨而消失不见，留下的只是心烦意乱，试问孩子带着这样的情绪去做事，怎么能够做得好呢？

父母批评孩子时喜欢唠叨个不停，多半是带着恨铁不成钢的心态，他们希望尽自己最大的努力改变孩子，其初衷是好的。但是做任何事情都要讲究方式方法，即便是一个急脾气的人，想尽快纠正孩子的错误，也不能絮絮叨叨说个不停。父母说得越多，孩子的逆反心理就越严重，不但会使教育效果下降，还会使孩子畏惧与父母之间的沟通和交流。

很多父母在看待孩子的问题时，往往将孩子的天性归结于他们的错误，其实那是不对的。就好像三岁的孩子看到电门就想触摸只是出于好奇，他们并不知道那东西多么危险，如果说他们是故意犯错则不那么恰当。对于这种情况，父母需要做的是告诉他们这种做法所带来的严重后果，如果只是喋喋不休地批评教训，则丝毫不起作用。唠叨会让家长失去倾听的能力，如果孩子想解释自己为什么要这样做，家长则认为孩子是狡辩，然后再次批评，这只会让双方关系愈来愈疏远。

父母唠叨一次两次，可能对孩子造成的伤害不会太大，如果孩子长期承受父母的唠叨，父母着急焦虑的情绪就会给孩子造成巨大影响，孩子感受到巨大的心理压力，会变得不自信，负面情绪也会越来越多，影响到孩子的人格和性格发展。

其实，孩子是一个独立的个体，即使他有些事情做得不够好，想法不够周全，但他有能力去处理好自己的事情。批评教育的话说多了，反而会让孩子反感。如果相信孩子的能力，给予孩子多一些包容和体谅，站在平等的高度与孩子进行交流，孩子一定会做得更好。

阳阳的妈妈以前在教育孩子的时候也喜欢唠叨，弄得阳阳不胜其烦。一次偶然的机会，她听了亲子教育专家的一场讲座，之后便意识到，唠唠叨叨不但教育不好孩子，反而会令情况恶化，于是决心改变自己。

往常，阳阳放学回到家，妈妈让她做的第一件事就是写作业，如果阳阳提出自己的建议或是想法，就会换来妈妈的一顿唠叨。阳阳实在拗不过妈妈，就会说："行了，求你别说了，我去写还不行？"但写完作业之后，阳阳却不愿和妈妈说话了。

但今天，妈妈决定换一种方式来拉近母女之间的距离。阳阳放学后，妈妈依然提醒她说："你写完作业我们再吃饭。"这句话只说了一遍之后就再也没有重复。阳阳到屋里写作业，到了快七点的时候出来了，她一看，满桌子的饭菜一动都没动，就问妈妈："你们怎么还没开始吃呢？"妈妈认真地说道："你一回家我不是说了，你做完作业，我们再吃饭。"阳阳显得很高兴，说道："妈妈，你什么时候说的，我怎么没听见？"妈妈笑着说："是不是我不唠叨，你耳朵不好使了？"阳阳被妈妈逗笑了，母女二人你一句我一句说得不亦乐乎，晚饭吃得特别开心。

古人云："将心比心，推己及人；己所不欲，勿施于人。"如果父母认为他人的唠叨容易让自己心烦，就不要让同样的烦恼发生在孩子身上。只有站在孩子的角度思考问题，走进孩子的内心世界了解他们的真实想法，才能找到适合的教育方式。与其批评时唠唠叨叨，自己说着累，孩子听着累，不如多给孩子一些成长的空间。孩子有了独立意识和自信心，一定能做得更好。

第九节　严厉批评，语气也要委婉

美国精神病学家威廉·哥德法勃曾经说："教育孩子最重要的是，要把孩子当成与自己平等的人，给他们以无限的关爱。"但是，现实生活中，很多父母很难做到平等地对待孩子。当孩子犯了错误，父母总是以居高临下的口吻，盛气凌人的态度，以及粗暴的语言，去批评和教育孩子，不但伤害孩子的自尊心，也会影响教育效果。

一天，妈妈打开电脑坐下来准备工作，突然想起什么事情离开了一下。航航因为好奇，跑到电脑前一阵鼓捣，也不知道他按错了哪个键，电脑突然死机了。妈妈返回来时，发现电脑不动了，担心文件丢失，立即火冒三丈，对着航航就是一阵数落："电脑是你随便动的吗？这东西的重要性你知不知道？怎么这么不听话，一天不闯祸你就难受是不是？"航航没想到妈妈会这么生气，紧张得不敢动，只是瞪着一双大眼睛，惊恐地看着妈妈。爸爸看到航航无助的样子，赶快走过来对他说："你把妈妈电脑弄坏了,心里是不是也不好受?"航航点点头,没有说话。爸爸接着说:"爸爸知道你是因为好奇才去玩电脑的,不过这东西对于妈妈很重要,没有它妈妈就不能工作了,所以你不能随便动它,知道吗?"航航点点头。爸爸为了缓解航航紧张的情绪,又说道:"不过没关系,幸好爸爸有办法,一会儿爸爸把它修理一下就可以用了,但你要知道,爸爸和妈妈永远爱你。"航航听了爸爸的话,心情放松了不少。

孩子犯了错误,父母批评本没有错,但是在批评的时候特别要注意自己的语气。说话过激或是过于粗暴,很容易伤害孩子幼小的心灵,让他们难以承受。由于孩子畏惧父母的权威,虽然一时变得老实听话,但长此以往,孩子会在心里默默怨恨父母,甚至与他们越来越疏远。

很多父母认为:既然孩子是我生的,我就有权说他们,至于什么口气,什么态度,全由我个人决定。还有父母认为:看到孩子犯错,我一时气愤,哪里顾得上自己说话孩子能不能接受。当然,人在生气的时候,由于语言受到情绪左右,很难考虑他人的感受,但是,如果父母能换位思考,想想自己在工作和生活中受到他人措辞强硬的批评和指责时,也一定难以承受,也会想着与对方抗衡吧。既然如此,父母应该尽量控制自己的情绪,在批评指责孩子时,多一些委婉,少一些粗暴,用心斟酌措辞,孩子会更容易接受。

说话委婉,不是不指出孩子的错误,让孩子自己去领悟,而是要用一种孩子更能接受的方式。孩子乐于接受的第一个方式就是先肯定再否定,也就是说当孩子犯了错误,父母不要急着直接指出其错误,而是先说出孩子值得夸赞的一方面,再对他错误的一面进行批评教育。说话时语气尽量平和,态度不要强硬,这样更能说服孩子。

一天，倩倩想画画，她看到桌子上有一本看过的儿童杂志，就在上边画了起来。好好的一本书，一会儿就被她画得乱七八糟。其实，倩倩刚开始学画画的时候，经常在家里乱涂乱画，地板上、墙壁上、门框上都留下她不成形的"作品"，为此，父母没少批评她。可是很快这些话就被她抛到脑后。这次，妈妈决定换一种说话方式来纠正她的错误，她对倩倩说："倩倩，看到你画画有了很大进步，妈妈非常开心。在这一点上我要表扬你。"听到妈妈的话，倩倩显得很得意。接着妈妈又说："可是，你还有一点做得不好，要是能改正过来，就更棒了。"倩倩着急地问："是哪里不好呢？"妈妈认真地说道："你不该在儿童读物上画画，因为你把画画在上边，等下次想看书的时候不就看不了了吗？你应该在纸上画画，这样既显得画干净整洁，也方便妈妈拿出去给别人看啊，这样大家就都会知道你画得有多好。"倩倩听妈妈这么一说，十分高兴，眼睛里闪烁着光芒，她问妈妈："真的吗？"妈妈说："当然。"此后，每当倩倩要画画，都会找爸爸妈妈要纸，再也不在书上乱涂乱画了，她很希望大家都夸奖她画的画好。

批评是一味苦药，但父母用对方式也可以为孩子带来"甜头"。孩子思维简单，想法单纯，苛刻的指责往往不容易被他们接受。而说话时把尖锐的措辞说得婉转而含蓄些，就会起到春风化雨的作用。

第十节 要给孩子留面子

每个孩子都是独立的个体,都希望得到父母的关心和爱护。但是比起关心、爱护,他们更期望得到的是父母的尊重。尊重不是在孩子有需要的时候,给予他们物质满足或是精神上的愉悦,而是在众人面前给他们保留颜面。

有些父母,尽管声称自己尊重孩子,却在批评孩子的时候,毫不顾忌场合。不管是在人多的超市、商场,还是当家里有客人的时候,只要孩子犯了错,父母那些责备和呵斥的话语张嘴就来,这就好像将孩子的痛处暴露在众人面前,孩子怎会不觉得难过呢?

前面我们提到过英国教育家洛克的话:"父母不宣扬子女的过错,则子女对自己的名誉就愈看重,他们觉得自己是有名誉的人,因而更会小心地去维持别人对自己的好评。"孩子犯了错,如果父母选择私下里批评教训,而不是当众宣扬,不但保存了孩子的颜面,也维护了自己的名誉。如果父母在批评时不懂给孩子留面子,孩子的自尊和心理防线将会崩溃。

周末，妈妈带——到亲戚家串门。由于——第一次来这位亲戚家，对她家中的各种摆设都感到特别好奇，一会儿悄悄给没有插电的饮水机放水，一会儿又拿出糖果盒找自己喜欢吃的糖。妈妈看到依依这么调皮捣蛋，觉得自己颜面尽失，当众对——大声喊道："——，你乱动别人的家的东西也就算了，还这么好吃，看你长大之后会是什么样子！"——没有意识到妈妈不高兴了，于是说道："长大我也吃糖，我就喜欢糖。"这时，亲戚家的一个老人走了过来，妈妈就好像抓住救命稻草一样，开始向她倾诉起来："唉，你说我这人，哪都挺顺心，怎么就摊上——这么个孩子。这孩子不听话，跟他爸爸好像一个模子刻出来似的，好吃懒做得不得了，每天让我操碎了心。"这位老人说道："孩子好吃是正常的。我觉得你儿子挺不错的，他不是没有优点，刚才进门的时候彬彬有礼，看见我就打招呼。"妈妈说："这孩子想起一出是一出。"一旁的——听到妈妈这么批评自己，目光有些黯淡地坐在一旁，不像刚才那么活泼了。那位老人又说："你不能这么说，孩子做什么肯定有他们自己的想法。你看你儿子聪明活泼，要是耐心引导，以后一定会成为你的得力小帮手。"妈妈突然意识到自己不该在众人面前批评孩子，不但丢了孩子的面子，也相当于丢了自己的面子，于是赞同地点点头。但之后，———直到离开这位亲戚家，都好像心事重重的样子，他明显在妈妈的当众批评中受到了伤害。

每个孩子都有自尊，都希望在他人面前保存颜面。随着年龄的增长，他们更意识到面子的重要性，如果父母当众批评孩子，孩子会感到内心受到伤害，很可能产生敌对心理。人无完人，每个孩子都有劣势，都会犯错，但是父母在外人面前要尽量关注孩子好的一面，对于他们好的行为给予肯定和鼓励，对于他们的缺点，不要在外人面前张扬，而是应该先保持沉默，而后再寻合适的时间场合纠正他们不好的行为，这样孩子会更容易接受一些。

小元学习成绩一般，长相并不出众，也没有什么过人的才艺，可是每当有客人到家里来询问起孩子的情况时，妈妈说的总是表扬的话而不是批评的话。一次，妈妈公司的同事到家里来，说起孩子的情况，妈妈便说道："我的孩子很懂事，每当我下班回来打开门，就能看到她为我准备好的拖鞋。当我换好拖鞋，紧接着她就问我渴不渴，然后把水递到我手里，每一天我都感觉很欣慰。虽然她成绩不好，但我看得出她很用功，我相信总有一天她会进步。"一旁的女儿听到妈妈在外人面前这么肯定自己，觉得很开心，没等妈妈吩咐，她看到客人的水杯空了，就为他递茶续水，还时不时让客人品尝水果，连客人也不停夸奖小元懂事，善解人意。其实，小元不是没有缺点，只是妈妈尽量在外人面前维护她的面子，有什么问题，她们会私下里解决。每当妈妈向小元提出要求，让她改进的时候，她都能痛快答应，并且改正得也很及时，可见妈妈采取的教育方式让小元更容易接受。

父母可以在众人面前肯定孩子，但却不能在众人面前批评孩子。因为批评也是一门艺术，如果用词不当或是语气不好，很容易打击孩子的积极性和自信心；反而私下里与孩子探讨问题，并提供改进方法，才更有利于孩子接受。

每个人都希望自己得到他人的赏识和认可，而不希望受到批评和指责，孩子也是如此。孩子的自我意识很强烈，他们希望父母在批评他们的时候考虑到他们的自尊，不要伤害他们的面子。

孩子有错应该受到批评，但批评的时候要讲究人格平等，也要重视时间和场合。批评的时候要简明扼要，抓住精髓给予严肃指导。只要制止了孩子的错误行为，激发了孩子好的行为，批评的目的就达到了，给孩子留点面子又有什么不可以呢？

第十一节　与其批评，不如建议

尽管孩子在成长的过程中不可避免地会被批评，但如果批评得不正确或是不合时宜，很容易将孩子推向反抗和叛逆的一面。有时候放弃批评，用给予建议来代替，很可能起到意想不到的效果。

批评在词典中的解释是指出对方的缺点，或是对对方的缺点和错误提出意见，例如批评对方的蛮不讲理、不讲卫生，但却并非指责、抱怨。可是，在现实生活中，很多父母误解了批评的含义，认为既然要批评孩子，就要直指他们的痛处，让他们印象深刻，以便深刻铭记并改正错误。这样做也许会帮助父母树立权威，但却伤害了孩子的自尊。

建议则是指针对一个人或是一件事情的客观存在，提出自己的意见，这种方式具备一定改良的条件，使个人或是事情向着积极良好的方向完善和发展。建议通常带有肯定的意味，如果先肯定孩子，再对孩子提出改正意见，孩子会更容易接受，并自觉遵守规矩，越做越好。

四岁的小杰趁妈妈不注意从厨房地上拿出一捆绿叶菜。他先揪下上边套着的皮筋将菜散开,然后把它们分成几份,分别装到他的四辆大小不同的玩具运输车里,如果放不进去,他就用手揪下多余的菜叶或是将它们揉成一团使劲往车上塞,弄得蔬菜乱七八糟。爸爸看到这一幕,上前一把夺过玩具车,把里边的蔬菜用力倒了出来,将它们归在一起,然后大声批评小杰不懂事,不应该乱动蔬菜,说得小杰不停地抹眼泪,眼睛都红了。尽管当时爸爸的吼叫式批评奏效了,小杰老实了一会儿,可是当一切风平浪静之后,小杰似乎又恢复了之前的样子。他趁爸爸妈妈不注意,又跑到厨房把地上的蔬菜放到卡车里,这次不是绿叶菜,而是换成了西红柿、土豆一类的圆形蔬菜。正当爸爸气愤不已,想伸手揍小杰一顿的时候,妈妈说话了:"你这样大声斥责他有什么用,要给他一些建议才行。"妈妈转身用温和的语气认真地对小杰说道:"小杰,妈妈知道你想像卡车司机叔叔一样运输货物,可这些菜是妈妈用来给小杰做好吃的东西的,如果摔坏了就不好吃了。小杰愿意吃不好吃的饭菜吗?"小杰若有所思地说了声:"不愿意。"接着妈妈说:"不如这样,妈妈给你个建议,你把墙角堆着的那些积木和拼图块运到玩具筐里,妈妈拿蔬菜到厨房做饭,咱们比比谁做得又快又好,好不好?"小杰很高兴,一口答应了妈妈的要求,接着就认真地运送起积木来,他可不想输给妈妈。

父母经常以为自己的想法是正确的,孩子就应该顺从,甚至他们都没说自己到底有什么想法,就大声斥责孩子。他们这样做,只是站在父母的高度上威胁孩子,并没有从孩子的角度考虑问题。孩子需要尊重和肯定,而批评是对孩子的指责和否定,只有采取建议的方式处理孩子的问题，多给予孩子肯定，再以理服人，进行循循善诱的引导，才能引起孩子情感上的共鸣。

  小区里的妈妈们没事时就喜欢聚在一起说些家长里短，当然，她们最常谈论的话题就是自家的孩子。有一位妈妈说自己家的孩子真是不让人省心，每天总是做各种不着边际的事情，为此没少挨批评，有时候一天要批评孩子好几回，孩子才能暂时规矩一会儿，她感慨自己的孩子太难管教。她举例说:"一天，她让我给她买个MP3，说是用来听英语。我一听很高兴，以为她知道主动学习了。谁成想，她不是用来听英语，而是用来听歌的。"周围妈妈问:"你是怎么发现的？"这位妈妈继续说:"有一次她睡着了，我看她耳塞还挂在耳朵上，就替她摘了下来，这才听到里边放着的是歌曲。她居然骗我，你们说生气不生气？"其中一位妈妈说道:"嗯，你女儿确实不该这样做，不过，你不要总是批评她，最好试着给她些建议。"这位妈妈立即气愤地说:"批评她都不听，建议能管用吗？"另一位妈妈解释道:"孩子有错误，很多妈妈选择批评，是希望他们能认识到自己的错误，但是你们试想一下，这样做结果是向好的方向发展吗？当然没有。大家一味批评，相当于否定了孩子的一切，包括优点，孩子怎么会甘心顺从。如果站在理解和尊重的角度上，给他们一些建议，让他们感受到尊重，效果则会不同。"这位妈妈听从了建议，回家照着这个方法去做。她没有用愤怒的语气大声指责孩子，而是心平气和地给予意见，这次孩子很快就照着妈妈说的话去做了，也愿意改正自己的错误，两人的心情都很愉快。

父母给予孩子建议而不是批评，孩子没有受到指责，也没有被否定，从心理上会得到满足，感觉自己占据了主动地位，因此更容易朝好的方向改进。当孩子犯了错误，父母最好用建议代替批评，对孩子多一些温和，少一些怒吼和咆哮，这样，孩子才能认清自己，增强自信，取得更快的进步。

第三章 赞美孩子的每一个进步

第一节 每天夸孩子一句

孩子都喜欢听人夸赞,哪怕刚出生几个月的婴儿也不例外。人在婴儿时期就能通过大人的表情、声调、神色判断好坏,等到能听懂大人说话的时候,就能从大人的语言中得到反馈,知道自己受到的是赞扬还是责备。对于孩子来说,赞扬意味着成功和喜悦。当孩子们进行一个动作,如果得到赞扬,就会不断重复这个动作,继续让大人称赞,并从中回味快乐。从心理学角度来说,大人给予孩子的夸赞,常会起到意想不到的作用。

然而在现实生活中,很多父母虽然知道夸奖的好处很多,但却很少夸奖孩子,更不能应用自如,这主要是以下两点造成的。首先是人的天性决定的。人从出生到长大成人,总是对坏的事情更有敏锐的洞察力,对好的事情却难以重视。例如一个孩子将水洒了一地,父母往往对孩子为什么把水弄到地上很在意,但如果孩子没有把水洒在地上,而是全都喝进了肚里,父母则不会关注。另外,父母自认为一件事情很容易,孩子应该做到,所以不值得去表扬。例如父母让小孩子一个人去洗手擦手,年龄小的孩子或许感觉有些困难，但也做到了，父母则认为孩子本身应该会洗手，所以并不将这看成值得表扬的行为。

  小军今年三岁，总喜欢给父母干这干那，一会儿帮妈妈拿双拖鞋，一会儿帮爸爸递份报纸，总之一天到晚忙得团团转。做父母的都知道孩子天性闲不下来，他们便一直将小军这种行为看作故意捣蛋，而并未给予过多关注，也就谈不上表扬。一次家里来了客人，小军也想帮父母做点事情，表现自己的友好。他看见桌子上放了几个杯子和一个茶壶，就跑过去给客人倒水，结果把水弄得到处都是。小军的爸爸见状说："快去那边玩去，别在这儿给我们添乱。"小军不开心地躲到一边去了。

  孩子想法单纯，做任何事情都是出于喜欢，因此对于孩子这种好心没有办成好事的行为，父母应该多给予称赞，表扬孩子的热情好客和对父母的帮助，而不是给予打击。对于年龄小的孩子来说，做大人眼中看似简单的事情其实是不容易的，仅凭这一点，父母就应该表扬孩子，而不是对他们的行为视而不见，或是把这当作捣乱的行为。

  日本有项研究表明，经常受父母夸奖的孩子比很少受父母夸奖的孩子成功的概率高出五倍。夸奖为什么对孩子如此重要呢？这是因为得当的夸奖与赞美孩子就好像一只指南针，它会为孩子指引方向，让孩子朝着正确的目标前进，而不会迷失自己。孩子虽然天性快乐，但也有彷徨无助的时候，如果经常听到表扬，就好像被指南针领到一个正确的道路上来，心灵永远向着阳光。可见夸赞孩子是父母教育孩子行之有效的方式之一。

有一个男孩，上幼儿园的时候被老师认为是多动症儿童，他的母亲到幼儿园开家长会，老师说："你的儿子在椅子上连三分钟都坐不住，还是带他到医院看看吧。"走在回家的路上，儿子问妈妈老师说了什么。母亲心里很难过，但她却笑着对儿子说："老师夸奖了你，说你以前在椅子上坐不了一分钟，现在能坐三分钟了，你有了进步，妈妈也受到其他妈妈了羡慕。"儿子听后当晚不但比平时多吃了很多饭，而且也不用妈妈喂。

小男孩上了小学，数学成绩排全班倒数第二，老师怀疑他智力低下。家长会上，老师对他母亲说："我们怀疑他智力有问题，您带他去医院检查一下吧。"回家的路上，小男孩问母亲老师说了什么。母亲心里在流泪，但她却对儿子说："老师说你并不笨，只要细心，就能超过你的同桌，他对你充满信心。"儿子听后黯淡的眼神有了一丝光亮。此后他愈发懂事，上学去得比平时早，回来后认真做作业。

又到了一学期家长会，轮到老师点差生名字的时候，母亲认真倾听，这次却没有听到儿子的名字。母亲感到很意外，就去问老师是不是把她儿子的名字漏掉了。老师说："以他现在的成绩，可能考不上重点高中。"母亲心中有了一丝欣喜，看到在外面等待的儿子，告诉他说："老师说，只要你努力，还是有希望考上重点高中的。"

小男孩高中毕业了。一天，母亲接到儿子学校的电话，通知她去领儿子的录取通知书，她知道儿子一定被重点大学录取了。因为在儿子报考的时候，她对儿子说："你一定能进入这所大学。"果不其然，儿子从学校领回了国家著名高等学府寄来的特快专递。就在这一刻，母亲再也抑制不住十几年来压抑的泪水，放声大哭起来。

父母亲的赞美是对孩子的最大鼓励，一句赞美，能温暖孩子的心灵，一句赞美能激发孩子内心的能量，一句赞美，可以改变孩子的一生。

赞美可以是语言反应，也可以是一个动作、一个眼神。例如孩子把碗里的饭全部吃光，父母对孩子露出笑容，孩子会知道你在夸赞他的行为。如果父母对孩子露出威严的神情，孩子可能分辨不出自己是对是错，从而心生郁闷。因此父母的语言赞美或是从神情举止中流露出的赞美，都会对孩子产生不可思议的影响。

父母应该去尝试赞美自己的孩子。赞美不需要太多，每天一句就足够。如果你今天夸奖孩子手洗得干净，明天孩子会把手洗得更干净；如果你今天夸奖孩子字写得整齐，明天孩子会把字写得更整齐；如果你今天夸奖孩子按时起床，明天他还会继续坚持这个好习惯。总之，夸奖对一个孩子的身心成长非常重要，孩子听到夸赞的话，会感到父母对自己的关注和认可，继而心情愉悦，更乐于接受更大的挑战。并且孩子可以从父母的赞扬中分辨什么是对的事情，什么是不对的事情；什么是大家都接受的，什么是大家都反对的，继而做得更好。

第二节　明确赞扬，孩子才能做得更好

经常有父母会孩子说"你做得真棒""你真是个好孩子""你表现得太好了"。父母以为这样夸赞孩子，孩子会感受到父母的认可，继而表现得更好。实际情况是，这种赞扬说一次两次，确实能激励孩子，提高孩子的积极性，但说得多了不仅起不到好作用，反而让孩子感到倦怠。

有一位妈妈学习到赞美教育法后，经常赞美自己的孩子。当孩子扫地的时候，她会说："你真棒。"当孩子把吃完饭的小碗送到厨房，她会说："你做得太好了。"当孩子看书认真的时候，她也会说："你真棒，做得真不错。"开始她发现孩子听到这样的赞扬，做起事来更认真，但是当她说的次数多了，孩子做什么事情都好像没有了兴趣。

这位妈妈很不解，于是到亲子教育专家那里咨询。教育专家问这位妈妈："孩子每次扫地，你都这样夸奖他吗？"妈妈说："是啊，都是这样夸奖的，我想不出更好的词来夸奖他了。我想只要他有扫地的这份心，我就很高兴，所以每次都是这样夸

奖他。"教育专家听后明白问题出在什么地方了。父母如果总是笼统含糊地表扬孩子，孩子只知道自己做得不错，却不知道哪里不错，因此在开始时，听到这样的表扬很高兴，久而久之就觉得没有什么新意，把赞扬不当回事了，本来应该做得更好的事情也变得兴致不高了。父母就某件事情具体夸奖孩子，效果才能长久。例如看到孩子扫地，可以夸奖他"帮妈妈扫地真棒""你看你把这里扫得真干净""这里的垃圾都被你扫走了"等。

这位妈妈这才明白，原来夸赞孩子也有技巧。

父母在赞美孩子的时候，如果不能好好把握赞美的技巧，就会大大影响了赞美的效果。对于孩子来说，表扬越具体越好，这样孩子才能知道自己哪些地方做得好，哪些地方做得不够，便于自我调整。如果父母总是用"你真棒""你真好""真是妈妈的好孩子"这种笼统又毫无特色的语言赞美孩子，孩子就会对自己行为的好坏越来越迷茫，很难找到努力的方向，继而感到倦怠。对孩子的具体优点和行为给予最具体最细致的肯定，这样才能提高孩子的自信心。如果你说"你真聪明"，不如用"字写得整齐"或"唐诗背得很好"来代替，让孩子真正明白自己好在哪里。

母亲节那天，球球送给妈妈一份特别的礼物，那是他亲手做的一张贺卡。一张白色的硬纸板的两面，画满了球球喜欢的小花、小草、房子，还有一个大大的红太阳，旁边还写着一句话："妈妈我爱你！"并用好几颗红心点缀着。妈妈看到球球用爱心制作的贺卡后十分感动，便对球球说："孩子，你的想象力真丰富，你画的花朵每一个花瓣都那么分明；画的太阳很圆很大，让我感到温暖；你在旁边写的话语，字迹很工整，让我很感动。这是我收到的最美丽的贺卡。"球球听到妈妈的赞美，脸上露出自豪的笑容。从那以后做什么事情都积极认真，除了学习主动，还把自己的房间收拾得干干净净，很少让妈妈操心。

当孩子表现好的时候，父母应该及时给予孩子回应，让孩子知道自己哪里做得好。父母具体的赞美，如同一缕阳光洒入孩子内心，能让孩子感受到父母对他们的欣赏。

给予孩子明确的赞美是最简单、最有效的亲子教育方式之一。父母应改变自己的想法与态度，尽量把赞美的语言说得具体贴切，尽量减少使用"你真棒""你做得不错"等宽泛的话语，多跟孩子说说他具体做得不错的地方。

第三节　赞美孩子要真心实意

孩子有时做了一件让自己特别开心的事情，希望得到父母的赞美，但父母可能都没听清孩子说的是什么事情，就不假思索脱口而出："嗯，不错。""还可以。""做得挺好的。"说者无心，听者有意，这种敷衍的赞美之词，会让孩子感觉父母并非真心赞美自己，不过是在应付差事罢了，于是孩子感到扫兴，挫伤自信，甚至丧失了想要与你分享喜悦的心情。

父母敷衍地赞美孩子出于两种原因，一种是父母正在忙着手头的事情，分身乏术，本身就心情烦躁，这时孩子突然冒出来，向父母讲述自己的高兴事，父母没有耐心和时间，便随便夸奖孩子一句，好让孩子赶快离开，别打扰自己做事。

周六，李菲和朋友正在探讨一本摄影作品，李菲的女儿妞妞兴高采烈地跑了过来叫了声妈妈。看妞妞的神情，好像有什么事情要告诉妈妈。妈妈没有立即回应，过了一会儿才抬头嗯了一声。妞妞见妈妈有了反应，赶快跟她说："妈妈，老师这次选我代表全班在学校文艺汇报演出上表演节目。"李菲笑着说:"很好啊。"又立即沉浸在摄影作品中,好像并未听清孩子说什么。妞妞继续说:"妈妈,你知道吗?这次代表全班汇报表演的名额只有一个,而我们班有20多个人竞选。因为我表现得最好,所以老师把这个名额给了我。"李菲的眼睛仍然放在摄影册上,只是嘴上说道:"妞妞还真不错呢。"这时,妞妞感觉到妈妈根本没有听她说话,注意力全在摄影册上,妈妈刚才的话是在敷衍她。

妞妞刚才喜悦的神情立即消失了,脸上变得黯淡无光,噘着小嘴转身进了自己的房间。朋友看出了妞妞的心事,赶忙对李菲说:"孩子有好消息想要与你分享,希望得到你的夸赞,你怎么能敷衍她呢?这样的态度是不对的。"李菲不解地问朋友:"我不是夸赞她了吗?说她做得不错啊。再说我也很忙,难道夸上一两句还不够吗?"朋友说:"夸赞孩子不能只看数量,而要真心。如果你说很多句,都是虚情假意敷衍孩子,孩子会感到失望。而你如果真心赞美孩子,哪怕只有一句,孩子也会记在心里。所以夸赞孩子,一定要真诚。"

李菲听了朋友的话,顿时醒悟,赶忙到妞妞的房间跟女儿道歉。

父母如果有事情要做,可以先跟孩子解释清楚。如果事情不是非常紧急,先往后放一放,认真对待孩子的事情。孩子不会打扰你很久,当他听到你真心的夸赞,感受到满足和自豪后,做什么事情都会更有动力。如果你因为忙着手中的事情而忽略了对孩子的关注,与其敷衍赞美,不如不赞美。

另一种是孩子所做的自认为满意的事情,在父母心中并没有达到令人喜悦的程度，或是孩子做的事情没有达到父母心中预期的效果，但为了不打击孩子的积极性，就表达了言不由衷的赞美。

雯雯上音乐课的时候总是东张西望，要不就是跟后边的小朋友交头接耳。妈妈说了她两次，她都没有改正，直到音乐老师走过来给雯雯调换了座位，这时妈妈的脸色已经很难看了，但她坚持等到雯雯下课。

接下来，老师要点名，让小朋友们用弹琴的方式回答"到"。老师先教授一遍，然后让学生尝试。雯雯听老师讲课时总是三心二意，直到老师走到她身边，示意她演示，她才集中精力。虽然雯雯没有认真听课，但弹奏得还算不错，老师为此给她贴了一朵小红花以示鼓励。

雯雯十分开心，想把这种喜悦之情与妈妈一起分享。她转过身来问妈妈："妈妈，我是不是弹得很好？"妈妈回想雯雯上课不认真听讲的种种情形，很是生气，本想教训雯雯一番，但想到雯雯接下来还要上课，时间不充裕，还是等下课了再好好说教，于是敷衍地说道："挺好。"因为妈妈说话的时候，神情黯淡，并未表现出愉悦与欣赏，并且称赞的语气与平时截然不同。雯雯顿时收起了笑容，说："妈妈，原来你都不相信我。"雯雯的妈妈十分震惊，她没想到孩子小小年纪能说出这种话来，此时她感觉任何解释都显得那么苍白无力。

孩子的心思很细腻、很敏感，父母的赞美是发自真心还是虚情假意，孩子心里清清楚楚。如果父母真的相信自己的孩子，一定要心口一致，如果认为孩子做得还不够好，就要给予实际建议，这比虚伪地夸奖让孩子舒服。如果父母敷衍了事,孩子不能从赞美中感受到父母的真诚,就会对跟父母说话感到厌恶,继而对父母失去信心。

赞美与厌恶、反感呈对立面。赞美是一种积极向上的处世态度。如果你真心认为孩子值得称赞,就好好使用赞美之词。俗话说:"良言一句三冬暖,恶语一句六月寒。"一句真诚的赞美如同一股暖流涌上心头;一句虚假的赞美,与恶语没有什么区别,让人不寒而栗。每个孩子都会犯错,都会有不足的地方,父母望子成龙本没有错,但也不要吝啬你的真心实意。只有让孩子感受到父母的真心,他们才会寻找到真的喜悦。

父母总是希望孩子有自信、有能力,于是以赞美的形式来激励他们,但赞美是一门大学问,运用不当,就会背离初衷。当孩子完成一件事情,或是取得了小小的进步,或是受到老师和同学的夸奖想要与你分享喜悦的时候,父母一定要发自内心地夸奖孩子,让孩子感受到你的真心实意,这样他们才能更加自信勇敢地前进。

第四节　只要孩子尽全力，就要称赞孩子

如果你的孩子为了一道数学题，冥思苦想了一上午才终于找到解答方法，但他在计算的时候，因为粗心大意，点错了小数点，导致整个结果是错误的，这时作为父母，你会怎么办？是去赞扬孩子不畏艰难，找到问题的解答方式？还是抱怨孩子不够细心，得到了错误的结果呢？

毫无疑问，对于大多数父母来说，他们的第一反应一定是批评孩子算错，而不是去关注他们在计算的过程中所付出的努力。因为父母总是希望孩子是尽善尽美的。但有时孩子表现出的结果虽然不太令人满意，但在此期间付出的努力是真实且宝贵的。尽管努力不一定有好的结果，但是要想获得好的结果，缺少了努力是万万不能的。

孩子的努力，父母应该学会尊重，并及时给予鼓励与赞美。因为父母的赞美对于孩子来说至关重要，它会让孩子变得更加自信，更加努力。如果孩子的努力没有得到父母的认可，他就容易变得灰心丧气，怀疑自己的能力，甚至自暴自弃。

依依在班上学习刻苦认真,虽然她的成绩不算优秀,但也属于进步快速的那一类。依依经常把课上没有听懂的知识记录在笔记本上,等到下课的时候再问老师。平时作业中出现难以理解的题目,也会记录下来第二天寻求老师的帮助。为了让自己深入理解,每当听了老师的见解,她还要按照新的方法重新做一遍,因此学习成绩有了突飞猛进的提高。

依依的老师为拥有这样一名勤奋努力的孩子而感到骄傲,还经常拿她当全班学生的榜样。但是老师不知道,依依虽然表面上看起来乐观开朗,她内心却经常彷徨沮丧。为什么会这样呢?这是因为依依的妈妈经常忽视她的进步。每当依依认为这次考试比上次进步了不少,拿成绩单给妈妈看的时候,妈妈不但不会鼓励她,反而会说:"你付出那么多的努力,却始终没有冲到班上前几名,有什么可高兴的?"依依听了心里很难过,认为自己付出再多努力也得不到妈妈的夸赞,这些努力都是白费。老师得知依依的情况后与她的妈妈做了简单的交流,将依依这段时间的成绩变化反馈给她妈妈,并建议她妈妈改变态度,珍惜孩子的努力,并给予赞美。依依的妈妈也意识到自己的做法不妥,于是向依依道歉,并肯定了依依的努力。

此后依依觉得学习又有了巨大的动力,变得更加勤奋努力了。

其实,父母是孩子的精神支柱,是孩子最坚强的后盾。如果父母能够肯定与赞美孩子,就会给予孩子更强大的动力。一个人的力量是无穷尽的,孩子也不例外。父母只有欣赏和赞美孩子的努力,才能将孩子最大的潜力激发出来。

结果并非评价孩子的唯一标准,而获得此结果之前所付出的努力才至关重要。孩子在努力的过程中,需要去解决各种问题,排除各种干扰,例如遇到复杂的问题,如果没有一个沉着冷静的心态,是无法坚持找到解决问题的最佳方法的。由此看来,良好的心态才是孩子制胜的法宝,而父母关注到这一点并给予赞美,会激励他向更好的结果迈进。

  王琳是一位善于肯定孩子努力的妈妈,只要孩子芳芳全心全意地做一件事,不管结果怎样,她都会夸赞孩子。例如孩子帮妈妈浇花,累得满头大汗,但水都浇到了地上,妈妈也不会责怪她,还夸她是妈妈的小助手。
  一天,芳芳感冒发烧,卧床休息了几天,身体终于好了一些,她担心自己耽误了几天的课程跟不上了,很想去学校上课。但是天气很冷,妈妈担心她感冒加重,希望她再休息一天。芳芳坚持要去上学,还安慰妈妈说:"妈妈,你放心吧,我会穿很多衣服,不会让自己冻着。"妈妈说:"你都生病了,还这么努力,妈妈真为你感到高兴。但是医生说你应该再多休息一天,妈妈还是放心不下你的身体。"芳芳坚持说:"妈妈,你平时总是说我是个努力认真的孩子,我不能因为生病就不努力,不然会让你失望的。"妈妈听芳芳这么说,很欣慰,在确保芳芳体温正常的情况下,将芳芳送到学校。

芳芳这么懂事,在身体还未完全康复的情况下,坚持去上学,很大程度上与妈妈的赞美有关。妈妈看到孩子的努力,并给予肯定和欣赏,才让芳芳有更加努力的动力。父母是孩子最亲近的人,特别是妈妈,更容易与孩子亲密无间。看到孩子对一件事情拼尽全力,更应该赞美孩子的刻苦努力。千万不要因为孩子成绩不好便说孩子不聪明,孩子有天赋却不努力,才更值得父母关注。

在孩子做一件事情的时候,父母一定要把关注点放对地方,要让孩子知道成功与失败并非对立,而是相对而言的,只要勇于付出努力,不断前进,失败与成功只是一步之遥。

每个孩子都希望得到父母的关注与赞美,希望讨得父母的欢心,而父母也要善于欣赏孩子,赞美孩子的勤奋与努力,并给予孩子肯定,这样孩子与父母的关系才会更加融洽,孩子也才会更加勇敢地去克服前进道路上的种种障碍。

第五节　孩子有进步，父母就该称赞

如果孩子的点滴进步，都能得到父母的肯定与赞美，那么这对于孩子来说就是最大的收获。每一个孩子因家庭背景不同、生活环境不同，所表现出的进步也有所不同。如果两个同龄的孩子在写字和算术方面有所差距，这也不能说明写字不好或是算术差错率高的孩子就没有进步。因此，父母应该从细节上，从一点一滴中发现孩子的进步。只有赞美孩子的每一个进步，才能让孩子摆正心态，继续前进。与此同时，父母也会得到孩子更多的信任与爱戴。

> 小雪开始练习写字的时候，写得歪歪扭扭，横不平，竖不直。有时笔画太长，有时又太短，有时明明是竖，却写成了撇，明明是撇，却写成了竖，很不好看。那时小雪年龄还小，父母只是在闲暇之余给她找件事干，而不是真的想让她当家庭作业去完成。小雪觉得拿笔在纸上写写画画的感觉很有意思，特别喜欢写字。尽管她写得难看，却愿意练习。

小雪每天练习写字的时候，妈妈就在一旁辅导。小雪无论写了几个字，都要让妈妈看一看。每次妈妈接过孩子的小本子，先认认真真地看，然后就给小雪点评，例如"这个'大'字横写得很直，'小'字的点写得很好，'人'字的撇很不错。"小雪听了总是很高兴，之后写得更认真。第二天，小雪写完字后又让妈妈看，她最喜欢听妈妈中肯的赞美与点评。妈妈说："小雪的'水'字写得很好，特别是这一捺很不错，'日'字工整地放在了格子里。小雪又比昨天进步了一些。"每次听完妈妈的赞美，小雪就知道自己又有了进步，心里乐开了花，此后她更愿意与妈妈分享她的进步。

表扬和赞美孩子要注意技巧，不是所有的赞美都会激励孩子、鼓舞孩子。只有赞美细节之处，让孩子注意到自己的进步和变化，才能知道自己哪里做得好，哪里需要改进，从而找到努力的方向。小雪的妈妈赞美孩子时很少提她写得不好的地方，而是尽量夸赞她的进步之处。并且，每当看到她的一点进步，父母就会指明，这样孩子不但能保持写字的兴趣，还能从中分辨自己的不足，在日积月累中渐渐得到提升。

然而有的父母却不明白这一点。他们对孩子的期望过高，只想着让孩子达到他们心目中的标准，如果孩子没有表现出巨大的进步，就会对孩子予以否定，而不是关注他们点点滴滴的进步。

今天是萌萌最后一次上英语口语辅导课，其实她对这里的老师和同学很不舍，但是她妈妈说她不适合学英语，让她今天上完课就跟老师告别。

事情是这样的，妈妈给萌萌报了一个英语口语培训班，但是萌萌上了一段时间后,妈妈发现她的英语表达能力并未提高,还是无法自如地和别人用英语进行交流,就不愿让萌萌继续在这里学习了。老师问萌萌:"你妈妈为什么不让你来上课了呢?"萌萌说:"我妈妈说,我上了这么长时间课一点进步也没有。"萌萌羞愧地低下了头。老师说:"你怎么会没有进步呢?练习口语是一个长期的过程,要一点一点来。你昨天只会说一两句话,而今天会说三四句,那也是进步啊。"萌萌说:"我妈妈说我表达能力很一般。"老师说:"当然不是,你有你的长处,只不过没有完全发挥出来,但你已经在不断进步了。"不管老师怎么说,萌萌还是听从了妈妈的建议,沮丧地离开了辅导班。

其实,孩子只要努力,就一定会有进步,只不过这些进步都是一点一滴的,父母很难发现而已。父母衡量孩子的进步,不能以自己设定的目标为准则。孩子因年龄不同、能力不同,以及吸收知识的能力不同,所表现出的进步也是大不相同的。父母应该在生活中认真观察孩子,发现孩子的每一点进步,而不能期望过高,否则孩子做什么事都容易失去自信。

有些孩子对一门学科或是一件事情感兴趣,很大程度上是因为父母愿意了解他们的学习和认知情况,并赞美他们的每一点进步。有的孩子说:"我喜欢画画是因为我的爸爸妈妈喜欢看我的画。"还有的说:"我喜欢唱歌是因为我在家可以唱给我的爸爸妈妈听。"只有不断地赞美孩子的进步,哪怕这进步微不足道,作为父母也应该说"孩子你进步了""你的太阳画得更圆了""你唱歌的节奏比以前更准确了"等。

赞美是孩子进步的阶梯,当孩子从赞美中感受到父母的期待后,一定会付出更多努力,获得更大的进步。

第六节　赞美适度才是对孩子好

赞美可以让孩子感到愉悦、自信，找到安全感，赞美也能让孩子增强勇气，变得积极向上。赞美确实是亲子教育中行之有效的方式。

父母出于激励的目的，往往会赞美孩子，让孩子的行为和身心向着更好的方向发展。但是俗话说："水满则溢，月盈则亏。"赞美也要有一个度，也就是说，赞美孩子也要把握一定的度，如果赞美适度，效果是积极的；赞美过度了，可能会起到反作用。

德国教育家卡尔·威特说："我们不能让孩子在受责备的环境中成长，但也不能让他整天泡在赞美里。"责备过多对孩子不好，但赞美过多，对孩子也不好。父母经常赞美孩子，就会让孩子对赞美有依赖心理，如果日后遭受批评，孩子就会觉得父母不再关心他，不再重视他，就会产生抵触和逆反心理。

过分赞美，还会给孩子带来困扰，让孩子觉得父母对自己的期望过高，孩子一旦没有达到父母赞美的程度，就会感受到巨大压力，陷入焦虑之中，严重者还会失去自信，紧张过度，导致行为失常。很多孩子经常对家庭成员做出破坏性的行为,当父母说他们是好孩子,或夸奖他们做得真棒时,他们则表现得不耐烦。他们希望妈妈赶快走开,希望爸爸别再干扰他,总之,他们就是不想听到这些赞美之词。父母夸赞得越多,他们这种不好的行为就越多。这是为什么呢?归根结底是父母对孩子赞美过多导致的。孩子在心中对自己也有一个正确的认识,这种认识跟父母所赞美的话是完全不同的。父母对孩子适度赞美,孩子会认为是真的,一旦过度,孩子内心的"真我"就会显现出来,他一听到父母说"我的孩子真乖",孩子就变得野蛮,听到被夸奖聪明,就不愿再接受更大的挑战,好像就是为了反对父母的赞美。其实,他们这种行为只是对父母口中所描述出的他们的形象表达不满。

大宝吵着要转学,说再也不想去现在的学校了。父母好说歹说,大宝就是不干,还在沙发上大吵大闹,要不就躺在地上打滚,嘴里还不停地说:"我就是要转学,就是要转学!"妈妈不解地问:"大宝,这个学校很好啊,你也很优秀,老师和同学都喜欢你,为什么不愿意在这里上呢?"大宝回答:"我这次考试成绩太差,我再也不优秀了,老师和同学再也不会喜欢我了。"妈妈很难过,觉得大宝经不起风浪,不就一次考试失利吗,至于这么小题大做吗?但现在,她一筹莫展、无计可施,于是去寻求亲子教育专家的帮助。教育专家通过和大宝交谈,找到了问题所在。原来大宝的妈妈太喜欢赞美大宝了。每当大宝做作业,妈妈就会说大宝写得真好;大宝做手工,妈妈说做得真不错,比她做得都好;大宝帮妈妈干活,妈妈也会说大宝好勤劳啊;大宝考了好成绩,妈妈就会说大宝真聪明,以后一定能考上重点大学。

长此以往，大宝就对妈妈的赞美习以为常，也以为自己是最勤劳、最聪明、最受人喜欢的孩子，当他一次没有考出好成绩，心中的真我和父母口中他的公众形象形成巨大反差，就会有心理落差，认为自己不是聪明的孩子，于是就出现了各种不受父母控制的行为。

其实，父母赞美自己的孩子无可厚非，但赞美过度则值得反思。过量的赞美会显得不切实际，给孩子造成一种假象，不但不利于孩子正确认识自己，还会影响他对事情的判断。赞美一定要适度，过度夸奖孩子的词语要少用，不然孩子对自己的认识和评价就会产生偏差，对其进步和成长造成消极影响。

一个人生病要吃药或是打针，但药剂或针剂使用过量，就会对身体造成伤害。过度赞美如同给孩子的精神随意用药，药效过强，让孩子对药剂产生戒备心理，再次下咽就变得很难。只有用药适量，才能让孩子身心正常发展。

晓峰从小就喜欢画画，而他画的画确实不错，因此常得到父母的夸奖。除了父母以外，每当有客人到晓峰家做客，看了他的画也都会竖起大拇指称赞几句，这样一来，晓峰对别人的夸奖习以为常，不免会心生骄傲。

妈妈为此感到担忧，她跟晓峰的爸爸说："孩子画得确实不错，但是我们也要适度赞美孩子才行，不然他会看不到自己的缺点。"晓峰的爸爸很认同晓峰妈妈的意见。

一天，晓峰画了一幅新作品，拿给妈妈看，晓峰说："大家都说我是绘画天才，妈妈你看，我这幅画是不是很棒。"妈妈回答说:"晓峰,你画得确实很不错,看来你在绘画方面下了不少功夫。"晓峰听到妈妈的赞美,立即把他的新作品贴到墙上,准备让所有来家里做客的人欣赏一番。晓峰接着问:"妈妈,我是不是很厉害?"妈妈说:"晓峰,虽然你画得不错,但还是有不足的地方,例如这个颜色有些深了,换浅一些的会更好。这棵小树显得很突兀,和周围景色不和谐。你自己好好看看,是不是值得改进?"晓峰认真一看,发现妈妈说的问题确实存在,于是不好意思地对妈妈说:"妈妈,你说得没错,我还需要继续努力。"爸爸听到了,赶紧鼓励晓峰说:"一个人能力再高,也能找到比他更厉害的人,因此,发现了自己的不足之处,一定要努力改变,这样才能做得更好。"晓峰说:"爸爸妈妈,我知道了,我一定会努力,争取越画越好。"

其实孩子也有自己的判断能力,也能分辨赞美之词的真伪。如果别人真心对他提出指导意见,而不是一味夸赞,即使不那么顺耳,他们也乐意接受。过度赞美无法长久维护孩子的良好心态,只有把握好夸奖的度,用心引导,孩子们的心态才能在正常的轨道上行走。

第四章　放下家长的架子

第一节　尊重孩子的兴趣和爱好

兴趣是孩子最好的老师，有了兴趣就相当于有了成功的先决条件，因此对于父母来说，重视孩子的兴趣和爱好并给予适当培养，对孩子才是最有利的。

但是在现实生活中，很多父母并不关注孩子喜欢什么不喜欢什么，也不清楚孩子有什么兴趣爱好，因此对孩子的某种行为总是持干涉态度。例如看见孩子养小动物，父母会训斥；看见孩子玩泥巴，滚得全身到处都是泥，他们会觉得脏；看见孩子总是沉默不语地堆积木，会认为孩子缺乏情趣，继而对孩子进行干涉。殊不知父母这种做法会对孩子的心灵带来一定程度的伤害。

小军从小就喜欢小动物，也经常到户外观察小动物的外形和生活习性。但是小军的父母并不喜欢他做这样的事情，每当看到小军为了观察小动物弄得灰头土脸，全身脏兮兮时就很不高兴，还经常为此抱怨他不好好学习，尽干些没用的事情耽误时间。有时，小军想到户外看小蚂蚁搬家，父母就百般阻挠，甚至给他报了一个跆拳道学习班，想转移他对小动物的关注。

即便如此，小军对小动物的喜爱并没有减少，他反而更想利用自己所剩无几的业余时间做自己喜欢的事情。一次，父母都不在家，小军跑到附近的公园去玩，他在那里看到了一只背上有红色条纹、腿又细又长的蜘蛛。他感觉这种蜘蛛很少见，外形与普通蜘蛛有很大区别，于是就把它装进瓶子里带回了家。小军细心观察蜘蛛的一举一动，怕小蜘蛛渴着饿着，不时给它送水送饭，简直为它操碎了心。爸爸一进家门，看到小军又"不务正业"，就不由分说地把蜘蛛倒出来一脚踩死了，还把小瓶子扔到了垃圾桶里。妈妈见小军又把身上弄得浑身是泥也很生气，把他积攒了多年的动物标本全拿出来摔在了地上。这些标本可是小军最珍惜的东西，他自己每天看的时候都小心翼翼，而父母完全不顾及他的感受，一下就给摔坏了。见此情景，小军伤心极了，眼泪立即夺眶而出。他没有跟父母争吵，而是回到自己的房间默默地坐着，再也没有出来。

从那以后，小军的性情发生了很大的转变，在学校变得不喜欢说话，很少主动回答老师的问题，学习成绩也一落千丈。老师向小军父母反映了小军这段时间的一系列变化，小军的父母不敢相信，一向积极乐观的儿子怎么会沉默寡言，还担心他智力出了问题。不过老师的一番话让小军父母彻底醒悟，老师说："小军是个十分聪明的孩子，尤其喜欢观察小动物，如果好好培养，以后很可能成为一名出色的动物学家。"

小军喜欢观察小动物，收集小动物的标本并非顽皮捣蛋不服父母管教,而是兴趣所致。因为小军把这种行为当作兴趣,在这方面用的心思必然比在其他方面多。但父母却不理解孩子的这种行为,将所有过错归结于孩子不喜欢学习,这大大地伤害了孩子对一些事物的热爱之情。

另外,对于孩子来说,表现兴趣和爱好的方式必然十分直接,毫无隐藏,如果父母过分干涉,反而会使孩子对自己的兴趣爱好产生片面的认识。一旦父母阻拦,孩子会觉得自己的爱好是错误的,是没有本事的表现,并且开始怀疑自己的选择和判断,从而迷失方向,变得越来越不自信。当然,如果孩子并未因为父母对自己的阻止而产生自我怀疑,那么他很可能会朝着另一条道路发展,那就是对父母不满,抱怨父母不理解他们、不尊重他们,从而跟父母对着干,最终被父母扣上叛逆的帽子,这些都会对孩子的心理产生不利影响。

很多父母为了自己的面子,不愿承认孩子的兴趣和爱好。例如父母喜欢数理化,就不认同孩子在音乐、美术方面的选择;如果父母喜欢艺术类的东西,就一定要把这些东西强加给孩子,于是就逼着孩子学习父母认为他应该喜欢,而孩子实际并不喜欢的东西。孩子一旦表现出倦怠,父母就表现出恨铁不成钢的态度,再用言语刺激孩子,这样不但没有激励到孩子,反而适得其反。

其实,一个合格的父母应该善于发现孩子的兴趣爱好,并为孩子深入了解兴趣爱好创造条件。也许随着年龄的增长,孩子的兴趣爱好会发生转变。父母也不要抱怨孩子的最初选择,而要一如既往地支持他的每一个决定。

> 新东方学校的创始人之一徐小平说,他有两个儿子,个性不同,但兴趣爱好却相同,因为他们在十五六岁之前,都想成为摇滚巨星。这两个孩子每天在家里弹吉他,玩得不亦乐乎。

虽然徐小平没有看出孩子们有明星潜力，但还是表现出对他们的鼓励与欣赏，让他们自由追求自己的爱好。之后，小儿子随着年龄的增长，又对烹饪产生了兴趣，并且坚持在十二三岁的时候报了一个班，专门学习烹饪。徐小平虽然为此感到惊诧，但依然没有阻拦，也没有游说孩子改变方向，因为他相信孩子对某一件事感兴趣，必然有他自己的原因。而且作为父母，他也觉得一个小男孩学会烹饪后，带着工具在大家面前露一手，是多么拉风的一件事，想必也会很受女孩子欢迎吧。

父母应该尊重孩子的兴趣爱好，即便这与父母心中所想的兴趣爱好有偏差，只要不违背法律和道德，还是要用正常的眼光来看待。孩子在做自己喜欢的事情时，想象力和创造力都会被激发出来，做事会更加用心，更加专注。如果总是让孩子遂父母的心愿，给孩子的心灵强加负担，反而会让孩子变得自卑脆弱，不堪一击。父母觉得不让孩子做这做那是为孩子好，那谁又能知道孩子做自己喜欢的事情就一定不好呢。就算喜欢音乐的孩子长大了没有成为音乐家，而喜欢烹饪的孩子长大后没有成为厨师，难道让他把这些兴趣爱好作为自己受益终身的技艺不好吗？

父母尊重孩子的兴趣和爱好其实并不难，但要注意以下几点。

首先，父母要从孩子的日常学习和生活中发现孩子的兴趣爱好。如何发现呢？当然是细心耐心地观察孩子的生活习惯。如果孩子经常反复做一件事，一定是对此有兴趣，如果父母认为孩子的兴趣是正当的，要试着引导，而不是帮他选择父母认为更适合他的兴趣，这样孩子才能在自己喜欢的事情中自由自在地探索和学习，从而激发孩子的最大潜能。

其次，父母要对孩子的兴趣爱好给予认可与尊重，孩子喜欢的事情，就尽量让他们去做。哪怕孩子的兴趣爱好不是一个，而是多个，也要对每一个兴趣爱好给予鼓励，让他们做到专注和持之以恒。

第三，也许父母出于对孩子的关心和爱护，会为孩子设计他们的兴趣和爱好，但是切记千万不要跟风，不要追赶流行。例如紫萱的妈妈看同事的孩子都去学钢琴，就一定要给紫萱报个钢琴班，而紫萱真正的兴趣是绘画。但是妈妈不断告诉紫萱现在弹钢琴是主流，大家都会弹，你也一定要会，坚持让她去学。孩子拗不过父母，只得被迫接受，但实际兴趣得不到满足，真正的特长发挥不出来，于是将所有情绪都发泄在学习上，这对孩子健康成长是极不利的。

父母只有尊重孩子的兴趣，并正确引导，在孩子需要的时候给予其帮助，孩子才能向小树一样茁壮成大。当然，如果孩子因为沉迷于一种兴趣而耽误了学习，家长也应适时给予引导，好让孩子认清兴趣与现实之间的关系，正确发挥特长的作用。

第二节　尊重孩子的隐私

有一幅漫画配有这样的话："你拉开了孩子的抽屉，你也锁住了孩子的心，请尊重孩子的隐私权！"

没错，孩子年龄小，不具备完全行为能力，可能分辨不清是非、好坏，或是善恶，但是他们也有权利维护自己的隐私。例如他们写了日记不想让父母看见，就锁到自己的抽屉里；打电话时不希望父母听见，就悄悄躲到房间里去；或是别人送给他的礼物，他不想被父母发现，就悄悄藏在自己的书包里。但是做父母的却认为窥探孩子的隐私是对孩子负责，于是千方百计去翻看孩子的抽屉，查阅孩子的电子邮箱，偷听孩子的电话，甚至在孩子把手机放在一旁的时候，偷偷翻看通话记录等。他们不知道这种行为会深深刺痛孩子的自尊心，给孩子身心造成伤害，甚至会永远封闭自己的心。

小雨走在路上泪水直流，刚刚发生的一幕在她脑海中一直翻滚，挥之不去，她不敢相信自己喜欢的妈妈会那样对待她。

事情是这样的：早上小雨上学的时候发现自己忘记带作业本了，赶忙返回家去拿。当她推开自己房间的门，发现地上满是同学们送给自己的各种贺卡，好多信件也都七零八落地散在地上，桌子上也堆了很多东西，包括自己的日记本、收藏的小书签等，写字台的三个抽屉全都开着，妈妈坐在一旁独自抹泪。小雨不解，问："妈妈，你这是干什么？"没想到妈妈却说："你还好意思问我？自己做了什么难道不知道吗？"说着将一封同学写的情书扔给小雨。小雨看到也很生气，便质问妈妈："为什么翻我东西？这是我的隐私，没有经过我的允许，你怎么能随便看？"妈妈不以为然地说："你是我生的，对于我来说，你还有什么隐私？你现在的任务是好好学习，而不是做什么乱七八糟的事情。"

小雨认为妈妈不讲道理，她不想再解释什么，拿起作业本就生气地跑了出去，一边跑泪水一边不争气地往下掉。晚上放学回到家中仍然不愿意跟妈妈说话，妈妈问她什么，她也是随便回答一声敷衍了事。

其实，不仅是大人，孩子也有自己的隐私。孩子在婴幼儿时期是无忧无虑的，在父母面前畅所欲言。但随着年龄的增长，知识面和社会经历的增多，加之情感越来越丰富，就会将自己曾经毫无隐瞒的想法隐藏起来。因为想保留这个秘密，好在自己空闲的时候独自回味，这些秘密就成了孩子们的隐私。然而有些父母不理解孩子的想法，总是希望孩子在父母面前毫无隐瞒，毫无保留，否则就觉得孩子对父母不够尊重。事实上，不是孩子不尊重父母，而是父母忽略了孩子正在成长的事实。

很多父母因为隐私问题，和孩子之间产生争执，但争执之后的结果往往难以控制。轻则使孩子疏远父母，永远封锁与父母沟通的桥梁，重则离家出走，产生更严重的后果。曾经有一名女中学生，发现爸爸翻看她的日记。她在日记中记录了自己对隔壁班一个男同学如何喜欢，爸爸说这种行为是不道德的，还打了她一记耳光。女孩委屈地跑出家门，精神恍惚，失足落入水中，失去了年轻的生命。

面对一封封来信，一个个电话，或是孩子紧锁的日记本，父母会疑心重重，并凭借自己丰富的想象力在脑海中勾勒出各种不如意的画面，于是感到心慌意乱。其实孩子们只是想给自己保留一些空间，给自己一个私密地带，然而父母却想随意闯入这个地带，甚至不惜采取粗暴的手段和言辞，让孩子们深恶痛绝。

父母应该想一想，孩子们为什么会为自己的抽屉上一把锁，会紧紧锁住自己的日记本？就是因为他们已经有了自我独立意识，想要拥有一些属于自己的秘密。他们会尊重父母，但同时也渴望得到父母的尊重。随着年龄的增长，孩子对父母的依赖逐渐减少，独立自主的能力逐渐增强，更希望独自面对一些事情。而且，孩子们的情感也会一天比一天细腻，因为对一件事情的体会和感触不同，他们的想法就与父母的想法产生差异，于是孩子们更倾向找另外一种倾诉方式，就是将这些话写在日记本上。如果父母用粗暴的手段强行进入孩子的私密空间，并完全忽视孩子的感受，就会产生不可预计的后果。

尊重孩子的隐私在亲子教育中十分重要。每一个人在社会上都是个独立的人，应该有独立的空间去保护隐私。而为人父母者也应该尊重孩子的隐私权。只有允许孩子保留自己的隐私，才能让孩子把你当成最亲近的人，当他们有了什么私密的时候，才愿意主动与你分享。

东东从一年级开始就喜欢写日记，现在他已经是六年级的大孩子，写日记似乎已经成了他的习惯，只要某一天发生什么特别的事情，他都会记录下来。一天，东东正在房间内写日记，妈妈过来敲他的房门。听到一声"请进"后，妈妈进来将一杯热牛奶放到他的桌子上。"又在写日记啊？"妈妈关切地问。东东回答说："是啊，妈妈可别偷看啊。""放心，妈妈不看。其实妈妈小时候也很喜欢写日记，也很怕被你姥姥姥爷看见。那时候，妈妈就拿个小锁子，把日记本锁得严严实实的。"妈妈边抚摸儿子的头边说。东东眨了眨好奇的大眼睛，问道："有人偷偷看你的日记吗？""没有，你的姥姥姥爷很尊重孩子，知道孩子有隐私，不想让人看见，因此从来不翻看我的日记。其实，我在日记里记录了很多有趣的事情，与大人分享一下也没有关系，那时候觉得好玩就上了锁，不能让别人体会我的快乐也是很可惜的一件事。"妈妈笑着对东东说。"我也在日记里记录了很多有趣的事情。"东东对妈妈说。妈妈接着说："妈妈知道。每个人不仅有快乐的事情，还有很多忧愁和烦恼。所以妈妈不会偷看你的日记，但是如果你有什么不开心的事情，也希望你能和妈妈分享。"东东说："听妈妈这么说，我倒很乐意和你分享我的私密了。"

保护个人隐私，是一个人适应社会的必备能力，只有将个人隐私保护好，才能更好地保护自己。如果孩子有自己的隐私，父母应该为他们高兴，这证明他们的自我保护意识增强了。尊重孩子的隐私，不但不会引起孩子的抵触情绪，还会得到孩子的信任和爱戴。当你用言行举止表明你不会侵犯孩子的隐私时，孩子会渐渐向你敞开心扉，畅所欲言。

孩子终究是要长大成人的，终究会有自己的心事，当父母的就不要再强行干涉，给予他们自由成长的空间。当孩子自己待在房间内不希望被打扰的时候，父母就不要随意进入；当孩子希望用文字记录自己的喜怒哀乐时，父母没有经过孩子的允许就不要偷看。只要父母能尊重孩子的隐私，自然能与孩子搭建心灵沟通的桥梁。

第三节　站在孩子的角度看问题

每位父母都经历过从婴幼儿时期慢慢长大成人的过程，也对自己被父母教导和训斥时的心情深有体会。他们也曾伤心迷茫，也曾与父母发生过不愉快的事情，但当他们长大成人、生儿育女后，仍然从自己的角度出发去思考和看待问题，而丝毫不顾忌孩子的感受。

孩子都有自己的想法，希望得到父母的理解和尊重。但很多父母对待孩子就好像上级对待下级一样，不但不认同孩子的想法和行为方式，还强加干涉。这样一来，父母不但从心底觉得孩子难以管教，同时也会摧毁他们自己在孩子心中的良好形象。

其实，很多棘手的育儿问题其实很容易解决，就是需要父母换一种思维方式，站在孩子的角度看待问题。孩子的心灵是纯真的，眼睛是天真无邪的，他们看到的世界是五彩缤纷且美好的。如果父母能放下高高在上的架子，以平等的身份去看待孩子，从孩子的视角去看待孩子的事情，也会从平淡无奇中寻找到美好，还会与孩子搭建良好沟通的桥梁。

妞妞的妈妈原本遇到了一件异常气愤的事情，起初她满脑子的想法就是给妞妞这个捣蛋鬼一点厉害瞧瞧。但是当她看到孩子眼睛中流露出的纯真与用心，回想起当年的自己，立即改变了想法，学会了换位思考，因此成就了一次难得的亲子互动。

一天，妞妞妈妈从超市买完东西回到家一看，眼前的一幕令她震惊。妞妞满手都是水彩涂料，衣服、脸蛋、耳朵也被她弄得色彩斑斓。仅仅是这样也就算了，可是妞妞还把干净的桌子和地板上涂抹得到处是一片一片的颜色。想到自己辛辛苦苦收拾干净的家被搞成这样，妈妈的气就不打一处来。她放下购物袋，走到妞妞身边，伸出手来正准备把她推到小屋里面壁思过。可是就在那一瞬间，她低头看了一眼妞妞的"作品"，上边有红红的太阳、绿油油的小草，还有一座尖房顶的黄色小房子，虽然画工不好，但却看得出孩子的用心。此时，妈妈忽然联想起自己在童年时代也喜欢画画，也经常用彩笔到处涂抹。想到这些，她不但没有责备妞妞，还坐到妞妞身边和她一起画起画来。她用画笔在妞妞的画上添加了几个一起玩耍的小朋友，妞妞看了非常高兴，又在旁边画了一个秋千和滑梯，母女俩搭配得十分默契，她们从来没有这么开心过。妞妞还告诉妈妈自己之所以画这样一幅画，是希望自己每天都能看到五颜六色的世界，妈妈听后开心地笑了。

母女二人在画画的过程中形成如此良好的默契，归根结底是因为妈妈能够站在孩子的角度看待问题。如果当时她没有想到自己的童年，而是以大人的视角看待孩子画画将家里弄得一团糟，一定会抱怨孩子的捣乱、不听话，从而引发亲子矛盾，影响两人之间的亲密度。

每个大人都是从孩童时期过来的，孩子犯过的错误，大人在他们那个时候也都犯过，因此，站在孩子的角度思考问题，理解和包容孩子，也是对曾经的自己的一种肯定。当孩子感受到父母的包容和认可时，他们会从内心得到满足，会更加愉快地成长。

萍萍放学回家后，向父母抱怨道："今天老师当着全班同学的面批评我，弄得我下不来台"。妈妈立即质问道："你是做了什么错事惹老师生气了？"萍萍说："我什么都没干，老师借题发挥。"妈妈用不信任的口气说："你就会找借口。"萍萍不开心地瞪了妈妈一眼。妈妈继续追问："那你是怎么想的，又打算做些什么呢？"萍萍噘着嘴提高音量说了句："什么也不想，什么也不做。"妈妈意识到两人这样针锋相对地交谈下去，不但解决不了问题，还会引发矛盾，于是决定放下家长的架子，以同学或是朋友的身份与萍萍交谈。她用温和而友好的语气说："老师当着全班同学的面批评你，我想你当时一定感到很委屈，又很没面子，是吧。"萍萍的态度发生了转变，她抬头看了妈妈一眼，眼中的怒气已经平息了不少。接着妈妈又说道："其实，妈妈小时候也遭遇过类似的事情。记得上小学四年级的时候，我参加期末考试，结果进了考场，发现自己忘记带铅笔了。我很害怕，赶快起身向旁边的同学借，谁知老师以为我要作弊，当场就对我进行了批评教育。当时，考场上那么多同学都看着我，或许也认为我是个作弊的坏孩子，弄得我既尴尬又气愤，一点都没有心情答题了。"萍萍听得津津有味，好像都忘记了自己不快，她对妈妈说道："其实我也是想跟同学借块橡皮用，总不能在本上乱涂乱改啊，可是老师偏偏认为我是错的，还批评我，真是不公平。"妈妈附和道："这确实不公平，那么为了避免再次被老师误解，我们是不是应该想想别的办法？"萍萍和妈妈交谈得很愉快，心情大好，她开心地说："很简单啊，那我多准备一块橡皮不就好了？"妈妈点点萍萍的额头，笑着说道："你真是个小机灵鬼。"

亲子之间之所以容易产生矛盾，都是因为父母总是以高高在上的角度俯视孩子，用自己的想法和标准去看待和衡量孩子，完全不考虑他们内心的真实感受。如果放低姿态，认真体察孩子的内心，然后站在平等的高度和孩子交流，亲子之间就很容易建立信任与友好的关系。

每一位父母都应该学会放弃大人的偏见与执着，站在孩子的角度思考问题。站的高度和角度不同，观念就会不同，才能体会到孩子世界中的不同风景。父母试着换位思考，与孩子建立平等、尊重、关爱的关系，这样才能拉近与孩子心灵的距离，赢得孩子的尊重和信任。

第四节　尊重孩子的朋友

人与人之间因为价值观不同，成长经历或背景不同，会交到不同的朋友。父母一辈有他们自己的朋友，而孩子也有孩子的朋友。交朋友本是一件很愉快的事情，但在生活中，很多父母却经常干涉孩子交朋友。他们不是不让孩子交朋友，而是为孩子交友范围划定界限，让孩子按照他们的想法和观点选择朋友。

父母为孩子选择朋友的出发点本没有错，他们希望孩子交到的朋友与自己的孩子有相同的价值观与追求，最好在学习或生活中对他们的思想和言行起到良好的示范作用，而不想让一个品行差、学习成绩差的朋友影响孩子。

当然，孩子交朋友，父母确实应该为他们慎重把关，因为道德品行对人一生的影响是至关重要的。然而，抛去道德不谈，只将成绩好坏当成孩子交朋友的标准，这样做是不是显得过于功利，目的性太强了呢？

孩子在成长的过程中需要关爱和引导，更需要得到父母的尊重。但是他们同样渴望的是，自己的朋友也受到父母的尊重。可是在生活中，很多父母总想着让孩子与学习成绩好的同学交往，远离成绩差的同学。如果他们发现自己的孩子经常与一些学习成绩不好的孩子来往，一定会感到惊恐万分，害怕自己家孩子的成绩被拉低，于是立即气愤地警告孩子：不要和差生来往。

  雨洁和童童是同班同学，也是最要好的朋友，她俩每天形影不离，无话不谈，在假期也要经常见面。一天，童童在雨洁的邀请下，来雨洁家玩。两人在客厅里一会儿玩游戏，一会儿说说笑笑，整个客厅充满了欢声笑语。正当雨洁和童童玩累了，坐在沙发上休息的时候，雨洁的妈妈走了过来，问道："童童，这次期末考试考得怎么样啊？数学语文都得了多少分啊？"童童犹犹豫豫地说："嗯嗯，我考得跟以前差不多，数学80，语文85。"她说话的时候表情很不自然，显然认为自己的成绩不够理想。雨洁妈妈没有看出童童的不自然，继续追问道："那这个成绩在班上排第几啊？"童童吞吞吐吐地说："嗯，第18名。"脸上露出尴尬的神情。雨洁妈妈听说童童在班上排名18，很不开心，满脑子想着雨洁怎么能和学习这么差的孩子来往，于是说道："你这个成绩可不行啊，小学就这么差，以后上了初中和大学该怎么办？平时没事就应该在家多看看书，做做练习题，别总是出来玩了。你看雨洁名列前茅，我还总告诉她在学习上不能松懈呢。"显而易见，雨洁妈妈是在讥讽童童，弄得童童既没面子又不开心，深深地低下了头。不一会儿，童童就与雨洁告别，回了自己的家。

  童童走后，雨洁也很不开心。这时，妈妈又开始没好气地教育起雨洁来："你说说你这孩子，会不会交朋友啊？童童学习那么差,你还天天和她一起玩,再这样下去,你迟早会被带坏的。不管怎么样,以后不准你再和她来往了。"雨洁不同意妈妈的意见,大声喊道:"我就要和童童在一起玩!她不是坏孩子!虽然她学习不好,但是人却很好,很喜欢帮助别人,我和她做朋友这两年,成绩不但没有下降,反而提升了呢。"雨洁一直为自己的朋友辩护,但妈妈依然不肯让步,母女两人就这样产生了分歧,谁也不跟谁说话了。

友谊对于每个人来说都十分宝贵。即使一个学习成绩好的孩子与一个成绩差的孩子建立起了友谊,对他们各自而言也是弥足珍贵的。孩子在成长的过程中除了学习以外,也会遇到各种困难和挫折,他们可能被人欺负,也可能被人误解,伤心难过无处排解。如果此时能有一个朋友陪伴在身边,做他最忠实的倾听者,并给予建议和帮助,孩子会很容易渡过难关。对于孩子交朋友这件事情,不能以学习成绩高低来分门别类。一些成绩好的学生,如果心胸狭窄、待人不够友善,学习再好又有什么用呢?父母既然要尊重和认可孩子,就要尊重和认可孩子的社会交往,尊重他们的朋友,这样孩子才能感觉到父母是真正地尊重他们,从而对父母更加信任。

尊重孩子的朋友,尊重孩子独自选择朋友的权利,对于孩子来说至关重要。父母尊重孩子的朋友,相当于发出鼓励孩子与人交流的暗号,孩子会勇敢地走出去,与其他孩子玩耍和交流,不但提高了交流能力,还培养起社会适应能力。孩子没有朋友的时候会感到孤独,总是以自我为中心,有了朋友之后,他们学会了分享,能与朋友同甘共苦,逐渐建立起团队意识。

当孩子有了自己的朋友,父母不应该想着对方的学习成绩怎么样,而是应该全方位去衡量一个人，看看他身上有哪些优点，哪些缺点，并且及时给予孩子鼓励："真高兴你有了自己的朋友。"或是"你有了朋友真是件好事，你们应该互相关心，互相帮助。"此外，还要欢迎孩子的朋友到家里来作客，把他当作自己的朋友一样看待。

　　父母不要担心孩子会被朋友拖了学习的后腿。因为你的担心恰恰表现了你对孩子的不信任。尊重孩子的朋友，反过来也是对自己孩子的一种认可。不过，为了避免孩子陷入交友的误区，父母还是要提前给予孩子忠告："要交益友，不交损友。"当孩子在交友这件事上有了大的原则和方向，就可以找到纯真的友谊。当他们的朋友得到尊重，更会加深亲子之间的亲密度。

第五节 尊重孩子独立自主的能力

《物种起源》的作者查尔斯·达尔文曾经说过:"物种均有依赖症,以促其生长。如果人不是依赖环境,就会在情感上依赖另一个人。"可见,依赖是人的本性,但是如果依赖达到一定程度,人的独立自主的能力就会被吞噬。职员在公司习惯了按照管理者的命令行事,失去了指令,就失去了独立思考和判断的能力。恋人之间习惯了相互陪伴相互关怀,失去了这种关系,会很难适应一个人的孤独生活。人不可能时时刻刻依赖他人,因此独立自主的能力就显得尤为重要,大人如此,孩子也一样。

然而在现实生活中,越来越多的儿童过分依赖自己的父母,在情感上需要父母随时随地地关注,在生活上需要父母事无巨细地呵护和照料,例如为他们洗衣服、做饭、穿衣叠被等,从而失去了独立自主的能力。对中国一千名以上小学低年级学生的调查结果显示,自己的事情一件都不做的孩子占总人数的百分之三十二;仅自己穿衣服、刷牙洗脸,而不做其他事情的占百分之四十;上学由家长接送的比例高达百分之九十六。可见每个孩子都有不同程度的依赖心理,总有些事情是他们会做却要依赖父母去做的。

可能有些父母认为孩子缺乏独立性，是因为他们不懂事或是过于懒惰。其实，每个孩子都有极强的可塑性，也有独立自主的能力，只不过父母经常为孩子包办一切，孩子习惯了在父母的翅膀下躲避风雨，他们独立自主的能力就渐渐消失了。

孩子从一岁开始就有了独立意识的萌芽，他们喜欢模仿别人，看到大人干什么，自己就想干什么，例如看到大人直立行走，会扶着东西让自己站起来走路，看到妈妈扫地，也会去跟着干。尽管这个时候他们做得还不够好，但却是培养独立自主性的关键时期。当孩子想要为父母扫地、择菜、拿东西的时候，许多父母以他们太小做不好，或是容易受伤为由，一个人大包大揽了所有事情，剥夺了孩子独立自主性的权利。而独立自主性应该从小培养，而且培养越早效果越好，如果父母一定要等孩子能够把事情做好的时候再放手让他们去做，孩子的依赖性将很难改变。

晓泉小的时候在父母身边一直过着衣来伸手饭来张口的生活。他还记得自己曾经想帮父母收拾家，刚一拿起抹布，妈妈便责令他赶快放下，别把衣服弄脏了。他想要洗自己的衣服，手还没伸进盆里，妈妈就大喊一声："不要动，别给我找事，你洗不干净。"后来，晓泉衣服脏了，就脱下来扔到盆里，等妈妈洗干净了再穿上。不仅如此，对于其他家务，他也两手一插什么都不做，就一直享受着父母全方位的照顾。等到他上初中，离开从小生活的城市一人到外地求学的时候，由于身边没有亲朋好友的陪伴，自己又什么事情都不会做，开始感到彷徨无助。

班上的同学穿脏了衣服都自己洗，而他因为从来没有干过家务，也不会洗衣服，就把从家里带来的所有干净衣服全都穿过一遍，实在没得穿了，就把脏衣服打包寄回家，让妈妈给他洗，洗干净晾干之后，再让父母送到或寄到学校。每次妈妈接到一大包快递的时候，周围邻居总是问她："你这是买的什么呀，这么大一包？"妈妈叹了口气说："都是孩子从外地寄来的衣服，让我给他洗的。"妈妈有时候在家里还跟爸爸抱怨："孩子都这么大了，怎么这点事情都做不好，太没有独立性了。"爸爸回道："还不都是你惯的。"

晓泉除了在生活上缺乏独立性外，在学习上也是如此。他上课很少举手发言，也不擅长独立分析和思考问题，每次老师点他名字回答问题时，他总显得不知所措，在家长会上，老师点名批评晓泉独立自主性太差。

美国教育家罗伯特博士曾提出：现代教育有十大目标，其中最重要的便是独立性。孩子缺乏独立自主性，是父母没有及时引导和教育。父母在所有事情上提供帮助，让孩子们的这种能力渐渐退化，他们一旦离开父母，将很难适应一个人的生活。就像案例中的晓泉，如果他从小就在父母的引导下，学会做些力所能及的事情，可能在外地求学的那些日子里，会过得轻松一些。

独立自主能力十分重要，一个孩子在长大后要想做出一番成就，必须要有独立思考、独立选择、独立辨析的能力，并能自主地解决问题，而所有这一切，都建立在有独立自主能力的基础上。也只有具备这种能力，才能适应学习和生活中的各种挑战，跟上时代前进的步伐。老鹰在自己孩子小的时候，也会不辞辛苦为它觅食，可是当小鹰的翅膀一旦能够抵御风雨袭击的时候，老鹰就会毫不犹豫地将小鹰推下山崖，让它学着独自飞翔。动物尚且明白，独立自主是其能生存于世、与其他动物竞争的根本，为人父母还有什么理由不培养孩子的独立性，为他们未来参与竞争创造条件呢？

父母可以为孩子成长和成才创造有利条件，但不能剥夺了他们竞争的权利。父母给予孩子关心和爱护无可厚非，但也要将培养孩子的独立性放在教育首位。培养孩子的独立性，要学会放手。所谓放手不是对孩子不管不顾，而是该管的就管，不该管的就交给孩子去解决。孩子可能在婴儿时期不会穿衣、吃饭、收拾屋子，但随着年龄的逐渐增加，身体的各种能力会得到提高，他们可以从不会到会，从做不好到做得好，这是自然规律，父母要给予孩子时间和耐心。如果孩子没有机会自己做事，父母也要为他们创造机会，除了有意识地锻炼他们独立自主的能力外，还要培养他们处理意外情况的能力，例如家中停水停电、燃气设施故障该怎么办等。

是鹰总是可以展翅高飞，是人总是可以独立生活。只要父母付出努力用心培养，并给予真心的赞美和认可，孩子有了自信，体验到独立自主的快乐，一定会茁壮健康地成长。

第六节　孩子也有发言权

很多父母在商量或是决定一些家庭重要事情的时候，通常会把孩子排除在外，认为孩子小，思想不成熟，考虑问题不周到，没必要让他们知道。但是，孩子虽小，也是家庭中重要的一分子，也有发言权。因此，父母在商量家庭事宜或是关乎孩子的一些事情时，应该让孩子参与进来，问问他们的想法，听听他们的意见，这也是对他们话语权的一种尊重。

馨馨的妈妈和爸爸商量着买房，他们看了几处楼盘，并对其中的两处感到很满意，正为最后的抉择犹豫不决。馨馨妈妈对爸爸说："你觉得哪一套更好一些呢？"爸爸说："我也不知道，这事你在行，还是你决定吧。"此时，在一旁玩娃娃的馨馨插话道："妈妈，你怎么不问问我的意见呢？"妈妈一听，咪咪笑了几声，然后说道："去去去，你这么点的小孩子，懂什么啊，我和你爸爸在商量正事呢，你自己在一边玩着，别插嘴。"馨馨说："你们总说我小，什么都不懂，你都没有问我，怎么知道我不会提建议呢?"妈妈看馨馨噘着小嘴有些不高兴的样子,就逗她说:"那你说说,我听听我的小宝贝能说出什么伟大的建议。"馨馨说道:"我知道你看上的楼房分别在大西街和东门外两个地方,是不是妈妈?"妈妈笑着说道:"没错,我的小馨馨还真是聪明。"馨馨接着一本正经地说:"妈妈,我跟你说,东门外那的不能买,那地不好。"妈妈问道:"这孩子,净胡说,我就觉得挺好啊。小孩子哪懂什么好不好的。"馨馨听了妈妈的话,有些气愤,但还是忍不住说道:"妈妈真是气人,总是这么说我。你们不知道,那里的钢铁厂经常排放烟雾,空气特别不好。"妈妈听了馨馨的话感到很惊讶,赶忙问道:"你是怎么知道的?"馨馨说:"我们班吴雪的爸妈都在那里上班,是吴雪跟我说的。"后来,妈妈亲自到钢铁厂附近看了看,确实看到很多浓烟从大烟囱里冒出来,她便果断买了大西街的楼房。事后,妈妈夸赞了馨馨,并对爸爸说:"别看孩子才上三年级,知道的还不少,看来我们真是小瞧她了。以后咱们家再有什么事,一定得和馨馨商量一下,没准她能有什么好主意呢。"馨馨听后高兴地笑了。

孩子并非年龄小,就什么都不懂,而是父母自认为"吃的盐比孩子吃的米还多",就剥夺了孩子的发言权。卡耐基说,对待杀人犯,也该讲三分道理,父母怎么可以不跟孩子商量就擅自做主呢。如果父母认为孩子的想法与实际相差太远,就不愿与他们商量,这恰恰是一种不尊重孩子的表现。

著名教育家魏书生曾经多次说过:"也许我其他方面不如一般人,但有一条是胜过他们的,就是遇事商量。"与孩子商量家庭事务,给予他们发言权，对于孩子来说是十分必要的。著名舞蹈家金星为大儿子出国留学这件事，专门组织全家人开了一个家庭讨论会。有人问她为什么不自己拍板做主，还要跟孩子商量，她回答说："孩子没上学之前，我可以替他做主，孩子上学这事可不能马虎，尤其他是中学生了，必须征求他的意见，看他自己愿不愿意去。"

与孩子商量不是简单地迁就和认同，而是通过与孩子沟通和交流，相互了解了对方的想法之后形成一种默契，从而促进亲子关系。孩子也有发言权，也想就家庭事务发表一下自己的看法，父母给予他们这个权利，就是对他们的最大尊重。

心理学家马斯洛将人的需要分为五个层次，而排在"自我实现的需求"之后的就是"尊重的需求"，可见尊重在人心中的重要地位。领导遇到事情，也要给下属发言的机会，老师也会和他的学生一起商量事情，做父母的为何不能尊重孩子，尊重他们的发言权呢？

在家庭中，不论男女老少，既然是家中的一员，在地位上就应该是平等的。父母不能因为年龄大，就居高临下，凡事自己做主。尊重孩子发言的权利，不仅体现了民主，还在某种程度上培养了孩子分析和判断事情的能力。父母遇到事情，让孩子出谋划策，实际上是在平等待人上以身作则。当孩子在家庭中享受到平等，会更加敬重父母。

除了家庭中重大事务之外，孩子在一些小事情上，例如吃饭、穿衣、学习等方面，也应该具有发言权。父母不要觉得吃饭穿衣这些事情很寻常，就一个人说了算。无论何时何地，尊重孩子这种权利，会让他们知道自己是重要的。当父母带孩子到餐厅吃饭的时候，可以跟孩子商量是吃牛排还是吃汉堡；早餐时间可以问问他们是想吃油条还是煎鸡蛋。在穿衣方面，不要认为孩子太小没有眼光。带他们到商店挑选衣服，只要价格在父母能承受的范围之内，就要允许孩子发言，问问他们喜欢哪种颜色或什么样式的衣服。

人与人之间因为年龄、性格差异等,总会产生隔阂和距离。当父母和孩子因为某件事情看法不一致,而父母又忽视了孩子的想法时,很容易在双方之间形成鸿沟。有"沟"并不可怕,可怕的是没有填补鸿沟的机会。只要父母遇到事情能跟孩子商量一下,多给他们机会发表自己的看法,矛盾就会减少,家庭成员之间就会相处得更加和谐。

第五章　说教之前，父母要学会倾听

第一节　共情和体谅，让孩子主动倾诉

很多父母发现孩子伤心烦恼，心焦气躁，希望从孩子口中弄清事情的缘由，于是对孩子一顿批评教育，想让孩子明白一些大道理。但这样做的后果往往是，孩子不仅不会敞开心扉，还会表现得不服管教。此时，父母的火气也被孩子激起，对孩子一顿责备，好用外在的压力抑制孩子的不满，但父母未曾想，这种做法却使孩子内心的痛苦愈演愈烈。

其实，每个父母都很关心孩子的心情，希望他们生活在愉快之中，因此更加希望帮助孩子解决问题。但是解决问题的关键是让孩子主动说出自己的心事，可是做到这一步却很难。孩子毕竟年龄小，吸收的知识有限，他们无法认可成年人的道理，所以当父母不厌其烦地说教时，孩子更不愿配合。实际上，让孩子主动倾诉并不难，只不过父母没有站在孩子的角度思考问题，理解问题，也没有对孩子表现出体谅和共情。

所谓共情就是同理心、同感心，能够深入别人的内心世界，设身处地为他人着想的能力，让对方找到排泄情绪的机会和门路。如果父母能放下家长的架子，用心体会孩子的内心世界，并用正确的方法表达对孩

子的理解，让孩子知道你是和他站在一起的，这就是父母与孩子的共情和体谅。

当孩子想要跟你倾诉时，千万不要认为孩子的心理与想法太幼稚，需要你的点评和出谋划策。其实他们只是希望得到你的理解和体谅。只有父母愿意与孩子共情，孩子才会更加信任父母，才更愿意开口向父母倾诉。如果父母一开始就拿出大人的架势，阻断了与孩子沟通的桥梁，那么孩子会从心底感到厌恶与抵触，封闭向父母倾诉心事的通道。

一天放学后，童童哭着跑回了家，对妈妈说："我的脸好疼啊。"妈妈看童童脸上被抓得一道一道的，料想他和同学打架了，于是不由分说地就将童童批评了一顿："你都上小学五年级了，还学人家小孩子天天在外边打架，我花钱让你上学，是让你好好学习的，不是让你打架的，你能不能让我少操点心啊？"妈妈喋喋不休地责备，童童听着很生气，他想妈妈凭什么都不问自己发生了什么事就一口咬定自己跟同学打架了呢。童童一句话也没有说，一个人坐在沙发上一动不动。

妈妈去给童童找创伤药，一边找还一边批评童童不懂事。妈妈拿药来到童童身边给他涂抹，结果童童一把把妈妈推开。妈妈感到很惊讶，继续抱怨道："你这孩子怎么回事？我给你擦药你还不满了？到底出了什么事？"妈妈越说越生气，童童也很生气，推开妈妈的手就跑了出去，边跑边说："你管我干什么，反正我在你眼里就会打架闹事，你也别问发生了什么事。"

爸爸正好推门进来，看到这一幕，他向妈妈了解了情况，然后说："童童脸上受了伤，你怎么能开口就是责骂，也不问问他疼不疼吗？孩子感受不到你的关心和体谅，哪还想跟你说话呀。"爸爸放下书包就追了出去,看到童童正在草坪边坐着。爸爸走上前,关切地问:"童童,你的脸还疼吗?"童童说:"只是小伤,不疼了。"说着眼睛里泛起泪光。爸爸接着说:"童童已经长大了,爸爸相信你做事有分寸。"

童童听爸爸这么说,主动把今天发生的事情告诉了他。原来班上来了一名新同学,总是被其他同学欺负,童童看不过去,帮这位同学理论,没想到自己却受了伤。后来那个欺负人的同学受到了老师的批评。童童对爸爸说:"其实我就是不想看着新同学受人欺负,但是妈妈却一点也不体谅我。"

父母如果不能关心孩子,谅解孩子,设身处地为孩子着想,与孩子之间沟通的桥梁就会坍塌,阻碍孩子主动倾诉的意愿。只有表现共情和谅解,才能和孩子在思想上产生共鸣,继而走进孩子的内心,深入探索孩子的世界。

共情与谅解其实就是对孩子的认可和尊重,当你认同了孩子的心境,孩子就能从被接纳和被理解中找到满足感,继而从容勇敢地表达自我。父母应该尽量用同理心对待孩子,不要让孩子受伤和失望,当孩子体会到父母的认同,会放松心情,更愿意对父母倾诉心中烦恼,找到不良情绪的宣泄方式。

小天上了初中后出现严重偏科,数理化成绩很好,但一见语文就头疼。妈妈为他报了语文辅导班,还请了语文家教,但他的语文成绩就是上不去,这让他苦恼不已。小天的妈妈是一名小学老师,她很了解小天的感受。周末,妈妈在家休息,准备借此机会找小天聊一聊。

妈妈轻轻敲了敲小天的房门，小天知道妈妈是要和他讨论学习的问题，于是说了句"请进"。小天没有主动说话，妈妈坐下来问道："小天，妈妈看了你的成绩单，你和妈妈真是很像，妈妈小时候就喜欢数学，语文不怎么好，没想到我儿子也是这样。"小天听妈妈这样说，心情放松了不少。妈妈继续问小天："你觉得学习累吗？"小天说："不怎么轻松。我已经尽了最大的努力去学习语文，但成绩就是不见提高。唉，我自己也希望赶快把语文成绩搞上去，免得拖后腿。"妈妈说："没事，小天，妈妈相信你的能力。你一向聪明，可能没有找对学习方法，如果做些改变，兴许会收到意想不到的效果。"小天听了妈妈的话，很兴奋，说道："妈妈你和我想的一样，我也觉得自己用错了方法，明天我去问问语文成绩最好的小敏，看看她是怎么学习的。"妈妈欣慰地说："是啊，如果找对学习方法，你的成绩很快就会提高。"

　　其实，在妈妈找小天谈心之前，小天就想跟妈妈聊一聊学习问题，但是他担心自己的想法得不到妈妈的认可。但这次谈话让小天感受到了妈妈的认可，并从中找到自信，更愿意与妈妈交谈。在母子交换意见的过程中，妈妈最终帮小天找到了解决问题的方法。

每个孩子都希望在轻松愉悦的氛围中与父母交流，向父母倾诉自己的心声。但前提条件是父母要与孩子建立共情，让孩子真正体会到关心和谅解。如果在交谈中与孩子产生共情，父母与孩子的沟通就成功了一半。而孩子也更愿意跟与他达成共情的人畅谈心事。

　　当然，共情不是简单地告诉孩子你理解他、支持他，他所想所做的一切事情你都认可。你要通过正确的方式和合理的语言让孩子感受到彼此想法的一致性。当孩子情绪不好，父母先不要急着抱怨，只有站在孩子的角度，用孩子的思维去安慰孩子，才能给予他心灵上最大的慰藉。

第二节　不要逼迫孩子倾诉心事

"知心姐姐"卢勤在每年 10 月 25 日的倾听日中，曾就孩子是否愿意和父母倾诉心事这个话题向两万多名中小学生展开调查，结果显示，小学生首选父母为倾诉对象的比例为百分之三十四，中学生的比例为百分之十七，也就是说，孩子随着年龄的增长，愿意向父母倾诉心情的孩子的比例会下降，而且，在参与调查的中小学生中，百分之七十以上的孩子有了心事不愿向父母倾诉。

当然，孩子不愿将自己的心事告诉父母是有原因的，这些原因不外乎和父母谈不来，没有共同语言；父母总是把一件小事无限放大，让他们焦虑不已，或是父母不能理解孩子的想法。于是孩子倾向于自己的心事自己消化。

但是也有一些孩子愿意将自己的心事与父母分享，那是因为，他们感觉父母是他们的良师益友，能理解他们的想法，并能提出中肯的意见，给予他们真心的引导。不过，目前看来，这种能和孩子相处得好，并有共同语言的家长是很少的。

即便如此，很多父母仍然意识不到自己在亲子关系中出现的问题，他们发现孩子有心事但不愿与他们倾诉时，就着急地追问。没想到，越是督促孩子，孩子的逆反心理就越强，越不愿诉说。长此以往，孩子不但不愿和父母交流，亲子关系也渐渐恶化。

涛涛从小在奶奶家长大，奶奶对涛涛非常关心，每天他一回家就对他嘘寒问暖，一会问："涛涛今天中午在学校吃饱了没有？"一会儿问："今天中午吃的什么呀，好吃不好吃？"再过一会儿又问："今天老师有没有表扬你啊？老师让背的课文你都记住了没有啊？你跟同学相处得好不好？"开始的时候，涛涛还耐心回答奶奶的每一个问题，但是过了一段时间后，他就开始敷衍奶奶。每当奶奶问他学校的事情时，他就回答"还好吧，也还可以"之类的话。

一个周末，妈妈按惯例来接涛涛回家，她发现涛涛越来越不喜欢和奶奶说话，就把涛涛带到他最喜欢的麦当劳，给他点了一份汉堡套餐。涛涛很高兴，一边吃一边问道："妈妈为什么带我来这里呢？"妈妈说："涛涛每天放学回家都先写作业，然后复习功课，很听奶奶的话，所以妈妈要奖励涛涛。"接着涛涛对妈妈诉说起对奶奶的不满："奶奶看我就像看犯人一样，每天回家都问我在学校吃得好不好，玩得好不好，和老师同学相处得好不好，然后我就要一一回答。如果我什么都说好，奶奶就很高兴，如果我说了学校有什么不好，奶奶就觉得我做了错事，然后就不停地唠叨。"妈妈对涛涛说："妈妈是你的好朋友，奶奶也希望成为你的好朋友，以后妈妈和奶奶都不会强迫你，等你想跟我们说什么的时候再说好不好？"涛涛听了妈妈的话心情放松了不少，开始大口吃起汉堡。

孩子愿意和父母说心里话，是因为他们相信父母能为他们排解烦忧，但有的时候孩子说了半天，家长总是用大人的眼光看待问题，绕来绕去把所有事情都引到学习上，告诫孩子只有学习好才是硬道理。父母以为自己苦口婆心一番，应该换来孩子的热情回报，结果事情却向着相反的方向发展，导致孩子愈发不愿和父母说话。

当孩子有心事的时候，父母没必要步步紧追，想去弄清楚事情的原委。有时候给予孩子独立思考的空间，在旁边默默陪伴孩子、关心孩子就够了，这样做不仅是给孩子机会，同时也是给自己机会。如同将一把沙子握在手中，越是使劲紧握，沙子流失得越快，如果手掌保持轻松的姿势，沙子还能保留得多一些。因此，一个开明的父母不会逼迫自己的孩子说心里的秘密，只有轻松看待一切，孩子才能主动倾诉。

> 明明这一阵好像不大开心，每天放学一回到家不看电视也不和爸爸妈妈交流，直接躲进自己的小屋，好长时间不出来。妈妈看他有些反常，但是没有去打扰他。到晚饭时间，妈妈来到他的房间，先敲门，然后轻声问道："明明这几天是不是作业很多，怎么一回家就躲进房间不出来呢？"明明应声道："是啊，最近作业很多。"话语中带有不耐烦的语气。等吃完晚饭，明明又回自己房间去了。
>
> 接下来的几天，明明仍然喜欢独处，除了吃饭时间，妈妈基本看不到他。妈妈感觉明明一定遇到了什么不愉快的事情，他不愿意告诉父母，又无法自我排解。妈妈深知，孩子也会有自己的心事，他之所以不愿意向你倾诉，是因为他还没有找到

安全感，这时父母一定不能强求，要慢慢引导。后来妈妈来到明明房间，问他学习累不累，需不需要陪他坐一会儿。明明答应了妈妈的要求。接着，妈妈对明明说："尽管作业很多，但也要注意身体，一定要早点睡觉，把饭吃好。"此后，妈妈经常做一些明明最喜欢吃的东西给他送进房间。明明感受到妈妈对自己的关心和爱护，主动邀请她到房间坐。

妈妈坐到明明身边，明明欲言又止的样子更让妈妈确定孩子一定有什么心事。当然妈妈并不急着追问，而是给他更多的空间选择要讲出来还是埋在心里。最后明明告诉妈妈，最近他一个最要好的同学要转到其他学校上学，以后他俩就不能在一起玩了，因此明明很不开心。妈妈也为明明失去一个好朋友感到难过，但她还是给予明明最真心的安慰和鼓励，帮助明明走出了阴霾，此后，明明又变得像以前一样无忧无虑了。

在生活中，有很多父母想与孩子成为无话不谈的好朋友，却总是找不对方式。一个开明的父母在生活中不会专制，而是让孩子尽情地去思考自己的问题，并在身边默默支持、默默陪伴。父母不要急着逼迫孩子说出心里话，但要有意识地给他们创造诉说的环境，当孩子从中找到安慰与激励，自然会倾诉自己的心事。

第三节　倾听是沟通的一部分

人与人之间的沟通要讲究技巧，而最关键也最重要的技巧便是倾听。特别是在亲子关系中，倾听是维护双方良好关系的一条通道，对良好的亲子关系的形成发挥着巨大的作用。

倾听是沟通的一部分，没有倾听，就没有沟通。倾听是了解孩子心理的最好的方式，没有倾听，孩子就无法与你达成情感上的共鸣，继而影响亲子关系的良好发展。

人有两个耳朵，却只有一个嘴巴，目的就是让我们多听。但是父母在与孩子沟通的时候，总是很难做到少说多听。当孩子向父母倾诉什么事情的时候，没等孩子说完，父母就会大肆发表自己的看法和主张，他们认为这样做是为了尽快帮助孩子解决问题，实际上，父母不合时宜地打断孩子说话，不仅让他们失去倾诉的兴趣，也在他们心中埋下了不满的种子。

孩子在表达的时候，会希望他的父母成为他忠实的听众。自古以来，没有一个演说者在他激情演讲的时候愿意被人打扰。虽然孩子年龄还小，比不上演说家的高谈阔论、海阔天空，但他们也想完完整整地表达自己的想法，也想得到父母的理解与尊重。

一个人从孩童时代到长大成人这一路上，有百分之七八十的时间都在与人沟通，小时候需要与学生和老师沟通，长大了需要与同事、老板或者客户沟通，而要想确切了解对方的心思，倾听无疑是最便利的方式。父母在孩子一生的成长中，扮演着十分重要的角色，如果想拉近自己与孩子之间的距离，倾听就显得更为重要。因为听孩子讲话，你可以从中发现孩子在一天中所发生的事情，孩子的心理活动等，然后再选择合适的方式帮孩子解决问题。如果父母不能把倾听当作沟通的一部分，那么孩子就会放弃向父母倾诉的意愿。

> 有个妈妈说，她在和女儿沟通时遇到了很大的问题，只要两人一开口说话，就会发生争吵，往往越吵越厉害，最终不欢而散。尽管这个妈妈变换了很多种方式与孩子交流，但还是难以达到良好的效果。
>
> 她找亲子专家咨询为何与孩子沟通会如此困难。亲子专家问她是怎么和孩子沟通的，她说："我很想与女儿好好沟通，但一点作用也没有。我每天都告诉她多吃点，穿得暖和点，到学校认真学习，多听老师的话，但她就是不接我的话，甚至都不想理我。"亲子专家从中了解到，这位母亲每天都会对孩子喋喋不休地说教，根本没有花心思倾听孩子的想法。虽然在沟通中说是一个方面，但没有听来配合也是不行的。亲子专家告诉她，沟通不是单方面，而是双方的事情，如果一个人说，另一个人就要听，如果孩子说，父母也在说，两个人乱作一团，根本就不叫沟通。亲子专家问她："你愿意听孩子说话吗？"她

回答:"你的意思是说我要成为孩子的听众,专心听孩子说话吗?"专家说:"对,就是这样,要成为孩子的忠实听众,孩子才想跟你沟通。"

没错,倾听是沟通的组成部分,也是沟通的开端。如果父母发现在亲子交流的过程中出现问题,一定要及时反省自己,想一想自己是不是在倾听环节中出现了问题。没有良好的倾听,就谈不上良好的交流,倾听好坏是亲子关系发展好坏很关键的一点。

有一段时间,凯凯再也不想开口和妈妈张华说话,如果没有重要的事情,他就一个人待在屋里写作业,到万不得已必须与妈妈交流的时候,他也不亲自当面跟妈妈说,而是以写字条的方式代替。

一次,凯凯的学校要举行春游,每个学生要交一百元的费用,凯凯不得不跟妈妈要钱,于是他写了一张小纸条,上边是:"妈妈,请给我一百块钱,我们要去春游。"然后放到妈妈房间的梳妆台上。妈妈看到这张小纸条,心里无比酸楚。

一天,张华的好朋友蓝静到家中做客,无意间看到梳妆台上的小纸条,上边写着:"妈妈,我今天和同学踢足球,晚点回来。"蓝静立刻意识到张华与儿子之间出现了问题。她赶忙问道:"你和凯凯之间到底发生了什么事,为什么能说的话却要用写字条代替呢?"张华欲言又止,在蓝静的一再追问下才说出实情。原来很长一段时间,凯凯都没有跟妈妈说话了,只要有事,他就写在纸条上让妈妈看。现在张华手中攒了不少这样的纸条,只要一看,心里就难受,泪就不停地往下流。

蓝静看张华这样，心里也很难过，她想帮帮张华。一天，等凯凯放学，蓝静拿着他写给妈妈的纸条问道："是不是你妈妈做错了什么，你才不想跟她说话的？"凯凯终于敞开心扉："蓝阿姨，其实妈妈没有做错什么，只是我觉得没法跟她沟通。"蓝静问："你为什么会有这样的想法？"凯凯说："阿姨，我妈妈平时根本不让我说话，只要我想说什么，没说两三句她便立刻打断，然后就不停地说她那一套大道理。她总是不想听我说，我也就不愿和她说了。"

蓝静想，凯凯说的没错，他本来是想和妈妈说话的，可是妈妈根本不给他说话的机会，时间一长，他哪还有兴趣再说话啊。蓝静把凯凯的想法告诉了张华，张华决定从中吸取教训，改变和孩子的交流方式。

父母自认为爱孩子就要让他们明白自己的想法，并按照自己的要求去做；而孩子在接受父母意愿的同时，也想表达自己的想法。这时，父母应该给予足够的时间和机会，让孩子说，并认真倾听。如果一味打断孩子，只会招致孩子厌烦。有些时候，孩子对父母并没有看法，只是他们感觉父母不想听他们说话，于是就懒得说了。倘若父母将倾听当作有效的亲子沟通方式，在抚养与教育孩子的过程中，就可避免很多不必要的矛盾。

第四节　不了解孩子，是倾听出了问题

越来越多的家长抱怨养孩子真难，特别是在和孩子沟通时，家长们感慨最多的是自己越来越不了解孩子了，想和他们说说话，孩子就表现出不耐烦，着急了还会甩出一句"你烦不烦啊"，父母为避免和孩子发生冲突，就不敢再继续说下去。在父母看来，自己每天说话还要看孩子的脸色，这种日子简直苦不堪言。

父母在抱怨自己孩子的同时，有没有反省自身呢？自己到底对孩子说了什么，做了什么，让孩子这么不喜欢和自己沟通呢？提到这个问题，一般家长会觉得自己供孩子吃，供孩子喝，含辛茹苦把孩子养大，能有什么错？只是自己的孩子不懂关心父母，与父母合不来罢了。

其实，孩子这样做，并非故意惹父母生气，而是因为父母与孩子之间的沟通出现了问题。亲子沟通看似很简单，其中却有很大的学问。如果你发现孩子不愿向你诉说，或是你与孩子之间的交流出现很多障碍，让孩子愈发抗拒，变得让你看不透、摸不清，那么在很大程度上是倾听出现了问题。

为什么孩子不愿跟你交流，是因为他们觉得你根本没有表现出要倾听的意愿。当孩子有了新鲜或是令人兴奋的事想与父母分享的时候，父母可能因为工作繁忙或心情不畅，无暇倾听，或是带着负面情绪倾听。长此以往，孩子会认为父母对自己所说的话不够重视，也就不会再有倾诉的愿望。

  琳琳最近变化很大，放学一回到家，就表现出一副不开心的样子，并且经常自言自语。妈妈看出她心里有事，便向琳琳询问，但是琳琳好像一点也不想跟妈妈说。如果妈妈再继续追问，她会表现出难以忍耐的样子，然后就躲进自己的房间。

  其实，琳琳以前是一个活泼开朗、善解人意的姑娘，并且学习成绩也特别好。现在她的成绩有些退步，变得不爱说笑，妈妈真是越来越不了解她了。

  琳琳为何发生了如此大的变化？主要因为妈妈工作忙碌，不但上班工作，下班回到家也要拼命加班，都没有时间坐下来认真听听孩子的心里话。开始的时候，每当学校或是班上发生了什么好玩的事情，或是哪个同学对她讲了什么笑话，琳琳回到家后总是想第一时间与妈妈分享。但是妈妈心里总想着工作，一听琳琳在旁边喋喋不休说个不停心里就来气，然后跟琳琳说："你回来怎么不赶快去做功课？总是在那说个不停，这些学校的事情有什么好说的，赶快去写作业吧，把学习搞好才是最重要的。"

  琳琳觉得妈妈只知道让自己学习，一点也不关心自己的想法，时间一长，就不想跟妈妈说话了。当妈妈看出女儿对自己的疏远后，感到非常担忧。

亲子之间为什么会产生隔阂？就是因为父母不懂得倾听孩子，不能对孩子说的话感同身受。倾听是人与人之间沟通最重要的桥梁，失去这个桥梁，任何沟通都不起作用。父母在没有倾听孩子表达时，就一味把自己的思想强加于孩子，阻断孩子的倾诉，这就相当于自己亲手摧毁了与孩子心灵相通的桥梁，这样孩子还怎么愿意和你说话，怎么变成你最了解的那个人？

在孩子成长的道路上，父母是孩子的庇荫伞，是他们的导航仪，只有给予孩子表达的机会，充分倾听孩子的想法，才能更好地为他们保驾护航。当孩子有委屈找你倾诉的时候，请给他们时间释放情绪；当孩子遇到欢欣鼓舞的事情想要与你分享时，给他们时间尽情畅谈。也许你并不需要说什么，但你在倾听过程中所表现出的耐心，会让孩子感受到你对他们的关怀，这会给孩子带来最大的安慰。

鹏鹏被妈妈从幼儿园接出来后一路上噘着嘴，很不高兴。等到了家，妈妈问："鹏鹏今天怎么了，是不是在幼儿园受什么委屈了？"鹏鹏听妈妈这样说，忍不住大哭起来。妈妈没有急着安慰，先将鹏鹏揽入怀中，让他释放情绪。等鹏鹏哭声变弱，伤心地对妈妈说："妈妈，今天我遇到了一件非常难过的事情。"妈妈耐心地说："鹏鹏赶快跟妈妈说说是怎么回事，让妈妈帮你解决。"接下来，鹏鹏两眼通红地说："今天上课，老师让我们写字，我把一个字写错了，老师当着全班小朋友的面指出了我的错误，还说了好多遍，弄得所有小朋友都笑话我，我觉得很难堪。我真不喜欢老师，恨死老师了。"听鹏鹏说完，妈妈了解了情况，然后安慰道："你的老师在这件事情上考虑不周，做得有些不当,让你在小朋友面前丢脸了。但是你要相信妈妈,每一位老师都希望他的学生是最棒的,他这样做只是希望你变得更好,并不是真的想让你难堪。"鹏鹏听妈妈这么一说,不再抱怨老师,没一会儿又变得开心起来。

鹏鹏之所以能很快缓解不良情绪,是因为他的妈妈善于倾听,了解到孩子不快的真实原因,对症下药。如果家长自以为比孩子辈分高,以什么都懂、什么都理解为理由,不给孩子倾诉的机会,就不能找到孩子的问题所在,也就不能真正帮助他解决问题。

不了解自己的孩子,不是孩子的问题,是父母倾听上的问题。父母只有善于倾听,耐心倾听,弄明白孩子的真实想法,才能及时地解决孩子的问题。而对于孩子来说,家长肯听他们说话是对他们的重视,当孩子感受到家长的重视,而家长真正做到重视孩子,这样一来,孩子更愿意对家长敞开心扉。

第五节　孩子做错事，先听听是怎么回事

很多家长认为，孩子做错事就应该受到责备，不能纵容孩子再犯类似的错误。当然，父母批评责备孩子本没有错，但凡事都要有一个衡量的标准。即便孩子做了错事，也要弄清他们为什么犯错，犯的错误到底有多严重，然后再找出相应的对策。如果家长只凭一时愤怒，还没听听孩子对错误的解释，就对孩子进行惩罚，会给孩子的心理带来深深的伤害。

宇浩今天早早就起床了，他趁爸爸妈妈不注意的时候跑到卫生间，从洗漱台上拿起爸爸的刮胡刀就在脸上鼓捣起来。没过一会儿，在卧室睡觉的妈妈听到什么东西掉到地上，啪的一声，紧接着就是宇浩的哭声。她吓坏了，迅速起身跑向卫生间，看到宇浩脸上被划了个小口子，流了点血，再看看掉在地下的刮胡刀，一下子就明白是怎么回事了。

本来妈妈最近工作很忙，经常加班到深夜，好不容易等到

周末想睡个懒觉,偏偏这时候被宇浩吵醒,再加上她看到宇浩随便玩爸爸的刮胡刀,更是气得不行。宇浩看妈妈生气了,惊慌失措地擦拭脸上的伤口,这时妈妈不由大声责备道:"宇浩,你到底知不知道你在干什么?刮胡刀很危险的,我早就告诉你这些东西大人才能用,你不要随便动。你看看现在你的脸被划破了吧,真是太不听话了。"宇浩听到妈妈怒不可遏的声音,更是吓得哇哇大哭。

妈妈只管俯身收拾掉在地下的刮胡刀,没有安慰宇浩,她只是想让宇浩记住这次教训。宇浩越来越感到委屈,不停地哭,虽然声音变小了点,眼泪却没有停止。

其实宇浩一直是个听话的孩子。如果父母说别碰水壶,会烫手,他就不会去碰;如果父母说别随便开水龙头,会把衣服打湿,他也不会去玩。爸爸认为宇浩跑到卫生间玩刮胡刀很反常,一定有什么事情,如果没有原因,他相信宇浩不会随便动大人的东西。爸爸把正在哭泣的宇浩抱了过来,耐心地询问道:"宇浩,你今天为什么要用爸爸的刮胡刀啊?"宇浩回答道:"张老师在班上给我们排情景剧让雨欣演妈妈,我演爸爸。我见爸爸经常用刮胡刀,所以我也用了。"这时妈妈也弄明白了宇浩动刮胡刀的真正原因,对刚才自己不分青红皂白就大发雷霆的行为感到很后悔。

其实,父母保护孩子远离危险本无可厚非,但是当孩子做错了事,父母在没弄明白原因的情况下直接责备,也显得不近人情。孩子虽然年龄还小,思想不成熟,对一些事情考虑得不周到,但有些时候,他们犯错也是有原因的。父母在张嘴责骂孩子之前,不妨先听听孩子怎么说,弄明白事情的原委再发表意见。这样做，不但是给孩子机会，也为自己与孩子之前的关系更近一步提供了机会。

很多父母面对孩子犯错，第一反应就是责备，这显示出他们无法处理好这件事情的无奈和无助。须知，孩子也是有羞耻心的，也是要面子的。如果他们真的犯了错误，一定会心存愧疚，但是如果因为某种善意而犯了错误，恰在此时，家长又没有倾听他们的解释，草率处理，就会让孩子在心理上无力承受，他们感到伤心委屈，对自己所做事情的对错失去判断。

萌萌今年两岁，是个聪明伶俐的孩子，不过他也很调皮捣蛋，经常在家里跑来跑去，弄得身上脏兮兮的。那时妈妈每天上班，奶奶在家陪着萌萌，而萌萌最高兴的事情，就是每天晚上等妈妈下班。一天，萌萌看到天黑了，像往常一样等妈妈，当他听到门外愈走愈近的脚步声和同时响起呼唤"萌萌，萌萌"的声音时，赶忙过去开门。妈妈进了家门，萌萌立刻从旁边搬来一把小椅子递给妈妈。但妈妈向沙发那边走去，没有看到萌萌搬来的小椅子。当妈妈在沙发上坐下来，奶奶过来和妈妈说话，萌萌又把小椅子搬来，一个劲地说："妈妈，妈妈快坐下。"但是大人说话的声音淹没了孩子的声音，妈妈还是没有听到。只见这时，萌萌把椅子搬起来直接放到了沙发上。妈妈回过头，看到沙发上的椅子十分生气，她认为萌萌故意捣乱，于是大声责备道："这么脏的东西怎么能放到沙发上呢？赶快拿下去，要不然妈妈生气了。"萌萌还在说："妈妈你坐吧。"妈妈更加气愤："你赶快拿走，不然我就再也不让你坐这把椅子。"萌萌被妈妈吓坏了，伤心地哭了起来。这时，奶奶从厨房走了出来对妈妈说:"萌萌今天学了一首歌叫《我的好妈妈》,里边唱得是:'我的好妈妈下班回到家,劳动了一天多么辛苦了,妈妈妈妈快坐下……'所以他才搬来了小板凳,想让你坐在上边好好休息。"此时,妈妈想起刚才萌萌确实对自己说"妈妈快坐下",只是自己没有看到,所以他才把椅子搬到沙发上,想要引起妈妈的注意。萌萌感到委屈,还在不停地哭。妈妈也为错怪了孩子感到内疚,赶忙把萌萌抱到怀里说:"对不起萌萌,是妈妈错了。萌萌觉得妈妈上了一天班很辛苦,所以给妈妈搬来了椅子让妈妈坐。谢谢萌萌。"萌萌脸上这时才有了笑容。

父母发现孩子做错事,不要急着批评,有时你弄清前因后果后,会发现事情并非你想象的那样。就如同萌萌的妈妈,以为孩子把椅子放在沙发上是故意捣乱,而孩子这一举动却是关心妈妈。

所以很多时候,我们看到的现象只是表面的,并不能反映事情的本质,只有深入分析,弄清原因,才能找到合理的解决方式。如果孩子出于好意而犯错,却遭到家长的批评,那他肯定会认为自己做的好事并不是好事,从而对自己失去信心,以后也不会再做这件事。或是自己明知是好事,但被父母无端认为是错事,遭受批评,于是跟父母赌气对抗,导致双方的关系向不良的方向发展。

为避免出现上述问题,家长在面对犯错的孩子时,最好先不要急着责备,先倾听孩子的解释才是最重要的。

第六节　耐心倾听孩子的话，不要中途打断

通常，孩子向父母倾诉某件事情的时候，父母很喜欢中途打断孩子，然后喋喋不休地论述自己对这件事情的想法和主张，并希望孩子顺从。但父母越是这样做，效果越是糟糕。这是为什么呢？

要想弄清孩子为何不愿按照父母所表达的想法行事，就要先弄清父母为何不愿让孩子完整地表达自己的想法或是讲述一件他们认为很有意义的事情。原因在于，首先，父母总认为孩子年龄小、不懂事，他们所表达的东西都是没有价值的，只要认真听大人的话，大人让他们怎么做，他们顺从地做就可以了。其次，孩子所表达的事情对于孩子自己来说很有意思，或意义非凡，但是在大人眼中却十分幼稚，甚至不值一提，大人便不喜欢倾听，或是更愿意让孩子把说闲话的时间用来做他们认为有意义的事情，例如写作业、阅读课外读物等。

其实，孩子们虽小，他们也有自己的主观想法，也有人格自尊，也想拥有话语权（实际上他们本身就有话语权，而不该被大人剥夺）。父母专断地把自己的想法强加给孩子，阻止孩子完整表达自己的意愿，是

否定孩子价值观的一种行为。

　　雨轩从小就聪明伶俐，鬼点子很多。有一天，老师讲了外国的一位科学家如何发明和制造小汽车的故事，雨轩听得很入神，认为能制造汽车是件十分神奇而又了不起的事情，于是他突然之间萌发出一个大想法，那就是自己制造一辆小汽车。放学回家的路上，雨轩急切地想将自己这一伟大的想法告诉妈妈，也让妈妈为他高兴一下。

　　雨轩一进客厅，就急冲冲跑到妈妈面前说："妈妈，妈妈，我想跟你说一件十分神奇的事情。"

　　妈妈说："什么事啊，雨轩？"

　　雨轩说："今天老师在课堂上给我们讲了如何制造小汽车的故事，我也想自己手工制造一辆。"

　　没等雨轩接着往下说，妈妈便突然插话道："哎呀，你这么想可真是自不量力，有哪个孩子这么小能制造汽车的，还是去好好学习吧。"

　　雨轩接着说道："可是妈妈，书上写着……"

　　妈妈说："书上写了很多知识呢，什么几何算术啊，唐诗古文啊，英语对话啊，你应该多看看这些，其他的东西等你以后长大了再去研究。"

　　雨轩还想继续跟妈妈说些什么，可是妈妈已经起身去了厨房，不愿再跟雨轩讨论制造汽车的事情。妈妈怕雨轩还琢磨汽车的事情，就隔着厨房玻璃，大声对雨轩说道："我给你掏那么多学费，是让你好好读书去了，不要再琢磨制造汽车了，赶快去写作业，一会儿我要检查。"

145

雨轩一声不吭地回到自己的房间，坐在写字桌前摊开了作业本。他表面上是在写作业，可是心里却感到委屈，他暗暗发誓，以后再也不跟妈妈分享自己心里的想法了。

父母盲目打断孩子的话，在父母眼中是关心爱护孩子的一种表现，但是孩子心里会做何感想呢？或许孩子会认为父母不给自己说话的机会，其实是因为他们的关心与理解是虚情假意，自己只不过是听其差遣的小丑罢了。父母抱怨孩子不理解自己的一片苦心，而孩子则认为父母不重视自己，因而与父母之间不知不觉就形成一道鸿沟。鸿沟这边的父母极力想跨过鸿沟追赶孩子，而孩子却在鸿沟那边愈行愈远。

每一位父母都希望自己的孩子无忧无虑，健康成长。而保证孩子身心健康成长的前提是与孩子建立良好的沟通和理解，建立和谐美好的亲子关系。要想做到这些，靠的不是单纯说教，而是当孩子讲话的时候，多给他们一点时间和耐心，不要粗鲁地打断孩子的谈话。如果你当时没时间倾听，不妨与孩子商量，找一个更为合适的机会。既然已经让孩子开口说话，就不要轻易打断，这样才能保证孩子更好地表达自己。

小初是个非常有意思的孩子，他经常将自己晚上做的梦讲给妈妈听，不管是噩梦还是美好的梦，每当孩子说出来的时候，妈妈就会感受到孩子世界的纯真与美好，因而从来不会中途打断。

一天早上，妈妈正在厨房里给小初做馅饼，弄得满手都是油和面。正当这个时候，小初揉着蒙眬的眼睛跑了过来说："妈妈，我昨晚又做梦了，我的梦十分有意思，我像小鸟一样飞起来了。"妈妈此时很想听小初讲他的美梦，但是她担心一分心把馅饼烙糊了。妈妈回头望着小初那充满期待的眼神,说道:"小初,妈妈现在要为你做好吃的馅饼,没有时间听你讲你的美梦,等一会儿馅饼做好了,我们都可以坐下来吃的时候,小初再给妈妈讲好不好?"

小初是个懂事的孩子,他知道在这个环境下讲话,妈妈是听不清楚的,并且他也希望吃到美味可口的馅饼,于是他说:"那好吧,妈妈,等一会儿我再告诉你。"

其实小孩子的分享之心是十分强烈的,当他们心里有话时,总是希望第一时间与最亲近的人分享。但是妈妈当时的时间不够充裕,小初只好忍着想说话的强烈心情。过了一会儿,妈妈终于做好早餐了,小初一屁股坐在凳子上,急急忙忙对妈妈说道:"妈妈,我梦到我像小鸟一样会飞了。我飞得可高可高了,一会儿飞过小河,一会儿飞过高山,一会儿飞过草原,旁边还有好多鸟,都被我超过了……"小初越说越高兴,妈妈认真听着,并时不时问一些有关梦境的有趣问题,例如"你飞过草原时有没有看到马啊""你超过其他小鸟时,它们有没有追你呢"……

小初越说兴致越高,最后他觉得语言已经不足以表达自己梦境的神奇,他决定邀请妈妈一起跟他把梦里边的情境画下来。妈妈答应了小初的要求,两人高高兴兴地去画画了。

孩子有了某种想法或是做什么有趣的事情,最希望与父母分享,父母要多给予他们耐心与鼓励,让孩子把话说完。当孩子尽情表达了自己,他们的情绪会得到释放,体会到愉悦和满足,从而深信父母是理解和支持他们的。

而对于父母一方来说，当他们放下身段，给予孩子足够的时间表达自己，让孩子行使话语权，才能真正了解孩子心里的想法，从而与孩子进行更有效的沟通和交流。

第七节　不要被动倾听，要表现出积极的一面

很多父母认为自己不够了解孩子，不能和孩子进行心与心的交流，他们有时也想帮孩子出谋划策，解决问题，成为孩子们的知心朋友，但却找不到合适的方法。

其实，孩子每天都会向父母传达信息，表示自己的喜怒哀乐，但有时候孩子的信息传递方式并非语言式的，父母就不知如何去面对。例如当孩子在学校里遇到挫折心情不好的时候，回到家就会把这种不愉快的情绪挂在脸上。而父母看到孩子心事重重的样子，或是放之任之，或是以说教的方式转移他们的情绪，或是等孩子在迫不得已的情况下积极主动向父母倾诉，父母再为他们解决问题。这样一来，父母在亲子交谈中就成为被动的倾听者，长此以往，不但不能及时帮助孩子，引导孩子，还会产生亲子矛盾。

　　形形已经快五岁了，但不管妈妈去什么地方，她都喜欢紧紧跟在妈妈屁股后面。一天妈妈想要到超市买点东西，为了方

便,决定把彤彤留在家里和奶奶待在一起,于是对彤彤说道:"宝贝,你和奶奶在家待着,妈妈去超市买东西,一会儿就回来。"可不管妈妈怎么说,彤彤就是不愿意,还不停地哭闹,边哭边说:"不行,不行,我就要和妈妈一起去。"

妈妈很生气,她没有积极询问孩子的想法,只是对她说:"彤彤,你太不懂事了,你知道吗?妈妈去超市有好多东西要买,回来的时候两只手都占着,没办法再牵你的手,所以不能带着你。"彤彤听后更是哭闹不止,嘴里一直说着:"我要跟妈妈走,就要跟妈妈走。"妈妈越听越气愤,关上门自己走了。

一会儿邻居阿姨到家中串门,看到哭红了眼的彤彤,关心地问道:"彤彤怎么了?为什么哭鼻子?"彤彤说:"我妈妈走了。"阿姨问道:"是不是不想让妈妈离开?"彤彤点点头,一把将旁边的布娃娃抱在怀里。邻居阿姨看到她的举动问道:"你想妈妈的时候就想抱这个布娃娃是吗?"彤彤点点头。邻居阿姨继续问道:"如果布娃娃离开了,你也会像想念妈妈一样,想念它是不是?"邻居阿姨好像非常了解彤彤似的帮彤彤打开了心结,彤彤停止了哭泣,放下了布娃娃,来到邻居阿姨身边和她愉快地交谈起来。

可是,当妈妈回来的时候,彤彤立马把头扭到一边,噘着小嘴又不高兴起来,妈妈还是没有积极询问孩子,又喋喋不休地说起自己的不满来。

由于大多数父母习惯了以劝说、安慰、说教、警告等方式展开谈话,在他们心里,要想让孩子得到改变,最好的方式就是阻止他们的内心想法,因为做孩子积极的倾听者让他们感到无所适从。其实,在亲子关系中,父母应该以积极的方式倾听孩子，父母的积极倾听能给孩子们带来很多好处。

当父母表现出愿意倾听孩子的故事或是内心想法的时候，相当于打开了一扇与孩子进行心灵沟通的窗户。孩子感到父母的倾听意愿，内心受到鼓舞，就会更加坦诚地表达自己的想法，从而让心理压力得到释放。

积极倾听有助于拉近父母与孩子之间的关系，让孩子切身感受到来自父母的温暖。当孩子受到父母的倾听并感受到他们的理解和认同时，会得到极大的满足感。当这种满足的信息反馈给父母的时候，父母与孩子之间会产生心理共鸣，使双方的关系更加亲近。

一天，小琪放学回家后，只是跟妈妈打了声招呼，就直接进了自己的房间并关上了门。妈妈觉得她很反常，就走到小琪房间，看见她正无精打采地做着作业。妈妈关心地问道："小琪，你是身体不舒服吗？"小琪说："不是的。"妈妈又问："那是因为在学校里发生了什么事情吗？"小琪又说："什么也没发生。"然后继续翻书写她的作业。

妈妈觉得小琪有心事，于是继续说道："小琪，你有什么事情就跟妈妈说一下，说不定妈妈有办法呢。"小琪抬头看了看妈妈，说道："真的吗，妈妈？难道你真的有办法帮助我？"妈妈说："你可不要忘了，妈妈是聪明的智多星，很多事情到妈妈手里，一下就变得简单了。"妈妈说得很轻松，小琪听了似乎受到鼓舞，一下子将心事倒了出来："今天我们班有个同学过生日，她邀请我和其他同学去参加她的生日聚会。我很想去，可是作业实在是太多了，怎么都做不完，即使一会儿做完了，时间太晚，也来不及参加了。"

　　妈妈看到小琪一脸失望的表情，马上说："小琪，妈妈想了个好办法，你现在先尽全力写作业，一会儿妈妈叫辆出租车送你过去。"小琪脸上立马露出欣喜的表情，高兴地说："妈妈，真的吗？你真的会打车送我过去？"妈妈说："当然了，我也希望你能为同学庆祝生日呢。"小琪大声说道："谢谢妈妈。"然后就认真地写起作业来，现在，她已经不再是一进家门就垂头丧气、忧心忡忡的小琪了。

　　结束同学的生日聚会回到家，小琪意犹未尽，她高兴地向妈妈讲述了聚会上发生的高兴事，妈妈认真倾听，和她一起笑着，母女二人都十分开心。

引导孩子说出心事比让他们独立思考更能帮助孩子。当孩子在父母的积极倾听下说出自己的心事，并在父母循循善诱的指导下解决问题，或者他们在倾诉一番后打开了心结，当初看似很棘手的问题自然而然就解决了。

　　孩子为何有时不愿诉说，是因为父母没有表现出想要倾听的意愿。父母要想对孩子进行深入而全面的了解，就不应成为被动倾听的垃圾桶，而应变身积极的倾听者。当孩子有心事，父母首先要倾听孩子说话，这样一来，孩子更善于敞开心扉，畅所欲言。当孩子不愿向你倾诉，或是表现出对你排斥，很可能是你没有在倾听时表现出积极的一面。只有主动倾听，认真帮助孩子找到问题所在，才能帮助孩子真正解决问题，渡过难关，从而赢得孩子的信任。

第八节　倾听时，氛围选择很重要

很多时候，父母想成为一名积极的倾听者，但孩子却不愿跟父母倾诉，这是因为氛围不对。倾听也要选择合适的氛围，好的氛围可以为倾听创造便利条件，让孩子主动畅谈心事，而不合适的氛围则会让孩子的情绪发生改变，双方沟通起来就会遇到障碍。

一天晚上，王青的同事邀请王青一家到家里做客，王青很高兴，带着女儿晓琳一同前往。同事知道王青是四川人，喜欢吃辣，就连王青的女儿晓琳在同龄孩子之中也是个"吃辣大王"，于是当晚为他们准备了好几道又辣又美味的菜肴，例如水煮鱼、麻辣牛肉等。

王青边吃边跟同事聊天，还不停夸赞同事手艺好。在说话的同时，她也不忘给女儿晓琳夹菜，让女儿多吃点。可是当晚晓琳看起来跟平时有点不一样，坐在那里无精打采，不想说话，给她夹什么菜她都是吃上一点就放下了。

妈妈认为晓琳来别人家做客，如果不多吃点别人做的菜，是一种极不礼貌的行为，有点生气。她强忍着愤怒，一到家就开始责备晓琳："你都这么大了，去阿姨家做客都不怎么吃东西，人家看到后心里会怎么想，真是太不懂事了！"晓琳听妈妈这么说，也有点不高兴，嘟囔道："我今天没精神啊，不想吃辣菜。"妈妈继续教育晓琳道："真是不懂事，不吃还理直气壮，以后不带你到别人家做客了。"晓琳委屈地说："我今天肚子疼，不能吃辣的。"妈妈脸上露出吃惊的神色，说道："啊？你肚子疼了？你怎么不早说啊？"晓琳说："刚才是在阿姨家里，如果我说自己肚疼，你们就会为我分心，就不能愉快地聊天了，所以我没有说。"

妈妈意识到自己错怪了晓琳，赶快向晓琳道歉道："乖女儿，是妈妈误会你了，以后有事，一定要跟妈妈说啊。"于是母女二人和好如初。

可见，倾听氛围会对沟通结果造成最直接的影响。如果晓琳是在自己家中，基于对环境的熟悉，身心得到放松，一定会告诉妈妈自己肚子疼的事情。但因为在妈妈同事家做客，比较拘束，因此没有倾诉的欲望，母女之间便产生了误会。

氛围会对孩子的心理造成重要影响，父母在倾听之前，要分辨倾听场合是否与要谈论的事情协调，如果孩子异常气愤，父母就应该找一个能让孩子平复心情、放松下来的地方交谈，这样事情往往更容易得到解决。

爸爸这两天出差不在家，浩浩昨晚给爸爸打电话，两人发生了争执，今天爸爸又打来电话，想跟浩浩说说话，但浩浩却拒绝接爸爸的电话。妈妈不知道他和爸爸之间发生了什么事，当时想问，但又担心浩浩正在气头上，不愿回答，于是跟浩浩说道："浩浩，现在太阳下山了，外边正凉快，你陪妈妈一起到旁边的小公园散散步吧。"浩浩点点头答应了，跟着妈妈出了家门。

母子二人来到小公园，此时凉风习习，很是惬意。再望着天边红彤彤的晚霞，更是让人心情舒畅。妈妈在靠近草坪的地方找到一个木头座椅，示意浩浩坐下来休息一下，开口问道："浩浩，你和爸爸怎么了，为什么不高兴呢？"浩浩说："爸爸说话不算数，明明说好这周三一起去看动画电影的，结果爽约了，让我很失望。"说到这件事情的时候，浩浩很生气，说完还深深吸了一口气。当他看到旁边的草坪，感受到凉风拂过脸颊的清爽，情绪似乎缓和了不少。

妈妈听了体贴地说道："妈妈知道浩浩不高兴，可是爸爸也很想带你去看动画电影，只是公司临时有事，派他出差了。"浩浩说："我知道，妈妈，就是当时希望满满的，一直期盼，好不容易等到日子了，结果却空欢喜一场，所以有点不高兴。其实我也理解爸爸。"

妈妈说："嗯，浩浩不要不高兴了。每个人每一天的生活都会发生变化，我们要学会适应变化。而且爸爸现在有事不能实现你的愿望，等他过两天回来了，一定会给你补上的。"说完，他们又在椅子上坐了一会儿，呼吸着傍晚的柔和空气，然后慢慢向家走去。经过短暂的散步，浩浩将心中的烦恼倾诉了出去，又变回了快乐的小男孩。

如果事情刚刚发生，妈妈立即追问发生了什么事情，浩浩不但有可能什么都不说，还会更加气愤。妈妈善于选择倾听氛围，带浩浩来到令人心旷神怡的公园，这件事情在不知不觉中就得到解决。可见，良好的氛围能为成功倾听创造有利条件，会让沟通的效果更加理想。

父母要想和孩子建立良好的亲子关系，倾听是必不可少的环节。但是在倾听的时候若能创造良好的氛围，就更有助于交流顺畅开展。父母不一定要把家里视为倾听的最佳场所，也不一定选择常规的交流方式。创造良好的氛围有很多种方法，可根据实际情况自行选择。例如孩子心事重重，父母可以在家中摆放些鲜花、零食，打开电视，调到适中的音量，然后开始你们的交流。或是带孩子去他们喜欢的地方，让孩子自然而然地解除警惕心理，谈话也会变得越来越轻松有趣。

第九节　倾听时，要表现自己接受的意愿

孩子也有喜怒哀乐，也需要找人倾诉。可是很多孩子宁愿对不熟悉的人畅所欲言，也不愿与父母分享内心真实的想法，父母为此百思不得其解。其实，不是孩子不愿倾诉，而是因为他们在倾诉的时候，感受到的不是父母的倾听意愿，而是一种不接受感。这种不接受感伤害了孩子的自尊，给他们带来情感上的不快与恐惧，于是他们关闭了已经敞开的心门。

小云因为没有完成作业，被老师当着全班同学的面狠狠批评了一通。小云既觉得委屈，又觉得颜面扫地，晚上回到家就对妈妈说："妈妈，老师今天因为我作业完成得不好，当着那么多同学的面批评我，真是让我抬不起头来，她真是太可恶了。我觉得很难过。"妈妈说："别人都完成作业了吗？""完成了。""那你还好意思说自己难过？"妈妈说，"你没完成作业，老师当着全班同学面批评你算是轻的，我看罚你站一个上午更

好。"妈妈一点也没有站在小云一边。小云说："可是我又不是故意不完成作业的，总得给我解释的机会。而且我也是有自尊心的，要批评我也不该让这么多同学听见啊……"小云的话还没说完，妈妈抑制不住怒气说道："犯了错还有理了，今天我不给你几巴掌你这脑子就不清醒。"于是就打了她。小云一气之下开门跑了出去，到了晚上九点多还没有回来。妈妈心急如焚，在周围邻居的帮助下，小云才被找了回来。但小云回到家后，任凭妈妈怎么问，她一句话都不想跟妈妈说。

当孩子向父母表现出倾诉欲望时，如果他们能感受到父母接受的意愿，更容易与父母建立良好的关系。如果将孩子比作一粒小小的种子，那么父母就是肥沃的土壤，父母表现出接受倾听的意愿，就好像接受种子在土壤中扎根、生长，呵护它长得更强壮，两者之间密不可分。每个孩子体内都蕴含着成长的能力，如果父母也像土壤一样给予孩子成长所需的营养，在孩子倾诉的时候，选择耐心倾听，也能激发孩子成长的动力。

可是很多父母不了解这一点。他们引导和教育孩子的时候，大多数表现为不接受的倾听，即使他们已经做好了倾听的准备，但若孩子说的话令他们感到不满，他们依然会用批评、说教、警告、责备的方式打断孩子的倾诉。孩子从父母的语言中感受到的是不愿接受的信息，因此感到焦躁、难过，如果父母不学会约束自己，长此以往，孩子还可能会效仿父母的做法成为沟通的破坏者。

最近，于洁的妈妈心情不好，邻居王阿姨登门拜访，她拉着王阿姨倾诉了一番："这一阵于洁也不知道是怎么回事，我每次跟她说话，说一句就被她打断一次，然后还找一些不靠谱的道理说服我，真是一点也不尊重我，我真拿这孩子没办法。"王阿姨赶快安慰道："可能孩子长大了，也想表达下自己的想法。"

  这时，于洁正好从房间出来，王阿姨借机询问她打断妈妈说话的原因。于洁说："以前我妈妈总是这样，每次跟她想说点什么事情，只要她听着不舒服，随随便便就打断我的思路，我话还没说完呢，她就开始说教，完全不尊重我，也不考虑我的感受。后来我有什么事也不想跟她说了，她要是想跟我说什么，我就以其人之道还治其人之身。"于洁妈妈听了很生气，说道："你还小，什么都不懂，我听到不对的地方当然要告诉你。"王阿姨赶忙对于洁妈妈说："你不能这么说，孩子有说的不对的地方，你也要尊重她。先听她把话说完，分析对错后再发表意见也不迟。如果没听孩子说完，就盲目下结论，将错误归咎于孩子，这样孩子以后有什么事还怎么跟你说呢？"于洁妈妈听了王阿姨的话，感到很不好意思。

  在倾听时，打断孩子说话，并按自己的观点大肆发表议论是父母常做的事情。父母认为当孩子有错，应尽快帮他指出，他才能及时纠正，否则就是不负责任。但其实，父母按照自己的喜好打断孩子的倾诉，是对孩子最大的不尊重。倾诉是孩子表达情绪的一种方式，他们倾诉的内容可能正确，也可能错误，父母不一定要完全认同孩子的想法。但是在孩子倾诉时，父母应该表现出接受的意愿，认可孩子的情绪，这样孩子才能放弃心中的隔阂，与父母畅谈心事。

  当孩子想要倾诉时，父母一定要表现出接受的意愿。当孩子感受到被接受，他便可以成长、发展，学会解决问题，从而使心灵向着更为健康的方向发展。表达接受意愿的方式有很多，除了认真倾听孩子说话，一个肯定的眼神,一句鼓励和安慰的话,都能表现出你的倾听意愿和对孩子的尊重。

父母在倾听的时候,不要应付差事,只要多给予孩子一些耐心,让他们感受到父母的真诚,孩子一定愿意向父母敞开心扉,畅所欲言。

第十节　倾听时要及时给予孩子回应

父母在倾听孩子说话时，最忌讳保持沉默，不给孩子回应。虽然这样做没有打断孩子说话，却比打断更让孩子觉得难以忍受。孩子会从父母的沉默中感受到冷漠，他们会认为父母对他们说的事情完全不关心，时间一长就会失去倾诉兴趣。

孩子因为年龄小，想法和行为是直接联系在一起的。心里想着什么，在行为上就会表现出来。如果他们在倾诉时感受到父母的关注，会更愿意与父母沟通和交流，如果感受不到父母的回应，也会做出某种抵抗性的行为。

今天艾克很高兴，他看到爸爸坐在沙发上看报纸，便兴冲冲地跑过去对爸爸说："爸爸，你知道吗？今天我和明杰赛跑，结果我跑赢了他。"爸爸点点头，眼睛一直盯着报纸。艾克问："爸爸，你听到我说话了吗？"爸爸回答："听着呢，你接着说。"眼睛仍然放在报纸上。其实明杰被公认为快跑健将，艾克为跑赢他深感自豪。他接着对爸爸说："他们说我跑不过明杰，还嘲笑我，爸爸你在听吗？"艾克等待了两三秒钟，爸爸才回应道："你说的每个字我都听到了。"但爸爸仍然不舍得放下报纸。艾克很生气，于是大声吼道："你根本没听！"爸爸说："我可以一边看报纸一边听的，你继续说啊。"艾克认为爸爸根本不想听自己说话，他气愤到了极点，哼了一声就怒气冲冲地回到自己的房间，并且还使劲关上了房门。

倾听并不是简单地接收信息。在孩子倾诉的时候，父母必须要参与其中，积极给予孩子回应，让孩子知道父母在意他们所说的话，从中找到自尊并感觉到满足，孩子才更愿意进一步向父母倾诉。有时候孩子不愿与父母交流，父母将错误归咎于孩子，认为孩子叛逆不听话等，却不知自己犯了交流上的禁忌。父母在倾听时，不能只让孩子说，而自己没有反应。说话只有像打乒乓球一样，你打过来，我打回去，话题才能顺利进行。

琪琪参加完学校举办的夏令营活动后，兴致勃勃地与妈妈分享旅途中发生的美好事情。她先将照片全部上传到电脑上，然后指着照片一一为妈妈讲解。"妈妈，你看这张，是我们吃饭时候照的，你知道发生了什么事吗？"琪琪问。妈妈说："怎么了？""这个是小雨，他出了很大的洋相。"琪琪说完笑了。妈妈问："真的吗？"琪琪："是啊，他帮我们拿饭盒盛饭，由于一次拿得太多看不到地面，一不小心被绊倒了，饭盒'哐当'一声都掉到了地上，勺子筷子也被甩了出来，太好笑了。"妈妈赶忙在一旁回应道："呵呵，这个小雨平时就爱说笑，真是太好玩了。""是啊,后来到了开饭时间,大家聚在一起吃饭,只有小雨盯着饭盒没有吃。"琪琪笑着说。"啊?他为什么不吃?"妈妈问。"因为他找不到勺子了,不知道该用什么吃饭。"琪琪说完更是笑得合不拢嘴。"然后呢?他不会用手吃吧?"妈妈问。"哈哈,他正是这么想的。正当他鼓足勇气准备下手抓饭的时候,老师给他送来一把勺子。妈妈你看,小雨的手都伸到了饭盒里,马上就要抓到饭了,还好有了勺子,否则他那手就没法看了!"琪琪说完就哈哈大笑,看样子,这次夏令营让她感到非常愉快。妈妈赶忙附和道:"是啊,还好老师给了他一把勺子。真是太有意思了。你拍得很不错啊。"琪琪听到妈妈称赞了她的拍照技术,更加开心,继续向妈妈讲述其他照片背后的故事。

琪琪向妈妈讲述夏令营发生的趣事,每当说完一句话,妈妈都会很自然地给予回应,或是做出肯定回答,才激发起琪琪更大的讲述欲望。如果妈妈在琪琪讲述的时候,只是放任她自由畅谈,而不做任何回应和补充,琪琪就不会与妈妈分享更多好玩的故事。由此看来,孩子在倾诉时,父母的及时反馈是十分重要的。

孩子有好的感受,就会有好的行为,父母给予孩子回应,让他们从心里感受到父母的关注和在乎,他们就会更愿意向父母倾诉。父母在回应孩子的时候,切记不要心不在焉,对孩子敷衍了事,也不要过多地提问和给予建议,更不要否定孩子的感受,尽量用"是吗""嗯""真的吗""是这样的啊"等表达关心的话语回应他们的感受,这样孩子就能在倾诉的过程中,整理自己的思路,更加轻松自如地与父母交流。

第十一节　多听少说，不做霸道父母

有时，父母与孩子交流，会产生矛盾或是激烈的争吵。要想避免亲子关系中发生不愉快，父母最应该做的，就是在交谈的时候尽量少说多听。少说多听并不是说让孩子在交流中占主导地位，父母只需被动地倾听，而是说父母在没有弄清楚孩子内心的真正意图之前，尽量不要强行发表自己的观点和看法，这样会因没有弄清孩子的真实想法而产生误解，从而为双方之间的沟通带来不良影响。

宇哲的妈妈是个急脾气，每次宇哲做了什么事情，只要她认为不对，还没等宇哲解释，就会对他大加责备。宇哲以为妈妈不喜欢他，都不敢跟她亲近。而妈妈也意识到儿子与自己的关系有些疏远，便将问题归咎于多年来自己一直在外地工作奔波，和宇哲沟通太少。妈妈希望找个方法缓解，于是想尽办法讨好宇哲。

一天，妈妈亲手为宇哲做了一桌好吃的饭菜，还请来几个亲戚朋友一起吃饭。可是当饭菜摆上桌的时候，大家还没有坐下，宇哲就一个人拿起碗筷大口大口地吃了起来，并且吃得津津有味。宇哲妈妈看孩子这么不懂礼貌，很生气，正准备上前责备他，好友黄阿姨及时阻止了她。黄阿姨研究过儿童心理学，对小孩子的心理颇为了解。她示意宇哲妈妈先观察一下宇哲的反应，弄清楚孩子心里到底是怎么想的再发表意见也不迟。宇哲妈妈无奈地答应了。

接着，黄阿姨坐到宇哲旁边，往他碗里夹了他最喜欢的炸鸡翅，然后笑着对他说："孩子，再来一块鸡翅，别着急，慢慢吃，可不要把你妈妈吓着了。"宇哲听到"妈妈"两个字，顿时来了兴致，他对黄阿姨说道："妈妈不会被吓着的。以前她在外地上班，我看不到她，很想她。奶奶告诉我，想妈妈就多吃点饭，吃得越香妈妈就越高兴，她就会回来看你了。所以现在妈妈回来了，我要多吃饭让她高兴。"宇哲妈妈听完十分感动，赶忙说："乖儿子，看你吃饭这么香，妈妈真的很高兴。你慢慢吃，千万别噎着。"宇哲听了妈妈的话，开心地笑了。

如果宇哲妈妈当时抑制不住冲动，责备了孩子，不但听不到孩子内心真实的想法，还可能引发矛盾。要想减少不必要的摩擦，让孩子乐于和父母亲近，父母在和孩子沟通时，要尽量选择多听。只有多听，了解了孩子的真实意图，并在理解的基础上给予合理建议，才能增加彼此的信任度，这样孩子才愿意和父母交心。

倾听孩子内心的想法，让孩子把心里的真实想法表达出来，不但能促进亲子关系，还能让孩子明白，无论遇到什么困难和伤痛，都能得到父母的支持和帮助。当父母倾听到孩子内心真实的声音，孩子能从中找到安全感，能感受到父母的关心与爱护，也就更能理解父母的苦心。

　　思彤马上就要升小学六年级了。一天，她放学回家的时间比平时晚了一些，妈妈就气愤地对她说："学习这么紧张，还不早点回家，一天就知道疯玩。"思彤说："我只是去雪莹家借了本书。"妈妈继续没好气地说："我是担心你的学习，知道吗？以后放学哪都不许去，只能回家做功课。"思彤听了妈妈的话，心里感到很委屈，立即回房间关上了房门。

　　其实在这之后，思彤妈妈也意识到自己不该不分青红皂白就训斥孩子，只是最近她工作压力太大，身心疲惫，看到孩子有什么地方做得令她不满，就会不由自主地生气。此后，这种问题更加严重，每次思彤刚说些什么，妈妈根本没有耐心听完，她总是以"赶快去做作业"为由，阻止思彤倾诉。时间一长，思彤与妈妈之间愈发疏远，每天她一进家门除了吃饭就是写作业，如果没有什么重要的事情，她都不会和妈妈多说一句话。妈妈知道自己和女儿之间的沟通出现了问题，于是寻求家庭教育专家的帮助。

　　教育专家了解了事情的原委之后，对思彤妈妈说："平时与孩子交流的时候，应该少说多听。先听清楚孩子心里真正想的是什么，然后再与孩子进行交流，这样沟通起来才更有效。"妈妈听了教育专家的建议，决定改变自己，她首先要做的事情就是当一名合格的倾听者。当思彤再向她讲述什么事情的时候，她尽量让孩子先说完，中途绝不打断，弄清孩子到底想要表达什么后，再发表自己的意见。若孩子说的话与她的意见不一致，但也是合理可行的，她也会认可。她发现，自从与孩子交流做到少说多听后，思彤跟自己有说不完的话，母女之间又亲近得像从前一样了。

或许，孩子说什么，在父母看来都是幼稚可笑的，但孩子也有自己的想法。如果父母放下姿态，认真倾听孩子说话，会激发孩子继续交谈下去的兴趣。有时候，孩子的想法虽然不成熟，需要父母的引导和纠正，但请尊重他们的话语权。对孩子少一些责备，多一些耐心，让孩子把心里的话真正表达出来，让他们感受到父母是愿意和他们交流的，他们内心的恐惧与失落感才能减少，也才会更加愿意与父母一起分享自己的喜怒哀乐。

第十二节　孩子的话也有弦外之音

很多时候，父母和孩子交流，孩子不但不领情，还会跟父母唱反调，父母为此颇为烦恼，于是对孩子大加责备。其实，不是孩子故意与父母作对，而是双方的沟通出现了问题。

亲子沟通可谓是一门高深的技术，不是随便聊聊天说说话那么简单。如果孩子说了什么心口不一或是无厘头的话，父母没有听懂他们的话外之音，就理解不了他们的真正意图，也就很难与孩子进行下一步交流。

牛牛今年四岁半，已经上幼儿园中班了，他每天从幼儿园回来后，总要在奶奶的陪同下到旁边的小广场和同班小朋友玩一个小时。一天，牛牛从幼儿园放学后一直在小广场玩，到六点都没有回家。妈妈找到牛牛后对他说："牛牛，我们走吧，该回家吃饭了。"当时，牛牛正在和同班的萱萱开心地玩玩具，听妈妈要带他回家，立即说道："我才不喜欢在外边玩玩具呢。"当时妈妈没有在意，还附和了一句道："对，咱们回家再玩。"

第二天，牛牛仍然在外边玩得兴高采烈，不愿回家。当妈妈在小广场找他的时候，他仍然放下手里的玩具，说了声："我才不喜欢在外边玩呢。"这一下，萱萱不愿意了，她以为牛牛不喜欢跟她一起玩，气得哭了起来。牛牛妈妈很担心，赶快安慰萱萱，并转身指责牛牛："你怎么能这么说话呢？快点跟萱萱道歉。"牛牛嘬着嘴，一声不吭。这下妈妈气坏了，她代牛牛向萱萱道了歉，把牛牛拉回家就是一顿批评，牛牛感到很委屈，大声哭了起来。

这时，爸爸回来了，看见牛牛哭得双眼通红，便问妈妈发生了什么事。妈妈说："萱萱和他在外边玩，他走的时候居然说自己不喜欢在外边玩，弄得萱萱不高兴，真是不懂事。"牛牛立即反驳道："我没有。"妈妈更生气，还想再说些什么，这时爸爸说道："可能孩子不是这个意思，是不是你没有听懂他的话外之音呢？"妈妈一脸惊讶地问道："话外之音？"爸爸说："是啊，孩子在玩得兴致勃勃的时候，大人喊他回家让他中断游戏，他心里肯定不乐意，但是又不能表现出来，只能说那样的话发泄怨气。这说明他不是不想玩，而是太想玩了。"经过爸爸的解释，妈妈恍然大悟，原来是自己没有理解孩子的真正意图，才弄出这么大的误会。

父母在与孩子沟通时，除了认真倾听他们说话之外，还要善于捕捉他们的弦外之音。有些父母会感慨，孩子话中有话，是不是一种虚伪的表现。其实孩子有时候不愿直接说出自己的意图，只是认为有些话没有必要说出来，或是这些话触痛了他们的内心，他们不愿说出来罢了，但他们还是非常希望倾听者能弄明白自己心里的真实想法。换言之，孩子是在用另外一种方式向父母暗示自己的想法，期待父母能察觉自己的内心。如果父母拿出一点耐心，用心观察，注意孩子说话的声调、语气或是姿势的变化，便不难发现孩子的微妙变化。

小悠的妈妈虽然不是儿童教育专家，却十分了解孩子的心理，每次和小悠交谈的时候，她总能通过小悠的神情、说话时语音语调的变化捕捉到她的弦外之音。因此，小悠和妈妈的关系特别亲近，有了什么事情也很喜欢向妈妈倾诉。

最近，小悠妈妈一个很好的朋友张阿姨从国外回国探亲，妈妈邀请她到家中做客。周末，张阿姨带着她的儿子袁浩如约而至。由于很长时间不见，妈妈和张阿姨聊得特别开心，她们的话题不停变化着，很快就转到袁浩身上。张阿姨说袁浩既聪明又懂事，除了学习成绩优秀外，还利用课余时间学会了多项技能，比如钢琴、手风琴、跆拳道，等等，还获得过不少证书呢。小悠刚开始的时候还羡慕不已，不停地问东问西，后来就低头默不作声了。

等张阿姨和袁浩离开之后，妈妈正想跟小悠聊一聊，还没等她开口，小悠就说道："袁浩的确既聪明又懂事，我们谁都比不上他。"妈妈听了小悠的话，想了想，立即意识到她这是话里有话，今天大家都在夸奖袁浩，没有考虑她的感受。于是妈妈说道："袁浩确实聪明懂事，可是你也一样啊。你看你学习成绩那么棒，还会跳舞，关键是你和妈妈最贴心。"小悠听妈妈这么一说，黯淡的目光立即变得明亮起来，高兴地说："哇！原来我在妈妈眼中这么棒，我要一直做妈妈贴心的小棉袄。"

妈妈再次肯定道:"是的,你是最棒的。"小悠开心得嘴都合不拢了。之后,她向妈妈坦白道:"妈妈,其实刚才你们夸赞袁浩的时候,我很妒忌他,我知道这是因为我心胸不够宽广,以后我一定改正。"妈妈听了小悠的心里话,感到很欣慰。

孩子不想与父母交流,大多是因为父母没有了解孩子的弦外之音。当孩子话中有话的时候,父母千万不要给孩子扣上不够真诚坦率的帽子,而要理解他们所说的真实含意,这样才算是一个合格的倾听者。如果父母认为自己很难听明白孩子的弦外之音,那么不妨换个方式,站在孩子的角度思考问题。只要多进行换位思考,用心体会孩子当时的处境,一定能够理解孩子的真正意图,让孩子与你坦诚相见。

第六章　引导孩子从侧面意识到自己的错误

第一节　让孩子学会反思

孩子由于心智尚未成熟,加之经历欠缺,难免会犯错误,父母发现孩子做了错事,通常会直截了当地指出他们的错误所在,并责令他们改正。但用这种强迫式的方式效果并不好。用引导孩子反思自己的问题的方式,反而会得到意想不到的结果。

　　四岁的艾文看见小金鱼在水里游来游去,尾巴不停地摇摆,十分有趣,就想把这些小金鱼捞出来放到地上,看看它们有什么反应。艾文立即拿来渔网,在鱼缸里边胡乱搅和了一通,把好不容易捞出来的小金鱼一下子就扔到了地上。金鱼突然间离开了水不能呼吸,在地板上不住蹦跳。艾文见到这种情景,觉着十分有趣,一边拍手一边说道:"真好玩,真有意思!"

　　妈妈听到艾文的欢呼声,意识到他干了"坏事",赶快从房间里跑了出来。当她看到眼前的一幕,一下子就火了,大声对艾文吼道:"你这个小坏蛋,瞧瞧你干的'好事'。小金鱼离开了水就会失去生命,你不该把它们捞出来,赶快放到鱼缸里边去。"妈妈责备了艾文一通,语气很严厉。艾文起初吓了一跳,但并未按妈妈说的做,依旧欣赏着地上蹦跳的小金鱼。

妈妈见自己的责备没有奏效,找来正在做饭的爸爸教训儿子。爸爸从厨房走出来,蹲在艾文身边问道:"艾文,你在天气炎热的时候会觉得口渴吗?"艾文说:"会啊。"爸爸说:"那你有什么样的感觉呢?"艾文说:"很不舒服,嗓子难受。"爸爸说:"没错,人在缺水的时候,嗓子会不舒服,还会感到难受,而小金鱼和你一样,没有水喝的时候,也会难受得不得了。现在,你把它们都放到地上,让它们喝不着水,他们是不是非常难受?"艾文听了爸爸的话,好像在思考着什么。爸爸继续说道:"鱼和我们人类的生存环境不一样,我们离不开空气,而它们离不开水,如果将它们暴露在空气里,它们就会死的。你看,它们现在拼命在地上蹦跳,不是因为它们高兴,而是它们太难受了。"艾文听后,若有所思地说:"爸爸,小金鱼真的很不舒服,是我错了,我不该把它们扔到地上。小金鱼不能死,因为我喜欢它们,我现在就把它们放进鱼缸里。"说着用双手把小金鱼捧回了鱼缸。看着鱼儿又自由自在地在水里摆动尾巴,艾文似乎松了一口气。

孩子到了一定年龄会具备一定分辨是非的能力,并且也能在一定程度上感知羞愧。如果孩子做错事,父母能合理引导孩子反思,必然能帮助孩子找到基本的荣辱心,他们会知道什么是该做的什么是不该做的。

其实,每个人都会犯错,大人如此,更不用说孩子。有时候,大人之所以认为孩子犯错是十分可气的事情,是因为他们在用大人的眼光看待孩子。就好像上述例子中讲到的,孩子把金鱼放到地上,只是出于好奇,而大人则将这看作难以相信的事情。如果没有爸爸的耐心引导,孩子不会进行反思,同时也难以发现自己的错误。假设当孩子一犯错,父母就强行让孩子改正错误,却不去引导他们反思错误,虽然时阻止了错误继续,但难保日后不会再发生类似事件。

反思错误对于孩子来说很重要,父母一定要重视并引导孩子学会反思。父母应该知道,随着时间的推移,孩子终究会长大成人。而对于一个优秀的人来说,具有反思错误的能力是十分关键的。因为只有意识到自己的错误,才能在精神上独立,才能区别于他人。一个人学会反思自己,就好像一个英勇无畏的登山者,在攀登的同时还能意识到自己的不足之处,这样他才不会满足于现状,而会不断进取,向最高的山峰冲刺。

浩辰上初中的时候,由于家里经济条件不好,便被父母送到乡村一所学校读书。刚刚来到乡村的浩辰,人生地不熟,加之无法适应艰苦的环境,于是和父母发生了有史以来最激烈的争吵。在父母返回居住地的时候,浩辰气愤不过,就在纸条上写了一句话"我真后悔做你们的儿子",然后悄悄塞到了父母的包里。父亲回家后看到字条,不但没有生气,反而给浩辰写了一张纸条托人送了过去,上面写着"做谁的儿子与一个人将来的成就没有任何关系"。

刚开始的时候,浩辰看到字条并不明白其中的含义,经过一番认真思考,他恍然大悟,并为自己之前的行为感到后悔。他是这样反思自己的:每当自己觉得生活不如意的时候,就抱怨父母为什么不多挣点钱,给自己一个安稳的生活,如果他们能再努力一些,再上进一些,自己的生活就不会是现在这样穷苦悲惨。自己这样想，无非将一切错误归咎于父母，却理所当然地认为自己是完全正确的，这就好像让法庭判父母有罪，而承认自己清白一样，这是不公平的。其实，自己将来的成就是高是低，确实与做谁的孩子没有关系，不论自己出生在贫穷还是富裕的家庭，只依靠父母而不靠自身的努力，无论如何也不会成为一个有出息的人……

父母简单的一句话，就触动了浩辰内心最柔软的地方，让他深深地自我检讨，并清楚地意识到自己的不足，那就是太以自我为中心了。此后，浩辰从自己狭隘的思想中跳出来，遇到问题勤于思考，并从自己的身上找不足。很快他就像是变了个人似的，不但学习成绩有所提高，也得到周围同学的信任和喜爱，并且他也更加理解父母生活的艰辛与不易，不再与他们争吵，而是发自内心地关心他们。

有时候，孩子做错事，往往会将错误归咎于父母，而对于父母来说，自己的孩子有了错误，他们也觉得难辞其咎，于是便尽全力替孩子承担后果。尽管孩子犯错在很大程度上跟父母引导不当脱不了干系，但父母将错误完全大包大揽，则会让孩子觉得做错了也没关系，长此以往会失去责任心。

孩子有错，父母先别急着指责，可以先用冷静的态度平复自己的情绪，然后从侧面引导孩子自我反省。父母在教育孩子的时候，要将正直、善良、乐观的情感灌输给孩子，这样才能塑造孩子美好的心灵。当孩子受到正面情感的冲击，体验到羞愧与自责，这些感觉在他们心里会留下深刻的印象，更会促使他们不断自我反思，分辨对错。

第二节　给孩子发泄的机会

当孩子因为情绪不佳、气愤、不满而哭闹的时候，多数大人会感觉烦躁不已，于是说出"别哭，再哭就把你关到小屋里"或是"再哭我就打你了"之类的话。这种语言虽然制止了孩子的"坏脾气"，但却未起到缓解作用。

其实，每个人遇到不开心的事都会闹情绪。成人心理承受能力强，也想找个机会发泄，更不用说心无城府的孩子。孩子发脾气，大多因为他们的需求没有得到满足。另外，他们年纪尚轻，心智不够成熟，不可能像成人一样可以自我开导，也就不可能很快调整好自己的心态。如果长时间不能宣泄情绪，而是将其深埋起来，会对孩子的身体和心理造成不良影响。

小哲已经三岁了，但他一年里的大多数时间都跟妈妈待在一起，只有到了节假日，爸爸才能在他身边陪伴，因为爸爸的工作地点在另一个城市，不方便经常回来。平时，小哲的妈妈对小哲管教特别严厉,该他做的事情会让他去做,不该他做的坚决不会妥协。妈妈之所以对他要求如此严格,是因为她担心小哲长期和女性生活在一起,潜移默化受到影响,长大后会缺乏男子汉气概,她希望未来的小哲是独立而坚强的。

小哲刚会走路的时候没少摔跤,可是每次妈妈都不会去扶他,而是鼓励他自己站起来。如果小哲摔得重了,大哭起来,妈妈会立即说:"不要哭,你是男子汉,可不能随便掉眼泪。"但小孩子疼痛的时候,哪管那么多,他仍旧哭。接着,小哲的妈妈就会十分气愤地说:"不要哭了,再哭我真生气了。你是个男孩子,如果轻轻摔这么一下都受不了,以后怎么做大事?把眼泪收起来!"小哲见妈妈生气了,感到害怕,于是不敢放声大哭,只得轻轻抽泣,再过一会儿就安静了。妈妈认为自己的男子汉培养法见效了。

可是,当孩子越来越大的时候,妈妈感到困惑了,她觉得自己分明已经把小哲训练成了男子汉,可小哲却在很多方面表现得很懦弱。例如他三岁的时候上了幼儿园,每天不停地哭,开始妈妈认为他刚到一个新环境,有个适应过程也正常。可是一个多月过去了,其他新入园的孩子都已经和老师、小朋友亲近了不少,大家玩得很愉快,可是小哲依然一进幼儿园大门就哭。老师安慰他不管用,小朋友跟他玩他也不理不睬,就连饭都吃不下去。老师问他为什么哭,他说想妈妈了。此时,小哲的妈妈仍然采取男子汉教育法,任凭其哭泣也不妥协,每天坚持送孩子到幼儿园。后来小哲因为哭得厉害得了哮喘,妈妈没办法,只好每天让他上午去一会儿幼儿园,吃过午饭就接回家,自己的工作也受到了影响。不仅如此,小哲的身体越来越差了,现在稍微受到风吹日晒就生病,妈妈为了照顾他,每天疲惫不堪,再不敢用男子汉教育法对待他了。

小哲在妈妈男子汉训练法的培养下,不但没有变坚强,反而愈发脆弱,这是因为情绪长期受压制,没有机会宣泄。对于一个幼小的孩子来说,哭是宣泄情绪最好的方式。然而小哲的妈妈为了培养其男子汉气概,强行剥夺了孩子哭的权利。当小哲摔倒了,感到疼痛的时候,他会大声哭泣,因为疼痛是一种真实的感觉。可是每当妈妈以"男子汉不该觉着痛"的说法否定小哲的感觉,小哲担心妈妈生气,只得强行将情绪收起来,时间一长,他就怀疑当初的疼痛感是否真实了。

其实孩子的哭声虽然被压制了,但内心不好的感受依然存在,等到下次再碰到这样的事情时,他依然会哭,因为尽管在哭泣的时候会遭受妈妈的责备,但这在孩子眼中也是一种关注。为了更多地引起妈妈的注意,孩子就会依赖哭泣,这种行为一旦形成习惯就很难改变。

很多孩子为什么会有心理疾病或者是性格不招人喜欢,就是因为他们平时遇到事情的时候,没有及时发泄情绪,因此会感到郁闷、委屈,对周围事情持怀疑态度。可见,孩子在成长路上会遇到很多事情,父母一定要认真观察并保持耐心,看到孩子发脾气尽可能地给他们机会,给他们时间,让他们在合理的条件下尽情宣泄,只有这样,孩子才能快乐健康地成长。

雨萱是个十分淘气的女孩子,她经常像小男孩一样登高爬低,上蹿下跳,让妈妈费心劳神。一次,雨萱和同住一个小区的小伙伴一起玩传球,球好不容易传到她这边,她还没拿稳,就被旁边的小朋友童童一把抢了去。雨萱脾气倔强,哪能就此善罢甘休。她怒气冲冲地走到童童面前,伸手准备把球抢回去。结果球没抢到,反被那个小朋友用力推倒在地上。雨萱这一摔倒,再也忍不住了,坐在地上放声大哭,这哭声中有委屈也有疼痛。一旁的邻居都劝雨萱的妈妈说:"快抱起孩子吧,别让她哭了。"妈妈走了过去,坐在雨萱旁边,轻轻把她抱入怀里说:"好孩子,想哭就哭吧,妈妈在这陪着你。"这时雨萱哭得更肆无忌惮,边哭边说:"童童坏蛋,我不喜欢他了,以后再也不跟他玩了。"大约过了十分钟,雨萱慢慢平静下来,她擦了擦眼停止了哭泣。这时候妈妈问她:"雨萱,童童刚才不是故意的,你现在还和他玩吗?"雨萱思考了一下,就好像哭过之后已经忘记之前发生了什么一样,又和小伙伴们高高兴兴地玩了起来。

为了避免孩子被不良情绪困扰,父母最需要做的不是用过激的语言或行动阻止他们,而是给予其机会,让他们适当地宣泄情绪。等孩子将情绪全部释放之后,父母会发现孩子心情平静了不少,之前还不太理解的事情,一下就能够看明白了,而且还变得更为宽容,心胸更为坦荡。

第三节 用故事影射孩子的错误

有时候孩子犯了错,父母如果直接指出,并责令其改正,效果往往不是很好,如果换一种方式,从侧面教育孩子,孩子可能更容易意识到自己的错误。

让孩子从侧面认识错误的方式有很多,故事教育法就是其中的一种。对于大人来说,运用这种方式教育孩子是简单轻松的,他们只需将孩子身上出现的错误用故事的形式再现,无须责备、生气,孩子会自行领悟。而对于孩子来说,这种方式新鲜有趣,也是他们比较愿意接受的。

故事教育法的作用多种多样,首先它可以用摆事实、讲道理的方式激励孩子。有时候,父母在孩子身上发现一些问题,但由于这些问题并非具体化的,无法用一两句话解释清楚的时候,可以用相同类型的故事或例子比喻,使孩子受到教育。

上小学五年级的吴洋最近有些没精打采,干什么事情都提不起精神来。爸爸问他发生了什么事,他总说没什么,就是觉得自己太笨，不想学习。于是爸爸问吴洋："你知道科学家牛顿吗？"吴洋说："当然知道。"爸爸说："别看牛顿是一名伟大的科学家，可他小的时候学习成绩也不怎么好。我来给你讲讲他的故事吧。"吴洋一听爸爸要讲故事，就认真听了起来。

爸爸说："牛顿小时候出生在乡村，后来去城里念书。但因为那时候他学习成绩不好，所以在同学之中很不受欢迎，尤其受到一个成绩优秀的孩子的歧视。一天，这个学习好的孩子故意找茬将牛顿打倒在地。虽然平时牛顿总是忍让，可这次不一样了。这一打，似乎把牛顿的斗志激发了出来，他就想：'你凭什么打我，是因为你成绩比我好，还是身体比我强壮？我可不能再被别人小瞧了，这次一定要赢了你。'于是他站起来就和那个孩子扭打在一起，最终那个孩子被牛顿逼到墙角动弹不得，牛顿赢得了胜利。从那以后同学们都知道牛顿是个勇敢的孩子，没有人敢再欺负他。而牛顿自己呢？通过那次打架事件，似乎明白了一个道理，那就是人只要有勇气，不认输，敢拼搏，就一定能成功。后来他每天刻苦学习，发愤图强，遇到困难也不肯放弃，最终功夫不负有心人，他取得了全班第一的好成绩。"

吴洋听完故事，似乎意识到自己也和之前那个被人欺负的小牛顿一样，不是自己不行，只是还没有拿出勇气和拼搏精神。此后他不再没精打采，而是认真学习，虽然学习成绩没有像牛顿那样名列前茅，但也取得了不小的进步，还获得了老师颁发的特殊进步奖。

其次，故事教育法可以启迪孩子的心智，让孩子通过一些富有哲理的故事，改变自己的坏脾气和不良个性。人们常说当局者迷，旁观者清。孩子作为当局者，自然对自己的脾气和个性充满着迷茫和不解。作为旁观者的父母，虽然清楚地知道孩子的问题所在，但有时直接讲出来会伤害孩子的自尊。如果用富有哲理的故事间接表达某种意图，既诙谐幽默又委婉动听，孩子在感觉风趣的同时能不知不觉地领悟到其中的寓意。

可可从小聪明伶俐，自从他上了小学，不仅学习成绩名列前茅屡屡受到学校表彰，在特长方面也优异于其他同学。他画的国画经常被贴在学校的展示栏里，被来往的家长和学生参观。他还会跳舞、唱歌、拉小提琴，经常被老师选为班级代表参加学校的文艺演出，还收获了不少奖杯和奖状。在老师面前他是个优秀的学生，在同学面前，他是个值得学习的榜样，所以，可可不免有些骄傲自满，开始飘飘然起来。爸爸发现了儿子的问题，想找机会教育他一下。

一天，爸爸带可可到公园散步，两人坐在绿油油的草坪上，望着蓝天，感觉无比轻松惬意。这时候爸爸说："可可，爸爸给你讲个故事吧，这个故事很有意思。"可可迫不及待地想听故事，于是爸爸开口讲道："这个故事的名字叫'空杯的心态'。一天，一名大学教授给他的学生上课，他先拿起一个透明的杯子，用一些大石子将杯子装满，接着问学生：'你们看杯子装满了吗？'学生看到杯子确实被大石子填得满满当当的，于是回答说：'装满了。'教授没有说话，接着又拿出一些小石子往杯子里放，这些小石子很快就填补了大石子留下的空隙。这时，教授又问：'杯子满了吗？'学生们看到杯子已经被大小石子装满,于是回答:'满了。'"

可可开始没明白爸爸讲这个故事的用意,只觉得很有意思,就问爸爸:"爸爸,到底满了吗?"爸爸说:"我再接着给你往下讲,一会儿你就知道这个杯子满没满了。教授还是没有说话,他又拿出一些细小的泥沙往杯子里放,用来填补小石子留下的空隙,接着又往杯子里灌了半杯水,又问同学说:'这次杯子满了吗?'这回,同学们不敢随便回答,而是个个睁大了眼睛认真观察,等他们确定杯子已经被塞得满满当当,确实没有一点空隙了,便回答说:'满了。'这次教授依然不动声色,他又拿出一把盐洒进了被装得满满的杯子里,再次问道:'同学们,杯子装满了吗?'这次,再也没有学生敢轻易回答了,因为他们也开始觉得这个杯子不是那么容易装满的。"

爸爸问可可:"这次,你认为这个杯子装满了吗?"可可思考了一下说:"哎呀,爸爸,这我可说不好!要是这么看的话,这个杯子是装满了。"可可停顿了几秒钟又说道:"可是,每次那些学生说装满的时候,教授都能再往里边倒些东西,他太神奇了,所以我就猜没有装满吧。"爸爸说:"嗯,可可猜对了,这个杯子没有装满。不过这不是因为教授神奇,而是人心很神奇。人的心态就好像这个杯子一样,只要一直认为它是空杯,就能不断容纳和吸收东西。也就是说,我们只有心胸宽广,不骄傲不自满,才能接纳和包容这个世界,才能学到更多对我们有益的知识。"

通过这个故事可可明白,人要是骄傲自满就会停止进步,只有谦虚谨慎,才能不断进步。此后他渐渐改掉了骄傲的毛病。

一个有智慧的妈妈或爸爸，在发现孩子错误的时候，不会指责，也不会生搬硬套讲一堆大道理，而是会给他们讲述一个意义深刻的故事。通常来说，故事简单易懂，情节具有推动性和发展性，容易引人入胜。当孩子听完故事，会不由地与自己对比，并渐渐改善自己的不足之处。

第四节　说教和强迫，不如摆事实讲道理

遇到孩子不听话的时候，大多数父母会选择强迫和说教。这种方式可能一时会起作用，但却很难让孩子信服，等日后孩子忘记强迫带来的畏惧感，还会犯同样的错误，家长只好不断说教，不但自己头疼不已，也会让孩子更加困惑。

浩浩是个特别淘气的男孩子，不仅登高爬低，还跑得特别快。每天，妈妈一带他出去玩，他就使劲往前跑。妈妈担心小区里突然开出的车碰到他，就在后面边追边说："浩浩，别跑那么快，小心周围有车出来。"浩浩不但不听，还加快了跑步速度。妈妈很生气，一个箭步冲上去揪住浩浩，劈头盖脸就是一顿骂："浩浩，你实在是太不听话了。你知不知道，小区旁边停了好多车，说不定在你不注意的时候哪辆车就开出来了。你这么小，还没有车窗高，司机根本就看不到你，万一被撞到多危险啊。来，牵着妈妈手好好走路。"浩浩听完妈妈的

话，不解地问："妈妈，我被车撞了会流血吗？"妈妈说："当然。""那胳膊会断吗？"妈妈说："还不止呢，如果撞得厉害，以后你就看不到妈妈了。"浩浩说："那我去医院，医生给我打针，我就好了。"妈妈更加生气地说："浩浩，你的命只有一条，要是被撞死了，去医院也没有用。"浩浩虽然经常听死这个字，但对死的真实状态似乎并不理解，所以他继续跟妈妈说："那我就不流血，好吗？"浩浩越是问妈妈，妈妈越认为浩浩无理取闹，于是恼羞成怒地对浩浩说："我说在这不能跑就不能跑，你要再胡说八道我就打你。"浩浩被吓到了，大哭起来，边哭边牵着妈妈的手走。可是下次他再出来，早就忘了妈妈之前说的那些可怕的话，依然快速向前跑。

浩浩妈妈的说教为何不起作用，原因在于她的说教太直白，缺少画面感，所以孩子感受不到其中的严重性。我们常说要阐明一个道理，一定要有理有据。作为父母，毕竟年龄大，经历丰富，因为知道其中的道理，所以会用来教育孩子，强行要求孩子执行。而孩子也是有独立思想的个体，在缺少能表明自己这样做确实不可以的实际证据下，他们是无法体会那种危险的感觉的，因此这种教育方式难以达到预期的效果。如果父母想使自己的话让孩子完全信服，必须要把事实展现在孩子眼前，让孩子自己体会、感受，他们自然会明白父母所说的道理。

魏茸虽然是个女孩子，但在父母眼中她简直比男孩子还淘气。她每天在家的时候，不是把床当成蹦蹦床，在上边跳来跳去，就是悄悄跑到厨房拿起削皮器，学妈妈的样子削土豆皮，要不就是用手指抠电插板。每当魏茸做这些危险动作的时候，父母都吓得心惊肉跳,赶快跑过去制止,虽然话没少说,但效果甚微。

一天,魏苒又用小手去抠写字台上的电插板,妈妈见了狠狠打了她小手一下,告诉她:"苒苒,触电是很危险的事情,妈妈已经跟你说过多少遍了?"魏苒却说:"妈妈,这个小孔很有意思啊,我可没发现有什么危险。"妈妈觉得自己仅仅口述电的危险性不够直观,如果能让魏苒亲眼看到触电引起的严重后果,效果可能会更好。于是她打开电脑,在网络上搜索到一个关于安全用电的教育视频,然后把魏苒叫来一起观看。

视频里先讲述了一些日常生活用电的常识及注意事项,后边展示了不安全用电给人造成的伤害。视频上演了一个小男孩在看电视的时候睡着了,电视因为开得时间太长无法释放热量引发火灾,使男孩的一家三口都受了伤;某学校一女生宿舍学生因为用电热棒烧水后未能及时拔下电源,造成全宿舍四名花季少女全部葬身火海;还有一个孩子在外边放风筝,由于线太长不小心缠到了高压电上,小孩触电而亡……

这些情景一幕一幕出现在魏苒眼前,让魏苒胆战心惊。她不禁深吸了一口气说道:"妈妈,电好可怕啊,它真的能把人电死啊。"妈妈说:"那当然,电很危险的。以前妈妈说话你不信,现在你亲眼看见总该信了吧?以后一定要离有电的东西远一点,知不知道?"魏苒赶快点点头,说道:"妈妈,我好害怕电啊,我再也不乱碰电插板了。"

俗话说:"事实胜于雄辩。"一个人说得再好也不如摆出一个真实的事例。而教育孩子的道理也一样,父母说教得再多,也不如将事实摆在孩子面前。美国著名教育学家杜威说:"教育不是一件'告知'和'被告知'的事情，而是一个主动性和建设性的过程。"这就是说，父母讲道理是"告知"，而孩子听道理是"被告知"，其结果往往是恶劣的。而用摆事实的方式教育孩子，孩子才能被说服，才能主动改变自己，让自己越来越好。

不过，父母在给孩子摆事实的时候也要注意安全，对于一些危险性的东西，没必要亲身示范，可以借助图书和影像资料呈现给孩子。再者，父母将事实摆了出来，孩子一旦明白了其中的意图，父母就算达成了目的。千万不要借题发挥，没完没了地责备孩子，孩子的逆反心一旦被激发出来，父母之前所做的努力就白白浪费了。

另外，父母在举例说明的时候一定要以实事求是为原则，不能带有夸张或夸大的成分。如果父母有一次夸大其词被孩子揭穿了，父母将很难再让孩子信服。

第五节　用暗示法教育孩子

当父母发现孩子犯了错误，与其直截了当地批评，不如采取一种孩子更为喜欢、更乐于接受的教育方式，那就是暗示。暗示是一种无声的引导，是一种润物细无声的方法。暗示法与直接指出错误的区别在于，它是用自己的行为或其他人的行为间接告诉孩子该怎么做而不该怎么做。这就好比，到了睡觉的时间，与其直接告诉孩子该睡觉了，不如做出睡觉的行为，孩子往往会意识到这样做是对的，并更加认同你的说法。

西西已经上小学三年级了，在老师和家长眼中她是一个十分乖巧懂事的孩子。但是因为一件小事，妈妈从中发现了西西的不足之处，于是用暗示法帮助她改正了错误。

事情是这样的。一天，妈妈带西西去动物园参观，她们出行的交通工具是公交车。当天乘坐公交的人不是很多，西西上去很快找到了一个座位，但没过几站，座位就被坐满了。一会儿又到了一站，上来一位白发苍苍的老人，正好站到西西旁边。

妈妈心想，西西一向尊老爱幼，一定会给老爷爷让座吧，但没成想，西西却无动于衷。妈妈不想在众人面前指责西西，也没有对她生气，而是希望西西主动让座。这时，坐在西西斜对面的年轻女孩站起来把座位让给了老人，西西的妈妈没有说话。此时，妈妈没有让这件事就这么过去了，而是在找一种更为合适的方式来教育西西。

两人到达动物园后，西西兴奋不已，立即飞奔过去。她左瞧右看，眼睛都不够使了。这时候，一群猴子吸引了西西的注意，她赶快牵着妈妈的手说："妈妈，瞧那群猴子跳来跳去，多有意思，我们快过去看看吧。"妈妈说："是啊，它们真的很有意思，而且还很讲文明懂礼貌呢。"西西不解地问："为什么啊？"妈妈说："你瞧瞧，那只小猴子就是这样，今天天气多热啊，小猴子明明可以在树荫下乘凉，但看到老猴子过来后，就让出了自己的宝地，这不是讲文明懂礼貌吗？"西西向树荫下一看，果然小猴子蹲在太阳下，老猴子在树下乘凉，她不禁感慨："哎呀，猴子真不一般啊。"说完这句话，她突然想到刚才在车上没有给老爷爷让座的事情，便不好意思地对妈妈说："妈妈，刚才我们坐车的时候，有一位老爷爷站在我旁边，但是我没有给他让座，这样是不是不讲文明礼貌啊？下次我得改正错误。"妈妈听西西这么说，露出了满意的微笑。

世界著名教育家苏霍姆林斯基曾说："任何一种教育现象，孩子在其中越少感觉到教育者的意图，它的教育的效果就越大。"父母面对孩子的错误，最好不要直接用语言表达自己的观点，而应采取迂回政策，以其他事情为例，将自己的观点巧妙地包含其中，让孩子自己领悟出自己的错误。由于这种领悟的环境是和谐的、没有纷争的,孩子不会感到厌恶,也更容易接受。

父母要尽量避免对孩子使用那些严厉谴责或是命令式的词汇,例如:你必须要怎样,你应该怎么样,你不怎样就不是好孩子等。而要用一种无声而又细腻的方式,逐渐让孩子意识到错误。就好比我们小时候都有过这样的经历,如果老师在讲课的时候,我们左顾右盼,老师通常会一边讲课一边向我们投来目光,尽管老师没有直接批评我们,但我们很快就能意识到自己的错误,从而集中精力听课。

人在表达观点或传递信息的时候,不只有语言一种方式,有时候一个表情、一个动作、一个眼神、一个场景,或是给他们寻找一个榜样,都能给孩子以暗示,让孩子意识到自己的错误。

在央视主持少儿节目的鞠萍,可谓家喻户晓的人物。儿子翼遥由于妈妈知名度的影响,加之长辈们的无限宠爱,进入小学后就变得不服管教,不管老师说什么,只要他觉得不对,就跟老师对着干。老师很无奈,只得寻求鞠萍的帮助。鞠萍听完老师的讲述,气得不得了,真想狠狠骂儿子一顿。不过当天她回到家什么都没说也没做,而是冷静地思考着另外一种教育方式。

一天,儿子放学后,她带儿子去逛商场,并专门来到了卖玩具的柜台让儿子挑选。儿子对变形金刚尤其喜欢,迫不及待地跑了过去说:"我就要这个。"儿子会挑选变形金刚,也是鞠萍意料之内的,于是她开始了暗示教育。鞠萍说:"商场里玩具那么多,你为什么就选变形金刚呢?"儿子回答说:"因为我喜欢它啊。"鞠萍笑了笑说道:"没错,变形金刚是大家都喜欢的玩具，因为它勇敢、正义、聪明，只帮助别人不给别人找麻烦，你说是不是？"儿子看着妈妈，不解地点点头。鞠萍接着问："儿子，我觉得你很聪明，很可爱，可是你能不能像变形金刚那样做一名真正的男子汉，不要惹老师生气呢？"听到这些，翼遥的脸一下子红了，他意识到了自己的错误。

鞠萍和老师见面之后，之所以没有立即责备儿子，是因为她知道处于这个年龄段的孩子都有逆反心理，父母一旦选择的教育方法不当，便可能助长孩子的逆反心理，令其做出更为出格的举动。因此她选择用变形金刚为榜样，间接向儿子说明惹老师生气不是男子汉的作为。而儿子通过这件事也清楚地意识到自己的错误，就这样轻松地接受了教育。

可见，对于孩子来说，暗示教育法能使他们在不知不觉中受到影响，行为发生无声无息的改变。因此，如果孩子有错，父母不能单纯地激励，让他们看不清事实，也不能责备打骂，这样更会起反作用，巧妙地运用暗示法，则会达到出乎意料的效果。

第七章 督促孩子跟坏习惯说再见

第一节 卫生习惯至关重要

在日常生活中，经常会看到有些孩子长得俊俏，穿着价格不菲的衣服，但嘴角总挂着饭粒菜叶，鼻涕抹在脸蛋上，袖口和裤子上油渍斑斑；还有学校里的学生，饭后满地乱扔纸屑果皮等，不剪指甲、喜欢留长发、不经常洗澡等，不但影响了个人的精神风貌，还破坏了校风校纪。孩子的这些行为，归根结底是因为没有养成良好的卫生习惯。

卫生习惯看似是一件小事，却能给孩子的一生带来巨大影响。

俗话说"病从口入"，如果一个孩子没有良好的卫生习惯，饭前不爱洗手，饭后不喜欢刷牙漱口，那么他很可能比那些有良好卫生习惯的孩子更容易染上呼吸道疾病以及口腔疾病等。孩子的抵抗能力比较差，如果不注意卫生，直接影响个人身体健康。可见，从小培养孩子的卫生习惯，是保证孩子健康的必备条件。

另外，从小培养孩子的良好习惯，特别是卫生习惯，会让他们受益终生。我国著名教育家叶圣陶先生曾说："什么是教育？简单一句话，就是要养成习惯。"从小对孩子进行习惯培养，特别是容易被忽视的生活卫生习惯，对孩子日后生活的方方面面都具有重要意义。孩子一旦养成良好的卫生习惯，会有很强的自制力和自我约束力，他不会轻易乱扔东西，不会把饭桌弄得一片狼藉，即便是读书写字时，也会保持书本和字迹的干净整洁与工整，这不但能让他自己感受到身心快乐，也为他人形成良好的卫生习惯树立榜样。

既然保持良好的卫生习惯对孩子如此重要，那么父母应该怎样帮助孩子树立这一习惯呢？

首先，家长要起带头作用，为孩子树立榜样。

俗话说，"父母是孩子的第一任老师"，凡事应该起到带头作用，特别是在培养孩子的卫生习惯上，也应该从自己做起，成为孩子效仿的楷模。家长做事有规律，饭前洗手，饭后擦嘴，睡前洗脸漱口，衣服叠放整齐，不乱扔废物等，再要求孩子做这些，孩子自然而然就会跟随模仿。

当然，父母在提卫生要求前，也要考虑孩子的年龄特点和真实情况，不要要求过高或是过低，还要给予孩子耐心，先让他们知道做到什么程度才算干净整洁讲卫生，然后给他们时间，让他们慢慢改变。

婷婷的爸爸在培养孩子的卫生习惯上，起到了良好的带头作用。他每天早晨起床后，呼唤四岁的婷婷道："婷婷，我们一起洗脸刷牙吧。"爸爸在旁边的洗手池洗脸刷牙，婷婷蹲在地上，用她的小脸盆洗脸刷牙。洗漱完毕后，爸爸把毛巾递给婷婷，婷婷把脸擦得干干净净的。吃饭之前，爸爸喊婷婷："婷婷，我们一起去洗手吧。"婷婷跟爸爸一起来到洗手盆前，把小手洗得干干净净。吃完饭后，爸爸用餐巾纸擦嘴，婷婷看见也会模仿着擦去嘴角的米粒。时间一长，婷婷就养成了饭前洗手饭后擦嘴的习惯。有一天，爸爸吃完饭后，因为某件事情忘了擦嘴。婷婷不但自然而然地用纸擦干净嘴角的饭粒,还给爸爸递去一张纸说:"爸爸,你嘴角好脏啊,赶快擦擦吧。"爸爸不好意思地笑了。

其次,用他人的行为故事教育孩子。

大多数父母认为孩子应该保持良好的卫生习惯,这对他们的一生都有好处,于是看到孩子床上堆着杂物、衣服随便乱扔、鼻涕到处抹的做法十分气愤,往往采用说教的方式,告诫孩子不能这样做,要那样做。说教的次数越多,效果反而不好,这让父母头疼不已。现在父母们更希望找到一种平和而非打骂的方式帮助孩子搞好卫生,讲故事影射的方式成为父母的首选。这是因为讲故事对于父母来说相对轻松,而且孩子比较感兴趣,孩子听完故事后会有意无意地拿自己的行为和故事人物的行为作比较,继而引发思考,改正自己不良的习惯。

伟伟吃完饭不喜欢擦嘴,还经常把饭粒抹得到处都是,妈妈说他也不管用,只好帮他擦干净再去收拾地上的饭粒。但是收拾好之后,下次吃饭时,伟伟依然不注意,妈妈为此感到很疲惫。

一天,伟伟又把米粒掉到地上,还用脚踩得到处都是,爸爸将这一幕看在眼里。饭后,爸爸把伟伟拉到房间,对他说:"伟伟,爸爸给你讲个故事吧。"伟伟很高兴,他最喜欢听故事了。爸爸接着说:"故事是这样的:一天,一个名叫妞妞的小姑娘请她的朋友花花到家中做客,吃完饭后,花花还没擦干净嘴角的饭菜就去玩玩具了。一会儿,妞妞的爸爸回来了,看到花花就哈哈大笑。花花奇怪妞妞的爸爸为什么要笑呢?妞妞的爸爸给花花递过一面镜子，花花一瞧，哎呀，镜子里的自己满脸的饭粒，嘴角上还挂着菜叶呢，她不好意思极了，赶快拿来一张纸巾，把自己的嘴巴和脸蛋擦得干干净净。从那之后，花花每次吃完饭都要擦嘴，还不忘把掉在地上的饭粒捡起来。后来就变成了人见人爱的干净孩子。"

接着，爸爸问伟伟："你愿意像花花一样不擦嘴，把饭粒掉得到处都是吗？"伟伟感到难为情，自觉地擦嘴去了。

再次，要求孩子把东西放在指定的地方，必要的时候可以提供帮助。
有些孩子有良好的卫生习惯，知道什么东西应该放在哪里。但有些孩子不知道，父母则需要求他们把东西分门别类地归放好。例如玩完了的零散小玩具，不能任凭它乱七八糟堆在地上，一定要把他们收拾回原处。吃完零食的包装纸，擦完嘴巴用的纸巾，都要一次性扔到垃圾桶里。

孩子把自己的东西弄得一团乱，父母千万不能亲自去收拾，这样就无法培养孩子自己对自己行为负责的能力。先告诉他们应该放在哪里，怎么放，然后放手让孩子自己收拾。当孩子实在无法独自完成的时候，大人可以提供帮助。这样一来，孩子的生活卫生习惯就会逐渐形成。

良好的卫生习惯不是天生就有的，而是要在后天生活中反复实践和锻炼，并在家人的监督与提示下逐渐形成的。如果父母能参与其中，帮助并指导孩子，孩子的卫生习惯就会定型。这就好比条件反射，当孩子一旦养成良好的卫生习惯，大脑皮层的神经细胞就会形成反应，于是就习惯成自然了。

第二节　纠正孩子挑食偏食的毛病

孩子处于快速生长发育期，饮食习惯会不断发生变化，所以他们对食物的偏好也会有所改变。但是挑食偏食，无法在规定的时间内合理用餐，必然会对孩子的营养摄入与吸收造成影响，时间一长，会给孩子的身体发育带来极大的危害。

雯雯已经是小学四年级的学生了，但跟同龄孩子相比，她体形瘦弱，身高偏低，每次体检医生都说她不达标，建议合理饮食。而雯雯的父母何尝不想让雯雯吃得多一些，营养摄入全面一些，可是雯雯就是不配合，父母为此大伤脑筋。雯雯不但吃饭的时候心不在焉，还总是挑食。只要是她喜欢吃的东西，例如土豆丝，她就大口大口地吃个没完。看见自己不喜欢的，例如蒜薹、青菜、油麦菜，无论父母怎么劝说，她就是不肯吃一口。而且，她还爱吃甜食，例如蛋糕、甜饼干等，就是不喜欢吃馒头、米饭这些主食。父母每次劝说她多吃主食，雯雯就十分不情愿，吃进嘴里又吐了出来，父母真希望找个好办法，纠正雯雯的不良饮食习惯。

孩子只钟爱一种食物，对其他食物冷眼相对，父母必须认真对待。

偏食挑食会对孩子的身体造成不利影响。一些孩子因为长期缺乏某种营养，抵抗力下降，容易患病，如发烧感冒等，还会引发贫血、缺钙等疾病。孩子偏食，不但在体形上小于同龄孩子，还会影响智力发育。据英国一项调查表明，挑食偏食的孩子在智力发育指数上要比营养摄取全面的孩子低十四分。此外，挑食偏食表面上只是对孩子的身体造成影响，实际上也会给孩子的心理带来影响。当孩子不愿吃某种东西，妈妈会产生焦虑心理，久而久之，这种焦虑就会传染给孩子，让孩子一看到食物便产生不安。

孩子在饮食上有所偏好，可能受父母在饮食上挑三拣四的影响，也可能是因为在日常生活中，父母做饭种类单一、色彩搭配不好，影响了孩子的食欲。还可能因为孩子从很小的时候对某种食物表现出排斥，父母为让孩子尽快用餐，顺应孩子的心意，孩子想吃什么就吃什么，不喜欢吃的父母也不愿花时间去纠正，时间一长，孩子就习惯了专挑选自己喜欢的东西吃。

中国人吃饭讲究粗细搭配、荤素搭配、主食副食搭配、干稀搭配等，并且食物的颜色还要搭配得当，这才是合理的饮食。合理饮食能满足人对各种营养物质的需求，能为孩子一天的玩耍和学习提供充足的能量。即使现代人生活忙碌，无法满足合理搭配的需求，也要尽可能保持进食多样化，千万不可只偏爱某一种或某几种食物。

改正孩子偏食挑食的毛病，培养良好的饮食习惯，其实并非难事，家长万万不可采取强迫的方式让孩子用餐，这样做会适得其反。父母只要多一些耐心与包容，给孩子充足的时间，孩子一定能逐渐改正挑食的毛病。下边是帮助孩子改正挑食偏食习惯的几种方法。

第一，父母要起到示范作用。要想让孩子不偏食、不挑食，父母要以身作则，对每种食物表现出进食欲望，并带头吃，吃完之后对食物的味道大加称赞，孩子则会效仿。

第二，耐心告诉孩子挑食偏食对身体的危害，引起孩子的注意。父母要让孩子知道，人处于生长发育时期，一定要保证身体摄入的营养成分比较全面。如果缺少某种营养，就会患上某种疾病，会大大阻碍身体其他方面的发展。父母在教育孩子时要有理有据，讲究科学性，等孩子逐渐意识到挑食是一个很严重的问题时，父母的矫正才能慢慢起作用。

第三，父母尽可能在烹饪上下功夫。在保证营养的前提下，父母可合理搭配食物颜色，还要根据孩子的喜好适当改变饭菜的形式。例如孩子不喜欢吃炒菜喜欢吃饺子，就把多种蔬菜拌成饺子馅，满足孩子的需求。不喜欢吃水煮蛋，就做西红柿炒鸡蛋或是鸡蛋羹。改变之前的食物样式，孩子可能会更喜欢。

　　晴晴最不喜欢吃蔬菜了，如果看到餐桌上有油麦菜、木耳、青椒、黄瓜等，她尝都不愿尝一口。妈妈为了纠正晴晴这个坏习惯，特意想了个办法。她知道晴晴平时最喜欢吃面食，于是把心思花在面食的改良上。为了让晴晴多吃些蔬菜，她换着花样给晴晴做面，今天吃打卤面，明天吃炸酱面，后天吃拌面，过两天吃炒面等，把各种不同的蔬菜切碎了与面条掺杂在一起。

　　除了丰富面条的种类之外，妈妈还在饭菜的外形上下功夫。她买来各种磨具，把米饭弄成小熊的形状，用胡萝卜做小熊的眼睛，用黄瓜做小熊的鼻子，用黑木耳做小熊的耳朵，用西红柿做小熊的嘴巴，米饭被装扮得十分好看，晴晴看见满心欢喜，立即就吃了。

此外，妈妈为迎合晴晴的口味，经常变换配料，外加自己的创意搭配，在原有食材的基础上，使饭菜千变万化。这些饭菜经常让晴晴耳目一新，她自然就更加喜欢吃饭了。

第四，让孩子在吃饭时，学会照顾别人的情绪。家庭用餐不是一个人的事情，而是一种集体行为。作为集体中的一分子，孩子应该从父母那得知，吃饭时要想着别人，照顾别人。如果自己喜欢吃什么，就全据为己有，不给别人留，而把自己不喜欢吃的东西推到别人面前，这样是不礼貌的行为。家长要让孩子知道，你喜欢吃的东西，别人也喜欢吃，大家共同分享，吃饭才更有意思。家长还应该让孩子知道，每盘菜都吃才是对做饭者的最佳鼓励。培养孩子的饮食习惯从就餐礼仪做起，这样孩子才能慢慢丰富自己的饮食结构。

第五，对孩子的进步给予适当奖励。孩子不喜欢吃某种东西，切忌责骂。如果吃饭的时候心情不好，更会影响食欲。父母可以为孩子定规矩，把每一种菜都尝一遍。如果孩子今天吃了很多口他平时不喜欢吃的食物，父母要及时给予适当鼓励和表扬，增强孩子尝试多种食物的信心。

此外，如果孩子食欲差，对食物挑三拣四，父母就要带孩子去医院做检查。为促进孩子的食欲，在医生的指导下服用一些药物也未尝不可。

第三节　帮助孩子养成良好的作息规律

太阳升得老高，可孩子还赖在床上不起，或是夜色已深，孩子依然没有睡觉的意思，躺在床上说说笑笑。每当此时，父母就火冒三丈，先是说教，再不管用真恨不得给孩子屁股上来两巴掌。可是这样做，就能让孩子早睡早起吗？当然不能。

孩子之所以不能按照规定的时间入睡和起床，是因为他们没有养成良好的作息规律。孩子年龄尚小，每天精力充沛，到了晚上确实不想入睡。但由于正处于身体发育的关键时期，每天活动量大，体力消耗大，更需要充足的睡眠，于是天亮了也不能按时起床，这真让父母大伤脑筋。

每位父母都希望自己的孩子有一个正常的休息时间，那应该怎样做呢？首先，父母应该让孩子意识到，晚睡晚起是一种不好的习惯，不能任其发展，而要较早地将这种习惯纠正过来，这样以后无论上学还是参加工作，都会从中得到益处。其次，再通过几种方式或是技巧，帮助孩子规范作息时间。

第一种技巧：在睡前安抚孩子的情绪，帮助孩子进入梦乡。

父母平时要多留意孩子的情绪,有时候孩子睡不着或是不愿意上床睡觉可能是因为情绪出现了问题。例如在学校受到了老师的批评,与同学发生争执,或是考试没有取得好成绩。此时他们情绪低落,这些不好的事情一直在脑海中盘旋,以至于孩子越来越清醒,睡不着觉。作为父母,要更多更细心地观察孩子的神情举止,找出问题所在,帮助他解开心结,安慰其进入梦乡。

第二种方式:与孩子一起制订计划,帮孩子养成早睡早起的习惯。

有些孩子上床睡觉不轻松,早晨起床也不容易,需要父母反复催促。如果催促过了头,很容易伤害亲子关系。给这段"艰难时期"制定一个规范,让孩子在这个范围内行事,不失为一个合理而温柔的解决方式。

虽然父母是规范的制定者,但也要成为规范的参与者。要想让孩子遵守规则,家庭成员中的每一个人都要照规范做才行。例如,父母规定孩子每天十点上床睡觉,但到了十点钟的时候,自己却仍然看电视、玩电脑,父母不能以身作则,指责孩子又有什么意义呢?

从规范形成的那天起,父母应放下悲观、失望、责备、抱怨等不良情绪,只需和孩子一起坚持照规范行事就好了,不管期间出现什么情况,都要严格遵守规范,这样才能帮助孩子改正不良习惯。

每天早晨,爸爸都因为洋洋起床的问题,和他发生争执。闹铃已经响过很多遍了,洋洋却一次次地说:"让我再睡一会儿。"爸爸眼见快要迟到了,不得不硬生生把洋洋拉起来,给他洗脸穿衣,急匆匆地出门,弄得疲惫不堪。

一天,爸爸意识到争执一点问题都解决不了,就想找一个心平气和的解决方式,于是决定为洋洋制定一条起床规定。到了晚上,爸爸将这个想法告诉了洋洋,洋洋表示赞同。因为在洋洋心里，无论爸爸制定什么样的规定都难以实现，自己想怎么样还可以怎么样，所以他一点也不担心。

可是爸爸经过思考后，竟然做出这样的决定："以后我不再叫你起床，也不再催促你。这个闹钟给你，你听到铃声后要自己起床。至于你起不起得来，全靠你自己。如果你按时起床，就有足够的时间洗脸、穿衣、吃早饭，放学回来还可以跟好朋友在外边玩。如果你没有按时起床，那就抱歉了，不管你当时是睁着眼睛还是闭着眼睛，只要我必须去上班了，就得立刻把你拉到学校去，你同意吗？"

洋洋着急地问道："爸爸，那当时我要是还没来得及穿衣服呢，头发乱七八糟呢？你不会也这样把我拉去学校吧？"爸爸说："那当然，衣服我可以给你带上，至于你有没有刷牙洗脸，头发是不是整齐，是不是被同学和老师看到，那就是你自己的事情了。你自己决定吧。"

洋洋知道这次不能耍赖了，于是乖乖同意。从那天起，他早晨一听见闹钟，不用多长时间就起床了，刷牙、洗脸、穿衣、吃早饭，然后被爸爸送到学校。其实他真的很想在床上多睡一会儿，但又害怕自己睡过点，被爸爸直接拉到学校，蓬头垢面的样子可怎么见人呢。于是不论多艰难，他也要起床，尽管有时候来不及吃早餐，但上学没有迟到过。这样一来，爸爸上班也就不再着急，洋洋的作息时间规律后，爸爸和洋洋都感觉到很轻松。

孩子不起床，父母别着急。最好与他们讨论一下起床时间，然后制定规则，并询问孩子能否接受。孩子同意了，也就意味着他认可了责任，自然会为自己的行为负责。如果孩子违背了规则，父母坚决按照规范来处理，这样也避免了叫孩子起床带来的纷争和烦恼。

第三种方式：让遵守作息时间成为一件有趣的事情。

在孩子的学习方式上，父母应注重寓教于乐，也就是让孩子在娱乐的同时，轻轻松松学到知识。而对于良好作息规律的养成这样的问题，也可以采取这种形式，让规范尽量变得有趣一些，好玩一些，这样孩子就会有更多的热情参与。例如将上床睡觉这种小事以一种接力游戏的方式呈现。游戏的步骤为，吃过晚饭休息一会儿后，开始刷牙，并规定刷牙时间。第一个人刷完牙后，第二个人开始刷，直到每个人都刷完牙后，最后一个刷完牙的人带头去做下一件事情，如铺床、换睡衣、上床睡觉，等游戏结束后，每个人都已经躺在了床上，很容易入睡。这些事情看似习以为常，但因为换了一种形式，孩子愿意执行，会从中体会到乐趣，长此以往，就养成了良好的习惯。

牛牛是个淘气的孩子，经常躺在床上没一会儿，就悄悄溜下床玩起了玩具。父母为此大为恼火，便对牛牛发脾气，但发完脾气的后果就是牛牛大哭一通，哭完更难入睡。牛牛父母决定换一种形式，帮助小家伙改正坏习惯。

一天，牛牛的爸爸找来一张白纸和一张绿纸，从绿纸上边剪下三角形、正方形、圆形三个形状，接着把它们分别贴在白纸上。然后对牛牛说："牛牛，爸爸跟你做个游戏好不好？"牛牛听说要玩游戏了，很高兴，一口就答应了下来。

接着，爸爸向牛牛讲述了游戏规则："这白纸上有三盏不同形状的绿灯，每盏代表一次下床的机会。你一旦上了床，就要保证乖乖地睡觉，如果想上厕所，想喝水或是下去找什么玩具,也只有三次机会。每下去一次,爸爸就从白纸上摘一盏灯下来。只要这三盏灯都被摘下来,你就不能再下床了,必须待在床上。"

牛牛问爸爸:"如果三次机会都用完了,我想尿尿怎么办?"爸爸说:"如果你觉得三次机会太少了,就尽量在上床之前完成喝水、上厕所、找东西这些事情。"于是牛牛点点头,开始和爸爸做睡前游戏了。刚开始的几天,他总会把三次机会用完。但随着时间的推移,以及对游戏的适应,他已经减少到每晚只用两次机会。后来可以在上床之前把自己的事情全都解决好,躺在床上就开始睡觉了。

当然,如果孩子将三次机会都用完了,但在夜里遇到突发事件,例如生病、惊恐等,父母可依据情况行事,而不是坚决地执行游戏规则。另外,当孩子已经减少了下床次数,乖乖入睡的时候,父母要及时给予鼓励与表扬,这样孩子才有信心做得更好。

帮孩子养成良好的作息规律并非一天两天的事情,父母一定要避免急躁,多给孩子一点耐心,并同时给予尊重。只要长期坚决而温和地执行下去,就一定会看到效果。

第四节 孩子边吃边玩，父母如何纠正

小孩子吃饭时注意力不集中，一会儿看电视，一会儿被旁边的玩具吸引，不然就离开座位到一边去玩，需父母多次提醒后才能继续进食，这也是件让父母心力交瘁的事情。

孩子边吃边玩，无法集中精力吃饭，或许是因为还未感觉到饥饿，还可能因为他们从小没有养成吃饭时要乖乖坐好的习惯。

当代父母视自己的孩子为掌中宝、心头肉，时刻怕孩子挨饿受渴。加之生活条件越来越好，孩子想吃什么，父母会尽可能多地满足他们的要求。有些孩子总喜欢吃零食，父母就为他们买回来放在家里。孩子看见后不分时间段地食用，等到了吃饭时间，孩子的肚子早就被零食占得满满当当，哪还装得下饭菜。于是，越来越多的父母开始抱怨自己的孩子不会吃饭，每顿饭都要追在他们屁股后边跑，不是警告他们，就是强迫他们，孩子才能把东西吃下去。

实际上，孩子边玩边吃，家长不应该将错误归咎于孩子，而要意识到是自己没有帮孩子养成良好的用餐习惯。

首先，在孩子处于婴儿时期时，父母就应该为他们规定用餐时间。等到孩子能断奶的时候，父母可以坚持一日三餐的喂养原则，在两餐之间给孩子添加牛奶、水果、酸奶或饼干等食物。如果孩子已经吃了特别甜的东西，在加餐时千万不能再吃奶油蛋糕等特别甜的食物，这样就不会影响他们在正餐时的胃口。

小圆的妈妈在小圆八个月大的时候，每次喂完奶就把她放到儿童餐椅上，系好安全带，让她坐在那里，然后给她准备些婴儿食物让她吃，吃完后就带她下去玩。这种在餐椅上的进食一天有三次。在小圆享用婴儿食物的时候，妈妈不会让她手里拿着玩具边吃边玩，目的是让小圆知道，一旦坐在餐椅上，开饭时间就到了。

在等待上餐的时候，小圆的妈妈也不会随意给小圆吃东西，她会尽量为小圆安排感兴趣的事情，例如画画，或是给她准备一些像芹菜根茎或是黄瓜条等可以咬的食物，在确保安全的情况下，让小圆握在手里咬。因为这些食物咬出来的都是汤汁，不会占多大容量，在食物端上来之前，小圆依然处于饥饿状态，因此她看到食物会格外开心，吃起来也津津有味。

其次，父母尽量少给孩子准备零食。父母总在家中准备各种零食，可能是为了孩子，也可能是为了自己，以便在正餐开始之前充饥。但孩子毕竟没有约束力，难以抵抗美味的诱惑，于是用零食代替了正餐。到了正餐时间，他们就漫不经心、到处闲逛，这是因为他们根本就不饿。因此家长要减少买零食的数量，即使买了，也不要放在孩子容易看见的地方。

再次，用正餐时，给孩子制定规则。父母给孩子制定规则，坐在餐桌前要认真吃饭，不能轻易离开座位去玩耍。特别是孩子容易被旁边有趣的事物吸引，吃饭时容易分心，家长可以为孩子记录他每一次好的表现。例如，孩子把碗里的饭都吃完了，为孩子记一分；孩子帮忙给妈妈递了一份小菜，可以记一分；今天吃饭很认真，没有扭头看电视，可以记一分。慢慢地，孩子就知道在用餐时，哪些行为可取，哪些行为不可取。等孩子能在吃饭时全心全意地投入，就能有更好的表现。

最后，学会说赞美的话。每个人都喜欢听赞美的语言，孩子也不例外。当孩子在吃饭时，哪怕有一会儿集中精力的时候，家长也尽量用赞美的语言去夸赞孩子的进步。孩子听到家长的真心赞美，内心受到激励，吃饭时会更加配合。并且人在心情好的时候，吃东西也更加轻松。

东东快三岁了，吃饭的时候仍然坐不住。每次还没吃几口，就去摆弄墙角放着的玩具卡车，玩一会儿再回到餐桌，往嘴里扒拉两口饭又玩去了，父母为此大伤脑筋。开始的时候，东东的妈妈很生气，威胁东东说："赶快过来吃饭，要是再去玩车，就把你的车扔到外边去。"东东一听，大哭起来，更不愿意吃饭了。父母意识到这种强行管教的方式不起作用，于是改变了思路。每当东东坐下来吃东西的时候，东东的爸爸和妈妈就表扬东东道："东东今天有进步，能坚持坐在餐桌前吃饭了。"东东听了父母的夸奖，坐得直直的，吃起饭来也更认真，期间他看到了桌子上的玩具，想去摆弄，但听到妈妈的夸奖后一直坚持，直到吃完自己碗里的食物才离开座位。

孩子吃几口饭就跑去玩耍，不但妨碍对食物的吸收和消化，使消化能力变弱,引发食欲减退,还会导致肠胃疾病。另外,孩子长时间不能集中精力吃饭,会造成做事不专心等问题。随着孩子年龄的增长,做事就会拖拖拉拉,无法将注意力放在一件事情上,也会给今后的学习和工作带来隐患。因此,父母发现这种情况要提高重视,为孩子制定规则,并培养良好的用餐习惯,及早帮助他们纠正坏习惯。

第五节　看电子产品也要把握好度

孩子看电子产品有其好处，一是陶冶情操，二是启迪智慧。如今电视节目丰富多样，不同年龄的孩子都能有针对性地去观看，不但能开阔眼界，增长知识，还能使孩子的新闻感知度与是非判断能力得到提高。

但是电子产品也会给孩子带来不好的影响。从身体健康方面来说，如果孩子长时间坐在电子产品前一动不动，减少了活动时间，会造成肥胖。孩子处于婴幼儿时期时，视网膜和晶状体发育还未成熟，过长时间观看电子产品，容易影响视力和视觉发育，对视网膜和晶状体造成损伤。电子图像反复在脑海中出现，还会妨碍孩子的睡眠，不利于学习。

从心理健康上来说，电子产品上有很多不健康的或是消极的节目，会影响孩子的心灵发育。如果一个人在婴幼儿时期就对看电子产品着迷，他们的脑部可能会被过度刺激，致使正在发育的大脑结构发生改变，这就相当于受到电子影像的"催眠"。孩子在三岁之前，脑部发展非常迅速，很容易受电子影像的影响，一旦看电子产品的时间超过限制，孩子就容易焦虑不安，冲动暴躁，注意力不集中，甚至有暴力和攻击倾向。

作为父母，我们不能否定电子产品的优点，但也不能忽视其缺点，因此父母应告诫孩子"凡事都要适可而止"，特别是在看电子产品这个问题上，更应该讲究分寸。

可是如今越来越多的家长抱怨，自己的孩子对电子产品过分着迷，每天一进家门打开电子产品就坐下观看，能一动不动坚持一两个小时，什么事情都顾不上做。就连吃饭的时候都要一手端着碗，一手往嘴里扒拉饭，然后目不转睛地盯着电子产品。长此以往，不利于孩子的成长。

幼儿园大班的小一飞特别喜欢看电子产品，最近他迷上了一部动画片。每天小一飞从幼儿园一回到家中，放下书包，第一件事就是去开电子产品，然后坐在沙发上观看。奶奶让他去洗手，他也听不见，让他吃水果，他自己也不去拿，奶奶只好把水果递到他的手里。但就是这样，他的心思也全都放在动画片上，随便吃两口饭就继续看电子产品了。

一会儿奶奶做好饭，爸爸妈妈也下班回来了，他们呼唤小一飞过去吃。小一飞说："不行不行，我还没看完动画片呢。"爸爸和妈妈就轮番劝说，但小一飞不为所动。如果爸妈强烈要求，小一飞也会过去吃饭，但只扒拉两口就说自己吃饱了。等到动画片演完之后，爸妈已经把饭菜收拾了，这个时候小一飞又说自己饿了，刚才没吃饱。

这样反复几次后，爸爸非常愤怒，告诫一飞："以后大家吃饭的时候，你一定要一起吃，不能再看电子产品。"然后强行断了网。小一飞不停哭闹，不开电子产品就拒绝吃饭，爸爸气得没办法，但又拗不过他，只好再次把网络打开。

孩子过分迷恋电子产品，让父母心力交瘁。父母要想帮助孩子矫正这个坏习惯，可以参考如下方式。

1. 父母要起到表率作用。其实，在现实生活中，不仅孩子迷恋电子产品，大人们也同样离不开电子产品的陪伴。有些大人经常手拿电子产品一动不动地连着看好几集电视剧，并乐此不疲。但是他们却要求孩子到房间去做作业、去读书，并喋喋不休地说着小孩子看电子产品的坏处。俗话说："言教不如身教。"父母与其不辞辛苦地劝告，还不如以身作则，先把自己看电子产品的时间安排妥当。当孩子做作业或是思考什么事情的时候，千万不要打开电子产品。如果孩子在自己独立的空间内学习，父母在看电子产品时也要尽量调低音量，不要打扰孩子。

2. 逐渐减少孩子看电子产品的时间。如果孩子坐在电子产品前不肯走，父母首先要避免的一件事就是强行关掉电子产品。这样做虽然显示了父母的权威，但却相当于剥夺了孩子的权利。因为孩子每天在家中都要看电子产品，已经将其看为生活的一部分，如果遭遇父母强行阻止，很可能会对父母产生抵触心理。最好的方式就是先跟孩子约定好看电子产品的时间，例如从周一到周五，每天可以看一个小时的电子产品，到了时间就要关掉电子产品。另外，在观看电子产品的时间内，还要跟孩子约法三章，例如，看电子产品之前先要做作业或是看完之后就要去做功课，或者是吃饭的时候不能看等。待父母和孩子双方达成一致后，就可以按照此规则执行。

3. 父母陪孩子一起看电子产品。如果孩子在看电子产品的时候，父母能陪同，一方面对家庭氛围的和谐发展有好处，另一方面父母可以帮助孩子有选择地看电子产品，避免不良电视节目对孩子的危害。当今电视节目广告众多，容易让孩子受到迷惑，特别是一些食品，宣称健康，但却含有非常高的热量和脂肪。孩子自控力差，受广告影响很容易去购买，父母陪同孩子看电视或电子产品，可以对广告内容解释说明，避免孩子上当，或是直接屏蔽掉广告。

4．转移孩子的注意力。当然，孩子如果对一个电视节目表现出极大的兴趣，有时很难转移他们的注意力，但是也可以尝试一下用孩子最喜欢的事情去吸引他们，例如带他们出去散步，和其他小朋友玩耍，或是给他们玩玩具等。孩子长时间待在家中，势必会借助电子产品感受不一样的生活。如果多带他们出去走走，和其他孩子玩玩，就会分散他们对电子产品的关注度，还有利于孩子身体健康。

5．不要在孩子的房间放电子产品。当今时代，人们生活越来越富裕，家中有多台电子产品是常有的事儿。但是，家长尽可能不要给孩子的房间放电子产品。因为如果给孩子专门准备了电子产品，孩子将会独自躲在房间内看，会不自觉地疏远父母。另外，逃脱了父母的视线，孩子会更加没限制地看电子产品，这样不但会影响他们的休息和学业，如果看到不适合少年儿童观看的节目，身心还会受到不良影响。

总而言之，孩子如果迷恋电子产品，父母应该及时给予关注，并处理好这类问题。只要父母为孩子细心讲述长久看电子产品带来的危害，并给孩子一定的空间，孩子自然能合理把握自己看电子产品的时间，并有针对性地选择要看的内容。

第六节　帮孩子远离电脑游戏和网络

当今社会，越来越多的孩子过早地接触到网络。网络有其好的一面，那就是获取信息便捷，可以查找各种娱乐项目及学习软件，对孩子起到寓教于乐的作用。网络还开辟了一种新的人际交往方式，即使不见面，也能和亲近的朋友沟通，摆脱了路程遥远造成的不便。另外，孩子受到网上新鲜事物的吸引，不但能开拓眼界，大脑也会更加活跃，更具有创造性。

但是，网络是把双刃剑，它既然有好的一面也就有不好的一面。孩子们如果过多与网络接触，很可能会上网成瘾。他们会不由自主地将学习或玩耍的时间用来上网，不仅耽误学习，还减少了与外界接触的机会，变得不合群或是难以沟通。当孩子痴迷于网络世界，特别是深陷网络游戏的泥潭，通常会难以自拔，不但耗费大量时间和金钱，一旦回到现实世界，他们就会精神萎靡不振、嗜睡、注意力不集中等，给生活和学习带来重重障碍。

如果孩子在合理的时间内上网，可怡情悦性，但如果上网成瘾，则会带来不良后果。上网成瘾如同嗜酒成瘾、吸烟成瘾一样，是一种心理疾病。孩子一旦患上这种疾病，便会不同程度地产生焦虑、忧郁，对人际交往产生恐惧心理等。

小钟今年十五岁，上初中三年级。父母希望他努力学习，考上重点高中，以便将来能到好一点的大学读书，可是小钟却对此不以为然，这让他的父母头疼不已。而令父母更为头疼的是，每天上课的时候，小钟就从书包里拿出手机浏览网上的内容，放学后更是立即奔向网吧。开始的时候玩到八点钟就回家了，之后回来的时间越来越晚，往往都到十一点左右了。后来事态发展得更为严重，小钟竟然连课都不上了，白天晚上都泡在网吧里与网友在游戏中厮杀。父母在学校找不到他，但在网吧准能看见他的身影，于是死拉硬拽把小钟带回家里批评一番，但是小钟完全听不进去。

父母无奈，只好找到学校，希望老师能帮忙劝劝小钟，让他摆脱网瘾，早点回归学校，但依然未见成效，期末考试时，小钟门门功课亮红灯。父母十分着急，他们找各种办法帮助小钟回归正常生活，带着他逛公园、逛书店、旅游摄影，还到健身房游泳，但小钟做这些事情的时候都无精打采，全程跟父母交流甚少，回家后就闷头大睡。

其实，小钟刚刚进入初中的时候性格特别活泼开朗，待人热情，做事细心，但到了初二的后半学期，就不喜欢跟人交流了，一门心思想着上网。回家后跟父母说不上几句话就把自己关在小屋里。父母也曾和他坦诚相见，希望他能够改变，但效果甚微。

可见，孩子迷恋网络不容小觑，父母要时刻提高警惕。如果您的孩子出现以下种种行为：吃饭时经常心不在焉，结束吃饭后立即奔向电脑，甚至是把饭碗端到电脑桌上，边上网边吃饭；或是经常将自己关在房间内，很少出门，也不与父母交流；或是经常回家很晚，甚至夜不归宿，但理由又很牵强，并且他对任何事情都好像失去了兴趣，只要一看到电脑和网络，眼睛就散发光芒；又或者花越来越多的时间用在上传、下载软件上，还投入越来越多的金钱等，说明他很可能上网成瘾。在此情况下，父母千万不可放任孩子，也不能用强硬的措施对待孩子。只要找到一种合理的方式，积极引导他们理智地上网，孩子一定会回归正常生活。

在寻找到戒掉孩子网瘾的方法之前，父母们先要弄清楚自己孩子深陷电脑网络的原因。如今的孩子，特别是中国的孩子，以独生子女居多，他们每天过着家庭、学校两点一线的生活，加之生活水平的提高，人们的居住空间越来越封闭，人与人之间越来越冷漠，大多数孩子没有朋友，生活极为孤独无聊，自然在某种程度上有些压抑。

另外，在中国，大多数家长和老师都认为孩子要想出人头地，就需不断学习进取。如果孩子们缺乏学习积极性，父母和老师会对其施以压力，这样一来，孩子们只有在书本中埋头苦学，感受不到一点生活和学习乐趣。当他们接触到电脑和网络的时候，突然感觉这种东西实在太让人轻松和快乐了。在网络上，他们可以畅所欲言，不必担心说错话被人嘲笑，他们可以在网络游戏中打打杀杀、排兵布阵，不但能宣泄自己的情绪，还能从中得到满足与自信。时间一长，孩子们就离不开电脑和网络了。

为帮助孩子摆脱电脑、网络对其产生的不良影响，父母可以尝试以下几种方式。

1. 上网之前和孩子立规矩。父母要让孩子知道，他们做任何事情都要遵守一定的规则，上网也不例外。如果孩子在接触网络初期，父母就与孩子约法三章，就能有效减少和避免网络对孩子的不良影响。但是如果孩子已经上网成瘾，父母先不要指责，要和孩子约定好每天上网的时间，例如小学生一个小时，中学生两个小时等，让孩子慢慢适应。

2.孩子上网时，父母可以陪伴并给予指导。对于孩子上网，父母要用一颗公正的心看待，在平衡网络的利弊之后，给予孩子适当的上网时间，千万不要把网络当作十恶不赦的事物。对于21世纪的父母来说，电子产品和网络与生活息息相关，是大众最熟悉不过的东西。即使是有自制力的成人，都能纹丝不动地在网络上轻松畅游好几个小时，更别说是孩子了。

当孩子上网的时候，父母可以以朋友的身份在其身边陪同，和他们一起娱乐，共同浏览有趣的新闻。如果发现孩子接触黄色网站或是有暴力倾向的网站等，还可以及时阻止。

3.不要专门给孩子的房间添置电脑。随着孩子年龄的增长，功课难度的增加，经常需要利用电脑查阅资料。很多家长为方便孩子使用，往往会给孩子单独购买电脑。尽管这样做方便了孩子的学习，但也为他们上网成瘾埋下隐患。父母要意识到，孩子在学习之余需要放松，当他们看到电脑在自己伸手就够得着的地方，想到放松自己的最好方式就是上网。而且，当孩子待在自己的房间上网，逃脱了大人的看管和束缚，自然会更加无节制地在网络中畅游，不知不觉就越陷越深。家长尽量不要过多添置电脑，如果需要，也要放在大家都可以看得到的公共区域，例如客厅或书房，这样有利于帮助孩子合理控制上网时间。

尽管帮孩子远离网络成瘾的方式有很多种，但有一种不可缺少的就是父母的耐心。如果你的孩子已经习惯了过度上网，不要立即将他的上网时间压缩到你认为合理的范围，或是强行杜绝他上网，甚至做出过激行为，例如砸电脑、拔网线等，这样只会让问题愈加严重。父母只要循序渐进合理引导，不急于求成，孩子一定会逐渐恢复正常。

第七节　如何纠正孩子的残忍行为

现在越来越多的孩子遇到不如意的事情时，除了哭闹之外，还喜欢用另外一种极端的方式来发泄情感，例如使劲将手里的玩具摔在地上，砸个稀巴烂；甚至还有孩子将气撒在小动物身上，如活生生将蜻蜓的翅膀扯下来，或是一脚踩碎蜗牛的壳等。

孩子为何会有残忍的举动？有两个原因。

一是因为他们这个年龄段认知水平有限，做出残忍的举动只是想看看小动物有什么反应，例如他们打小狗，小狗会发出汪汪的叫声，他们踢小猫一脚，小猫会叫着跑到一边。这些在大人眼中难以忍受的行为，对于孩子而言却是十分有意思的，他们能借此满足自己的好奇心。

二是因为孩子缺乏父母的关爱。有些孩子的父母因为忙于工作，经常不能陪伴孩子，即使能在家待一会儿，也因为琐事繁多没时间跟孩子交流，这让孩子认为父母不喜欢他们。长时间的情感压抑，给孩子的心灵带来创伤，他们会变得孤独冷漠，情绪异常。可是，孩子们的情感也需要找个发泄口，于是那些弱小而又不会反抗的小动物便成了他们的发泄对象。孩子虐待动物的时候,不但凸显了自己的强大,还能使自己的不良情绪得到宣泄,令心情平静下来。

孩子毕竟是孩子,尽管他们的所作所为出于无心,但父母也应该及早意识到教育孩子的重要性,尽早将他们这种行为纠正过来,而不是任其自由发展。

首先,对于孩子随意撕扯小狗的耳朵、小昆虫的翅膀等行为,父母要当机立断地警告他们不能这样对待小动物,因为它们会疼。然后用极为认真的态度告诉他们每一个动物都像人一样是有生命的,既然是生命,就值得被尊重被关爱,就像你需要别人的关爱和尊重一样。

> 球球夏天去公园里玩的时候,看见草丛里有好多蜗牛,就和其他小朋友一起去捉。其他小朋友将捉到的蜗牛放到一个小水桶里,一会儿小桶里就有好多只蜗牛了。可是球球不一样,他捉到一只蜗牛就将它往地下一扔,抬起一只脚照着蜗牛用力踩下去,蜗牛被踩得粉碎,球球高兴得拍手笑,接着又去捉蜗牛,再次放在地上把它踩碎。妈妈看见球球的行为,赶快过去制止,并告诉他说:"球球不小心摔了一跤,会疼,动物和人一样,也是有感觉的,也会很疼很疼。而且小蜗牛是有生命的,我们不但要尊重,还要多多关爱它们,这样它们才能活得更久。你伤害小动物时,想想如果你被这样伤害会有什么感觉。"球球若有所思地看了看妈妈,好像明白了她说的话,他再捉到小蜗牛的时候,也学着其他小朋友的样子把蜗牛放进了小桶里。

其次,当孩子有意无意地对小动物做出粗鲁残忍的举动,大人要以身作则并亲身示范。孩子因为年龄过小,很多时候会效仿大人的行为,大人在生活中怎么样对待小动物，孩子就会学习。俗话说："近朱者赤，近墨者黑。"大人对孩子的影响是潜移默化的，想规范孩子的行为举止，大人就要以身示范。

欢欢看到远处跑来一只小狗，很高兴，跑过去用力拍了小狗一下，小狗发出了既像是疼痛又像是被惊吓着了的叫声。欢欢很兴奋，准备再过去拍打小狗。这时，欢欢的爸爸赶忙上前制止欢欢的行为，他先是轻轻抚摸了小狗的脑袋和皮毛，并向欢欢说道："不要这么用力拍打小狗，它会疼的。你要像我一样轻轻地、慢慢地摸它的毛，让它感觉舒服，它就会靠近你。"欢欢停下来用手轻轻摸了摸小狗，爸爸接着说："对，就是这样，这次小狗没有发出惊恐的叫声。要记住，小动物都喜欢被人摸摸毛，摸摸耳朵，轻轻挠两下的。"欢欢记住了爸爸说的话，随着爸爸的多次亲身示范，他之后再也不会用力拍打小动物了。

再次，如果孩子没有养成爱护小动物的习惯，父母可以先在家养一些宠物，例如小猫、小狗、小乌龟等。如果没有条件，也可以在阳台上放些鸟粮，等有小鸟飞来吃食的时候，带孩子认真观察，让他们知道小鸟被人关爱的感受以及关爱别人的感受。

另外，还要让他们知道，哪些行为对小动物有好处，哪些行为会伤害到小动物，例如小狗在吃饭的时候不要惊吓它，不要拿着一根骨头在它面前晃悠，不和小猫抢吃的东西，不要在动物睡觉的时候故意大声喊叫等。要告诉孩子，他们爱护小动物的行为是有同情心的体现，这对今后他们与同学和朋友相处也是有好处的。

当然，无论父母如何用以上几种方式帮助孩子改正虐待小动物的行为，最重要的是不能忽视对孩子的关心和爱护。如果父母对孩子冷漠或不够重视，孩子自然会将这种行为转移到小动物身上。只有用心呵护孩子，经常与孩子进行心灵交流，了解他们内心的真实想法，当孩子感受到来自父母的爱时，自然也能将这种爱心赋予小动物。

第八节　对孩子的肆意妄为，千万不能放任

如今，由于生活条件越来越好，加之大多数家庭只有一个孩子，父母对孩子就更加宠爱。孩子要星星给星星，要月亮摘月亮，可以说是百依百顺。但是如果父母长期如此溺爱孩子，孩子很容易迷失自我，变得肆意妄为，不服管教。

孩子各种肆意妄为的行为，多半是父母造成的。有些父母对孩子娇生惯养，凡事都顺着孩子，他们觉得只要孩子高兴，就遂他们的心愿，反正现在孩子还小，说什么他们也不理解，等以后长大成人自然会明白道理。

可是，父母越是这样对待孩子，孩子反而会以极为恶劣的方式回报父母。如果某件事情没有满足他们的心愿，孩子就会毫无顾忌地大哭大叫，甚至满地打滚。当父母看到孩子哭得小脸通红，上气不接下气，便于心不忍，于是安慰孩子道："好了好了，妈妈（爸爸）听你的。"只要孩子有一次得逞，认为哭闹是奏效的，在之后的日子里，他们为达到自己的目的，便会让这种方法发挥出巨大作用，于是他们肆意妄为的行为

不但没有改掉，反而愈演愈烈。

青青今年四岁半，天真活泼，却也极为任性，自己想做什么就做什么，完全不听父母的话，这让父母头疼不已。其实青青两岁的时候十分乖巧听话，她的父母和爷爷奶奶担心她长大后太老实，被人欺负，于是决定采用放任政策养育她。只要是她想吃的东西，父母就给她买来；想去哪里玩，就由爷爷奶奶带着去；喜欢什么玩具，就给她买什么玩具。但是这些做法慢慢地助长了青青的威风，她只要稍感不如意，就又哭又闹，满地打滚。

一天，青青想出去玩，但外边下雨父母不同意，青青就又哭又闹，妈妈担心她哭坏了身体，打着雨伞穿着雨衣把她带了出去。青青尝到了哭闹的甜头，之后更是为所欲为。还有一次，她跟妈妈到超市买东西，妈妈临出门的时候告诉她说："一会儿家里要来客人，我们到超市买些蔬菜水果就回来，不能玩太长时间。"青青刚开始答应了，可是一到超市看到柜台上摆着的玩具，就过去摆弄，早把妈妈的话抛到一边了。

妈妈陪她玩了一会儿，一看时间快到了，赶快劝说："青青，我们先去买菜，等下午有时间了妈妈再带你来看玩具，好吗？"青青很生气，小脸一下拉下来了，说道："不要，不要，我就要在这里看这些洋娃娃。"妈妈再次劝说还是不管用，就想将青青拉走。青青被激怒，她先是大哭，一边哭一边打妈妈，嘴里还喊着："妈妈坏，不喜欢妈妈，妈妈走开！"见妈妈要抱起她，她更加肆意妄为，居然躺地上打起滚来。

没一会儿旁边就围了好多人，他们都劝说："孩子赶快起来吧,地上凉。"可不管别人怎么说,青青就是不理睬。这时,人群中有人议论道:"哎呀,这孩子怎么能这样,太任性了,她妈妈都管不了她。"青青的妈妈听到后,觉得很尴尬。

当父母对孩子的任性感到头疼不已的时候,很可能不是想寻找一种方式去改变孩子,而是不断压抑自己的情绪,并安慰自己道:"没关系,这说明孩子懂得坚持自我。"当然,每个孩子都有自己独一无二的个性,这是无可厚非的,而且他们有毅力,能坚持也是不错的品质。但父母依然要弄清楚,坚持自我与肆意妄为之间的区别。

所谓坚持自我就是坚持自己的想法,即使遇到再大的阻碍和困难也依然不放弃,这是一种顽强拼搏的精神,对人一生的成长十分有帮助。可肆意妄为是什么呢?那是一种偏执,不管自己做的事情是对是错,都要倔强地往前走,不听别人劝告,也不受任何人约束,是一种缺乏自制力的表现,这样的人一旦走入社会,会栽跟头吃大亏。

显而易见,每位父母都希望孩子成为前者,即坚持自我。既然如此,当孩子任性的时候,父母一定要及时给予关注,千万不可因一时忍耐而酿成终生大错。父母可以尝试用以下方式对待孩子。

第一,当父母遇到孩子不服管教的时候,一定要意识到事情的严重性。如果管教及时并得当,可以确保接下来事情的顺利进行;如果任凭孩子肆意妄为,不但会影响孩子的心情,也会导致所有人情绪低落。尽管孩子是家中的宝贝,父母也要及时告诫他们这么做是错误的并狠下心来让他们接受应有的惩罚。

今天天气晴朗,妞妞的父母准备带她到附近的公园游玩。他们需要先走出小区,然后再到大路上打车。他们居住的楼离小区后门比较近，从后门出去比较方便。但后门经常有车进出，需时刻警惕。平时，父母会拉着妞妞的手告诉她这里有车，不能随便跑。但是今天妞妞听说要出去玩，一时兴奋过度，到了小区后门处，松开爸爸的手直接就向前跑去。尽管当时没有车，但妞妞爸爸在后边大声喊着："妞妞别跑，小心车！"妞妞不但没有停住脚步，跑得更快了。爸爸赶忙追上去，边拉妞妞的手边大声说道："这里不能跑，会有车开过来，赶快拉住我的手！"可是妞妞依然不听，继续大步往前走。爸爸很生气，说道："如果你再乱跑，我们就回家。"妞妞停了下来，立即大哭大闹起来："就不回去，就不回去。"

爸爸决定先处理好这件事情，否则会影响全家人游玩的兴致，于是说道："我们现在就回家，回去后妞妞要挨打。"接着把妞妞拽回家并打了她。待她情绪稳定下来，爸爸问："知不知道自己的错误，以后到有车的地方还跑吗？"等确定妞妞清楚了自己的行为可能造成的不良后果，也确定她不再胡闹后，才又带她出了家门。

这次，妞妞依然很开心，但在通往小区后门的这一段路上，她一直牵着爸爸的手，没有乱跑，之后到公园里，全家人也玩得很开心。

第二，当孩子因为某种愿望没有达成，大发脾气，哭闹不止时，父母先不要着急去安慰他们，也不要表现出自己的怜悯之心，让他们觉得有商量的余地。父母首先要做的事情是保持沉默，以冷漠的态度对待他们，也可以暂时回避他们，让孩子知道哭闹是丝毫没有用的。

苏联英雄舒拉在小时候因为吃饭时不吃粉羹，于是开始哭闹。他的父母当时不是去安慰劝说，而是离开了，任凭他自己在那哭闹。小舒拉哭了一会儿，发现没人回应，于是自己就在一旁摆起了积木。以后每当舒拉任性时，父母都会采取冷处理的方式对待他。这种方式很有用，舒拉很快就变成了乖巧的孩子。

第三，孩子肆意妄为往往是为了得到一种满足感。聪明的父母应该做的是合理满足孩子的需求。当然，要想合理满足孩子的要求，先要弄清楚孩子的要求是不是合理，再视情况行事。例如孩子一天没有见到父母，想和父母拥抱一下，让父母给他讲个故事，这种要求是合理的。如果等孩子发脾气，又哭又闹的时候，父母才答应他的要求，这样做于事无补，反而助长他们的任性。满足孩子的要求要讲究条件，对其不合理的要求一定要坚持原则，绝对不能妥协。

第四，当孩子哭闹任性时，也可以借助周围事物转移他们的注意力，例如让他们看一件有意思的玩具，或是对电视节目故意装作惊讶吸引孩子的注意力，孩子的关注点转移到其他地方，自然会忘记刚才发生的事情。当然这种方式适用于年龄小的孩子，年龄大的则不容易被吸引。

任何行为的改变都需要有一个过程，父母切莫着急，只要细心引导并给予合理教育，孩子就会逐渐改掉肆意妄为的行为。

第九节　尽早纠正孩子动手打人的行为

孩子稍有不顺心时，就要动手打人，尤其喜欢打家里和他最亲近的人，例如妈妈、奶奶等。对于这种行为，父母不能视而不见，一定要及早帮孩子纠正。

打人是一种攻击性行为，往往会在孩子两岁左右时表现出来，换言之，两岁孩子的特点之一就是打人。但是父母千万不要就此认为："既然这个年龄段的孩子本该如此，就随他们去吧，反正过了这段时间就会变好。"其实，孩子就好像小树苗一样，虽然每到一定时间，枝干树叶都会长大一些，但要想长成参天大树，不从小修修剪剪是不行的。

孩子常动手打人原因多种多样。他有可能想达到某种目的，但又不会表达；也可能是管理不好自己的情绪，还可能是缺乏同情心，喜欢看别人被打后难过的样子；或者是曾在电视上看到过打人的镜头，不自觉地模仿；或者是孩子刚学会打人的时候，父母没有及时阻止他的行为，令问题变得严重了；也或者是孩子希望引起父母的关注等。但不管出于什么原因，打人始终是一种坏毛病，一旦形成习惯，再改正绝非易事。

孩子打人成自然，很容易产生暴力倾向。据研究证明，孩子3岁时喜欢打人，5岁时这种行为依然存在。如果在6到10岁这个年龄段仍然打人，其打人的轻重程度将影响他在10岁到14岁之间与他人争斗的严重程度。这一点不仅适用于男孩，同样适用于女孩。并且，如果孩子小时候的攻击性行为没有得到制止，长大后和身边的人相处时也会带着这种攻击性行为，不但不利于人际交往，严重的甚至可能引发犯罪。

轩轩小的时候是个非常霸道的孩子，他不允许别人碰他的东西，只要哪个小朋友到他家做客，拿起他的玩具，他便会立即走过去一把抢走，然后再打那小朋友几下作为惩罚。到后来事情愈演愈烈，一旦别人碰了他的玩具，如果两人离得近，他会伸手过去打，如果离得远够不着，他就会随便拿起身边的东西朝别人砸过去。

有一年春节，亲戚朋友到轩轩家里拜年，轩轩的姨妈看到地上放着的木马很有意思，便想坐上去试试，结果还没等她坐稳，就被一旁的轩轩看见了。轩轩很生气，一句话不说就跑过去重重给了姨妈一拳。姨妈以为轩轩耍小性子，就跟他说："轩轩，姨妈没见过这样的木马，就骑一下好不好？"轩轩更生气了，拿起身边的小板凳向姨妈砸去。姨妈被这突如其来的状况吓呆了，家里其他亲戚也都惊呆了，他们都说这孩子太可怕了，还是离他远点吧。

其实，轩轩在一两岁的时候也是十分乖巧的，但也会发脾气。他刚开始生气时会打妈妈，打爷爷、奶奶。奶奶的想法是"轩轩的爸爸太老实，走上社会后总是吃亏，就因为从小被管教得太严"，所以他们要从小就培养轩轩霸气一些，不能再被人欺负。

按照这种培养理念，每当轩轩打人的时候，家人不但不会阻止，还会边笑边说："我们轩轩就是比爸爸厉害。"即使后来轩轩打人的情况变得严重，家人也只是一笑置之，甚至还会开玩笑似的跟他说："你这么厉害，别人会怕你的。"轩轩听后感到很得意。

现在轩轩已经快十五岁了，他不论去哪儿，只要脾气一来，就会动手，弄得小区里没有孩子愿意跟他玩，他家的亲戚朋友也不敢轻易到他家串门，都离他远远的。轩轩越来越自闭，经常自己待在家里不愿意出门，但出门之后，依然难改自己的脾气。

可见小时候的攻击性行为，会对人的一生造成影响。因此，当父母发现孩子打人的时候，首先要让他们意识到打人是一种不好的行为，特别影响人与人之间的情感。父母可以说："你打别人就像别人打你一样，都是不被人喜欢的，这样是交不到朋友的。"其次，还要弄清楚孩子打人的原因，并尝试以下几种方式帮助孩子改变。

第一，当父母被孩子打了的时候，千万不要一时气愤再打回去。父母最好先把孩子放在一边不去管他，让他冷静一下，等孩子哭闹完了之后再跟他讲道理。父母要告诉孩子你们是很爱他的，但是记住，话千万不能说得太多，点到即可，让孩子自己去体会。

第二，当父母发现孩子打人，不能对他微笑，而是要对他表现出父母应有的威严，让他明白这种行为是不被父母接受和认可的。如果父母把孩子打人的现象当作一种娱乐，认为孩子生气是件好玩的事情，会在很大程度上助长孩子的威风，这样孩子很难改变。

第三，要是不想让孩子养成打人的习惯，父母先要为孩子营造良好的家庭环境。如果孩子打人，父母一方要立即抓住孩子打人的手，用严肃的语气和坚定的眼神警告他"不可以"。如果孩子继续打人,再次重复这样的动作并告诉他"不可以"。

露西两岁半的时候喜欢抓妈妈的眼镜。但是妈妈认为将眼镜从别人脸上抓下来是一种不好的行为,便制止了她。露西再次尝试,又被妈妈制止了,她很愤怒,便伸手打了妈妈。妈妈抓住她打人的那只手用坚定的语气说:"露西,不可以这么做。"然后稍稍用力打了露西的手一下。当时露西以为妈妈在跟她玩耍,再次伸手准备打妈妈。这时,妈妈再次抓住露西伸出来的手,坚定地告诉她:"不可以这样做。"并又一次稍微用力打了她的手。这一次,露西从妈妈的表情中看出,她们不是在做游戏,而是妈妈真的生气了,于是安静了下来。

第四,当孩子的打人行为有所改变时,父母应该及时给予鼓励,并以热情的态度回应他,孩子受到激励,自然会意识到什么是好的行为,什么是不好的行为,继而使好的行为得到强化,并促进积极情感的发展。

孩子身上的任何坏习惯都是一点一点养成的,因此父母要及早尽到纠正的责任。只要多花些心思和孩子相处,多了解孩子的长处、短处,并从尊重孩子的角度处理问题,一定能够帮助他们成长。

第十节 孩子"顺手牵羊",父母正确引导

多数家长发现自己的孩子把别人的东西随便带回家时,都会为此震惊不已。他们认为自己的孩子不诚实,先是感慨:"天啊,我的孩子怎么能偷东西!"接着便会谴责孩子:"你居然偷东西,真是丢人现眼!""你干这种坏事,警察会抓你的。"或是"你这孩子太坏了,我不要你了。"等等。

家长以为这样说,孩子会感到畏惧,从此以后"改邪归正"。事实上,这些贬损的话不但一点也起不到作用,反而会给孩子带来消极影响。

其实,大多数孩子在成长的过程中都会经历这样的事情,父母完全不用大惊小怪。由于孩子天生好奇心重,出门在外看见新奇的东西,例如一个小卡子、小玩具或铅笔等,出于喜欢,会将它们装在自己的口袋里悄悄拿走。这并不表示他们不诚实,也不能说明他们学坏了,只是因为他们年龄小,还不懂得物品所有权的问题。

据心理学家分析,年龄较小的孩子对"我"的是非界限是模糊不清的,他们完全搞不懂"偷"和"拿"的区别。只要这个东西能满足他们

的心理需求，他们便认为这种东西应该属于自己。另外，孩子拿他人物品，可能是在模仿别人的行为。

面对这种情况，家长不可采取暴力教育方式，当然也不能置之不理，而是要以理智的态度面对。

首先，不论孩子偷了什么东西，家长尽量不要喋喋不休地说教，也不要咄咄逼人地威胁。因为对于年龄较小的孩子来说，没有经过他人允许就将东西偷偷拿走的举动并不是偷窃行为。如果家长将一些严重贬损的词语用在孩子身上，例如"小偷""盗贼""坏孩子"等，相当于给孩子贴上消极的标签，是对其人格的藐视。因为在孩子的观念中，根本没有犯罪这个概念，他们怎么会故意去偷盗呢？

当您的孩子顺手拿了不属于自己的东西，先不要激动，也不要大声谴责，而应先要弄清楚他拿东西的原因。多问孩子一句"为什么"，永远都不显得多余，这样你就能知道孩子心里的真实想法。

艾米推车带孩子到超市闲逛的时候，转眼间，发现女儿茉莉拿着两根棒棒糖就往自己口袋里塞。塞了好长时间，棒棒糖卡在口袋外边，又掉进了推车里，茉莉再次拿起来，继续往口袋里塞，那架势好像是不达目的誓不罢休。艾米感到很惊奇，她完全没有想到茉莉会这样做，但是她并没有像其他家长那样大声喊叫："哎呀，你怎么能偷东西！"

艾米飞快地思考着，茉莉为什么要这么做，但她却找不到答案，于是就问道："茉莉，你在干什么？"茉莉很自豪地说："妈妈，我在偷东西。"艾米听到茉莉的回答更为震惊，显然她将偷东西看成了一件好玩的事。接着，艾米问道："你为什么要这样做呢？"茉莉说："我看了《愤怒的小鸟》，里边那个猪就是这样拿东西的。"艾米听到这个答案哭笑不得，孩子其实只是在模仿他人的行为。于是又问道："小猪偷了谁的东西？"茉莉回答："小鸟的。""那小鸟生气了吗？""生气，小鸟气得用石头打了小猪。""那你从超市偷偷拿东西，超市里的人一会儿也会用石头打你的。"茉莉害怕了，赶快把东西放回了货架。

其次，如果孩子已经将东西拿了回去，你要带他去归还，并向东西的主人道歉，让孩子知道诚实的重要性。当然，如果这个东西是从商店或是超市里偷偷拿出来的，父母切记不可将它买下来，因为一旦有了这样的经历，孩子尝到了"偷东西"的乐趣，每次看到喜欢的东西都会悄悄拿走，然后回头再让你买下来。

在将东西返还并道歉的时候，父母可以在旁边陪伴和引导，而孩子应该是这些动作真正的执行者。当孩子亲手将东西归还回去并诚恳地表达歉意，才能真正意识到自己的行为是否正确。

小雨与她同岁的小伙伴妞妞在小区的广场上玩耍。小雨拿着小铲子在树坑里铲泥土，妞妞在一旁的地下摆弄妈妈给她新买的小型回力车。一会儿，小雨觉得铲泥土很无聊，就蹲在妞妞旁边和她一起玩车。妞妞一推，车跑到小雨那边，小雨接着再推，车又返回妞妞那边。小雨和妞妞这样玩了一会儿，很快妞妞便失去了耐心，跑到一边玩滑梯和秋千了，只剩下小雨一人在那里玩回力车。

由于小区广场没有车辆通过，很安全，而且小雨也不喜欢到处乱跑，所以小雨的妈妈为避免打扰他和小朋友们玩耍，就在稍远的地方等着他。过了一会儿，吃饭时间到了，妈妈对小雨说:"小雨,我们回家吧,把你的小玩具带好,把其他小朋友的玩具还回去。"小雨答应了一声。紧接着他拿上自己的小铲子和小水桶,跑过来拉住妈妈的手回家了。

每天回到家之后,妈妈都要帮小雨把玩具收起来,这次也不例外。当她提起小水桶准备放到一边的时候,感觉水桶的重量比平时沉了一些。她掀开水桶盖一探究竟,结果令她大吃一惊,原来小雨把妞妞新买的回力车放在了里边。妈妈有些不高兴,她把小雨叫过来问清了原因。原来小雨太喜欢这辆玩具车了,就想带回家玩一玩。妈妈对他说:"妞妞不知道你把她的玩具车带走了,一定很着急。现在我们一起去找妞妞,把这个玩具车还给她,并跟她说对不起好吗?"小雨很不高兴,说道:"不要嘛,妈妈,我就玩一会儿。"妈妈再次告诉他说:"没有经过妞妞同意就拿走她的玩具是不对的,既然有错误就应该求得别人的原谅。"小雨看着妈妈坚定的眼神点了点头。

小雨在妈妈的陪伴下返回广场,看到了还在那里玩耍的妞妞。开始,小雨站在那里不动,在妈妈的鼓励下,他走上前去将手里的车还给了妞妞。妈妈对他说:"你要跟妞妞道歉,说'对不起,我不该随便拿你的车'。"小雨不好意思地说:"妈妈你帮我道歉吧。"妈妈说:"小雨是男子汉,自己做的事情要自己承担。"起初小雨不愿意自己道歉,都快哭了,但经过妈妈的耐心劝导,小雨终于认识到错误,于是他挺了挺胸对妞妞说:"妞妞对不起,我不该随便拿你的车。"妈妈听后欣慰地说:"这才是妈妈的好孩子。"

再次,对孩子进行合理的教育,让孩子知道不是自己的东西不能带回家，没有经过别人的允许也不能带回来。如果孩子年龄太小，也许不适合跟他讲道理，但也可以给予其小小的惩罚，例如不让他再到小朋友家玩，或是不带他去超市商场等地方，孩子会慢慢意识到自己的错误。

最后，孩子弄清楚东西的所有权需要时间，父母一定要有耐心，只要能正确引导并及时纠正，孩子一定会沿着正确的道路成长。

第十一节　孩子说谎，父母要自我检讨

孩子说谎，大多数父母都会生气，特别是当孩子说出的话已经明显不真实，但他们依然在自圆其说，例如将酱油瓶打翻了，弄得全身黑乎乎的，却偏偏要将错误归咎于小猫、小狗，父母为此更是会暴跳如雷。

在这之后，孩子将面临一场灾难，父母不是将其痛骂一顿，继而逼问原因，就是怒打一顿作为惩罚。父母做出这些行为，很可能是因为一时控制不住脾气，但更大原因是他们认为，只要给孩子点颜色看看，孩子就一定能改邪归正，从此以后不敢说谎。

可是，父母以这种方式阻止孩子的谎言真的有效吗？孩子真的会在打骂之中屈服吗？尽管一些孩子畏惧父母的权威，日后不得不小心翼翼地说话。但也不排除有些孩子担心与父母坦诚相见之后，会受到父母更加严厉的惩罚，为了保护自己，只能编造另一个谎言来欺骗父母。

宁宁从小就是个听话的乖孩子，但就是学习不好，每次期末考试，成绩都在班上倒数，当他拿回考卷让父母签字的时候，

免不了会遭受父母的一顿数落。

父母为帮助宇宁提高学习成绩,伤透了脑筋,他们不但平时给孩子找家教上门一对一辅导,还在周末给孩子安排了各种课外辅导班。宇宁每天忙着学习,没有一点空闲时间,感觉十分苦恼。

一天,宇宁的妈妈问宇宁:"宇宁,你觉得最近补课效果怎么样?作业都会做吗?老师讲得知识能听懂吗?"宇宁说:"作业都写得很好,老师讲的知识也都理解了。"妈妈认为果然是功夫不负有心人,宇宁学习进步了。过了几天,妈妈又问:"宇宁,这一阵你觉得学习怎么样?是不是比以前轻松了很多?"宇宁回答:"嗯,是的,老师还夸奖我呢,说我进步不小,还让同学向我学习。"妈妈听了宇宁的话十分高兴,她以为再过不久自己的孩子就能名列前茅了。

可是没过多长时间,宇宁的妈妈就接到班主任张老师的电话,请她到学校里来一趟。宇宁妈妈十分高兴,认为张老师肯定要对宇宁的进步大加夸赞。等她到了学校才知道,事情完全不是她想象的那样。

当张老师拿出宇宁最近的一次测验试卷说宇宁没有一门课程达标的时候,妈妈都傻眼了,她怎么也不相信近来常称自己进步不小、被老师夸奖的儿子竟然科科不及格。宇宁妈妈赶忙向老师了解情况。老师说宇宁有很长一段时间上课不认真听讲,还经常打瞌睡,并询问是不是宇宁平时做作业做得太晚了。宇宁妈妈被老师这么一问,简直无言以对,感觉又气愤又羞愧。

回到家之后,妈妈怒气难消,用严厉的语气质问宇宁:"你这几天在学校好好听课了吗?"宇宁不明真相,还是像以往一样沉着地回答:"好好听了,老师讲的都记住了。"妈妈气愤不已,上去就打了宇宁一巴掌:"睁着眼睛说瞎话。我刚从你们学校回来,你看看你成绩成什么样了,还敢说上课认真听了?平时我问你老师讲的知识你都明白没有,你每次都告诉我明白了,你进步了,说,你为什么要说谎?"宇宁难过地说:"我并不想说谎,可是你和爸爸对我期望太高了,给我报各种辅导班来提高我的成绩。可是我还小,我也想过得轻松一些,而且,我真的不想再因为学习的事情被你们打骂,所以只能欺骗你们了。"妈妈听了宇宁的话,更加难过。

每位父母都希望自己的孩子天真无邪,诚实可信,而每个孩子也并不是天生就会说谎的。对于孩子来说,诚实意味着犯了错误敢于承认,不欺骗别人,不让别人对自己失去信心。这就好像在路边捡了东西,你要承认这不是你的一样。但为什么还是有那么多孩子习惯在父母面前说谎?

孩子说谎,不外乎以下几种原因,有些孩子是因为担心遭到父母的惩罚;有些则想取悦父母,成为父母心中的乖孩子;有些是希望得到父母的夸赞和认可;还有些是因为对现实情况和幻想分辨不清,将说谎当作说故事。但不论孩子出于何种原因说谎,父母都应该认真思考,并反思自己。

当孩子说真话时,很可能会受到不必要的惩罚。例如一个三岁孩子说他不喜欢奶奶或是姥姥了,多数情况下会遭到父母的责骂。其实对于年龄幼小的孩子来说,喜欢谁或不喜欢谁,实际上是在真实地表达自己一瞬间的情感。当父母听到孩子说不喜欢长辈之类的话,就觉得孩子不孝敬,叛逆心重,于是开口责备,甚至采用暴力手段。有些孩子受到严厉惩罚，明白了这种表达真实想法的话不能说，只得说些违心的话。而孩子的谎话说多了，父母又认为自己不被孩子尊重和认可，继而更为严厉地指责孩子，两代人之间的代沟就这样一点一点地加深，以至于双方之间失去信任。

苏联教育家马卡连柯曾说："'诚信做人'不是天上掉下来的，而是在家庭中养成的。在家庭中也可以教养出不忠诚老实的人，这完全取决于父母的教育方法。"可见，父母的教育方法对于一个孩子来说最为重要，如果父母在教育孩子的过程中滥用职权，而不是关注孩子真实的想法，孩子则很难和父母真心相对。

要想让孩子从小养成诚实可信的习惯，不隐瞒，不欺骗，父母则要从以下几个方面来教育孩子。

第一，家长要以身作则，不可随便说谎。日常生活中，孩子的行为习惯多半来源于父母。如果父母诚实守信，为孩子起到表率作用，孩子则很容易养成诚实的品质。例如父母在路边捡到东西，尽全力将它归还给失主，而不是据为己有；又或者父母犯了错误，被孩子发现，勇于向孩子说出实情，孩子则能传承父母的优良品质。

第二，孩子犯错，父母理智对待。人无完人，大人也会犯错，更何况是孩子。孩子犯错，可能由于年幼无知，也可能因为自制力差。对此父母切记不可打骂，也不要逼迫孩子承认。因为一旦逼迫过度，击起孩子的逆反心理，孩子更不愿承认错误。所以，父母首先要用以温和的态度面对孩子，其次再鼓励孩子说出为什么犯错。当孩子感受到父母的关心和爱护，就会信任父母，亲近父母，自然会向父母敞开心扉。

这学期，花花升到幼儿园大班了，她跟妈妈说："妈妈，我画的《小蝌蚪找妈妈》很好看，被老师贴到展示墙上了。"

妈妈听后很高兴，不停地夸花花乖。但是等开家长会的那天，妈妈在幼儿园的展示墙上并未找到花花画的画。她问了老师之后才知道，花花的画根本没被贴出来。妈妈很生气，回家质问道："你为什么要说谎？你的画根本没有贴到展示墙上。这样说出来，你不觉得脸红吗？"花花见妈妈生气了，虽然很紧张，但却两眼瞪着妈妈表现出愤怒的样子。

过了一会儿，妈妈自觉情绪不对，赶快用温和的语气问道："花花，你为什么要对妈妈说你的画被老师贴到展示墙上了？你一定有自己的原因吧。你能不能跟妈妈说一说，妈妈保证听了不会生气。"花花这才对妈妈说："其实我就是想让妈妈高兴一下。"妈妈听了心中很不是滋味，她意识到平时给予花花的情感关注太少了，并下定决心以后一定要与孩子多交流。

第三，孩子有心愿，父母要合理满足。很多孩子说谎多半是因为父母无法满足他们的心愿。例如孩子想到公园玩耍，父母答应了他们周末去，可是因为工作繁忙就忘记了和孩子之前的约定。孩子期盼已久的心愿落空，为达到目的，只得说谎，例如对父母说"老师周末让我们一定要去公园观赏春天的景色，下周要写作文"等。父母一般视老师的话为圣旨，于是乖乖带着孩子去了。一旦孩子通过说谎的方式实现愿望，久而久之就会养成说谎的习惯，父母对此应该提高警惕。尽早满足孩子的合理要求，不要等到孩子说谎了才来满足要求阻止。

第四，发现孩子说谎，父母一定要及时纠正。如果孩子说谎被别人识破，父母不能为维护面子，包庇孩子的错误，更不能过分指责，而是要耐心地找出孩子说谎的原因，帮助他们改正。

孩子从小说谎，相当于身上有了瑕疵，用装饰品遮掩，也只能掩盖住一时。随着时间的流逝，孩子长大了，那些瑕疵也随之变大，这时候，即使用再多的装饰品去修饰，除了令人眼花缭乱外，自己也需承受其赋予的沉重，变得无所适从。所以父母要用正确的方式指引孩子，教导孩子，只有这样，孩子才能做一个诚实诚信的人。

第八章　善于拒绝孩子的过分要求

第一节　有求必应，只会助长孩子的非分之心

如果孩子想要一辆脚踏车，但他还不到适合骑的年龄；如果他想养一只小猫小狗，但他却患有呼吸道疾病；如果他想要一个大型室内玩具，家里却没有摆放的空间；如果他已经有好几个同类型的玩具，但一到商场哭喊着还要买……面对这些情况，作为家长，你会怎么做？

有些家长认为不能太过宠爱和放纵孩子，对于他们的过分要求要善于拒绝。但是难免有另外一些家长对孩子有求必应，他们认为这样可以阻止孩子吵闹，从而减轻父母的负担。

小张家的一对双胞胎宝宝喜欢看电视。每天电视上只要一播放动画片，不管是吃饭时间还是午睡时间，只要两个孩子说"我要看"，她们的妈妈小张就会一口答应。如果动画片已经播放了一个多小时，小张担心孩子眼睛疲劳，便会劝说两姐妹到户外玩耍，但只要两姐妹一哭闹，小张就会立即妥协。

一天，邻居小王带孩子到小张家做客。她看到双胞胎姐妹

很长时间都在聚精会神地看电视,到了吃饭时间妈妈不是喊她们坐到餐桌前,而是给她们放在沙发上,让她们边看电视边吃,没过一会儿,沙发上就被弄得到处都是饭粒。

小王对小张说:"你得从小培养她们良好的就餐习惯,不能任凭她们想在哪吃就在哪吃,不然你收拾起来会很累的。"小张很无奈地说:"我也想让她们好好吃饭,可是她们偏要看电视。"小张说:"那你就要采取措施,让她们知道这样做是不对的。"小张认为小王就会管教别人,于是不高兴地说:"我们家孩子的情况跟你们家的不一样,老大一着急上火就爱生病,每次她想看电视的时候,要不让她看,她就大哭,哭得厉害准生病。老大一病,老二也受影响,紧接着就病倒,我一次照顾两个病号得有多累呢。所以每次她们想要什么,想干什么,我能满足就尽量满足,省得麻烦。"小王听完小张的话,只得沉默不语。

有些父母经常对孩子说:"我不可能满足你所有的要求。"但这句话对孩子并不怎么起作用。如果父母以担心与孩子之间发生冲突,或是避免孩子哭闹为借口,不断满足孩子的任何要求,不但不能帮助他们改进,还会助长他们的自私心理。若孩子每次提出的不合理要求都得到父母的满足,他们心里的自我意识就会逐渐膨胀,长此以往,就会形成只在乎自己高兴,完全不顾他人喜怒哀乐的行为模式。就像上述例子中双胞胎姐妹一样,可能因为一次吵闹着要看电视,急得上火生了病,父母便以此为鉴,为了避免孩子生病,也避免给自己增添烦恼,就在以后的日子里对孩子有求必应。这样一来,孩子抓住了父母的弱点,只要自己的要求得不到满足就以哭闹相逼,把父母为他们付出的一切都视为理所应当,稍觉不满意，就会大发脾气。

雯雯放学回来一进门就大声问妈妈："妈妈，今天吃什么？"妈妈说："米饭和土豆炖牛肉。"雯雯一听立刻噘着嘴说："我不想吃米饭。妈妈，我想到外边吃烤鱼。"妈妈说："可是饭菜都已经做好了，我们改天再出去吃好吗？"雯雯说："不行，我不喜欢吃土豆炖牛肉，就想吃烤鱼，我们现在就去，快走吧。"妈妈上了一天班，感到很疲惫，对雯雯说："妈妈今天有点累了，我们先随便吃点，明天再去吃烤鱼好不好？"雯雯生气地说："不行，就现在去，不然我就不吃饭。"无论妈妈怎么解释，雯雯就是不听，嘴里还不停说着："就要现在吃，就要现在吃。"说着说着，还抹起了眼泪。妈妈没办法，最后只好遂了雯雯的心愿。

生活中，很多孩子都会对父母随便提要求，有些要求合理，有些要求过分。如果父母直接拒绝，孩子们则不停哭闹，让父母于心不忍。可如果一味迁就，到头来会害了孩子。

苏联教育家马卡连柯说过："人们时常说，我是母亲，我是父亲，一切都让给孩子，为他牺牲一切，甚至牺牲自己的幸福。这恐怕是父母送给孩子最可怕的礼物。"如果孩子一直接受父母无私的奉献，做什么都随心所欲，父母在他们心中则会失去地位。

对于孩子的过分要求，家长绝对不能迁就和顺从，而应该想办法应对。当孩子提出的要求超出父母的能力范围时，父母首先要做的一点是拒绝，然后明确告诉孩子为什么要拒绝。在告诉孩子原因的时候，言辞一定要真诚，不能随意编造敷衍了事。例如拒绝孩子长时间看电视，要告诉他们这样做对眼睛不好。如果父母已经承诺孩子某件事，就应该兑现，这样自然会让孩子知道有些事情是不被父母允许的。

当孩子的过分要求被拒绝，就以哭闹相逼的时候，父母不要生气，也不要心软，最好的处理方法就是保持冷静。先向孩子简单说明他被拒绝的原因，然后就将孩子放置一边任凭他自己哭闹。此时，父母的态度一定要坚决并且保持一致，任何一方破坏规则接受了孩子的要求，下次再遇到这样的事情，孩子就会更加不服管教。纵使孩子的哭声让人心烦，但是当他们意识到无论自己怎么哭闹，父母依然坚持自己的意见时，孩子自然会安静下来。

其实，对于很多父母来说，他们不是不会拒绝孩子，也不是无法说明他们拒绝的理由，只是常常被孩子的眼泪打动。父母看孩子那样哭闹，担心孩子伤心过度生病，于是心肠一软，就妥协了。可是，父母的不忍心虽然出于好意，但却使孩子更加坚定自己的想法，他们认为只要哭闹一下，自己的要求便会得到满足。

如果孩子的哭闹容易让父母心软，父母不妨尝试着转移孩子的注意力。孩子年龄小，注意力很容易被分散，父母可以巧妙地吸引孩子把注意力放到其他地方，例如给他们一些有趣的东西，带他们到外边玩一会儿等，使孩子在不知不觉中忘记最初的要求。

第二节　如有正当理由，可以直接拒绝孩子的无理要求

社会经济飞速发展，每个家庭的生活水平都在提高，父母都竭尽所能给予孩子物质上的满足，只要孩子想要什么东西，就有什么东西，基本上是有求必应。可是有些孩子仍然不知足，总是向父母提出过分的要求，对于这种情况，如果父母有正当的或是正确的理由，都可以直接拒绝孩子。

直接拒绝孩子的要求，不等于态度粗暴、居高临下地谴责孩子，也不是对孩子颐指气使、吆五喝六，让孩子失去安全感。如果父母不想满足孩子的这些要求，就要给出正当的理由，只有有理有据地说服孩子，孩子才能意识到自己的做法多么不合理，才更容易改掉自己的问题。

珺珺家里已经有了很多辆功能相似的玩具大卡车。一天妈妈带他逛超市的时候，他又来到玩具货架，指着一辆蓝色的卡车说："我要买这个。"妈妈说："不行，你已经有了一辆这样的卡车，只是颜色不同。"可是珺珺就是不答应，哭喊着要买

这辆蓝色卡车。妈妈没有立即安慰他,她先让珺珺发泄了一下情绪,待他心情稍微好了一些的时候,认真地对他说:"珺珺,你听妈妈说,妈妈之所以不同意你买这辆车,是因为家里边已经有了这样一辆车,如果把钱花在相同的一件东西上不是浪费吗?而且买太多的玩具,咱们家也没有地方放。不如我们用这些钱买些更需要的东西。"珺珺抹了抹眼泪,很快明白了妈妈说的话,于是对妈妈说:"我家里有这样的车,不买了,我们走吧。"

即使孩子撒娇、哭闹着要买某件东西,只要父母认为自己的理由是合理的,就要告诉孩子,让他们知道自己被拒绝的原因。如果一味满足孩子的要求,即使有正当理由也因为怕孩子伤心难过而不敢说出来,孩子的欲望会越积累越多,更加分辨不出哪些要求合理,哪些要求过分了。如果长期带着这样的心态生活,即使他们走向社会也会因为一时的欲望无法满足而自暴自弃。

父母要让孩子知道"你不可能总是得到自己想要的东西"。当有正当理由时,应该斩钉截铁地拒绝孩子。虽然这会让孩子感到难堪或是困惑,甚至内心受到伤害,但也比他们的欲望无穷尽地增加要好。

一天傍晚,宇佳正在客厅看动画片,一会儿爸爸妈妈就喊她过来吃饭。宇佳走到餐桌前扫视了一下,发现没有一道菜是自己喜欢吃的,于是噘着嘴说道:"妈妈,我不喜欢吃。"在妈妈的劝说下,她勉强吃了几口就放下碗筷以吃饱为由,继续看起了电视。到了晚上八点钟左右,宇佳感到肚子饿了,就对妈妈说:"妈妈我想吃汉堡。"可是当天傍晚之后,天上就下起雨

247

来,虽然不是很大,但要到外边去不免会被淋湿。于是妈妈毫不犹豫地对宇佳说:"今天太晚了,外边还下着雨,出去不方便。而且汉堡是垃圾食品,不但没有营养,还容易影响身体健康,你还是吃点别的东西吧。"宇佳听后虽然有些不快,但也意识到这种要求是不会被妈妈同意的,于是拿起桌上的烙饼吃了起来。

有些父母一遇到拒绝孩子的事情就犯愁,担心孩子胡搅蛮缠,让他们应付不来。其实合情合理地拒绝孩子并非难事,只要尊重孩子,理解孩子,对他们讲清楚道理,孩子也一定会跟父母讲理。

每个孩子在享受满足感的同时,也应该学着接受别人的拒绝。一个不曾被拒绝过的孩子,是难以承受日后的生活或学习压力的。每个人都有欲望,包括孩子在内,只要父母坚持自己的态度,以正当理由拒绝孩子,孩子在选择时也会找到自己的态度。

第三节　提前抑制孩子提要求

很多孩子经常会在不经意间提出各种要求，例如去超市会乱买东西；到餐厅里胡吃海塞；经过游乐场所时，不顾时间或条件限制，随意玩耍。如果遭到父母的反对，他们就会大声哭闹或在言语和行动上表现出诸多反抗。面对这种情况，父母通常会批评教育，但如果找不到一套合理的方式方法，就算批评教育的次数再多，也不会起到好的效果。

薇薇已经6岁了，上幼儿园大班。虽然她在幼儿园表现很好，老师说什么她就做什么，是老师和小朋友口中的"小乖乖"。可是在家里，她却任性霸道得不得了，不管什么时间什么场合，只要她想干什么，父母就得立刻满足她的要求，否则她就又哭又喊又摔门。父母拿她实在没办法。

再过几个月，薇薇就要进入小学了。最近她总是向父母提这样那样的要求。一天，妈妈要到超市买日用品，薇薇非要跟妈妈一起去。刚进超市，她就要求妈妈给她买新衣服，说开始新的校园生活应该穿新衣服。妈妈觉得有道理，同意了她的要求。可是一会儿到了超市之后，薇薇又以新学期新气象为由，要求妈妈给她买新的铅笔、橡皮、铅笔盒。其实家里已经有很多铅笔，还有铅笔盒，也都是刚买回来没多长时间。但是想到女儿要上小学了，妈妈还是同意给她把所有文具都换成新的。

如果仅是这些要求也还好，可是当她看到商场里家具专柜摆放的造型别致的桌椅衣柜后，居然要求妈妈把她房间内的家具全部换掉，说房间现在的家具用的时间太长，既不好看也没有新鲜感，要是不换就会影响她的学习心情。父母认为薇薇这次的要求提得过分，就直接拒绝了她。可是薇薇却不吃这一套，她先是大声哭喊，继而又摔东西又踢门，弄得全家人不得安宁。父母对她一阵批评教育，但一点用也没有，父母被她弄得心烦意乱，头疼不已，真恨不得揍她一顿。

其实，父母批评教育孩子也要讲究方式方法。每当孩子提出要求遭到父母拒绝而大哭大闹时，并不是只要父母苦口婆心地给他们摆事实讲道理，就能将事情处理好。如果在孩子提出要求之前就抑制他们的念头，例如告诉他们"一会儿去超市不能看到喜欢的东西就要买""去自助餐厅不能吃汉堡、炸鸡""到游乐园玩的时候不能随便乱跑，选择游乐设施要考虑危险因素"等，相当于在心里给孩子打了一剂预防针，让孩子提前意识到哪些要求不该提，有助于更好地解决问题。

很多父母都知道小孩去超市通常喜欢乱买东西，如果遭到拒绝就会哭闹。艾米就是这类孩子中的一个，父母为此很是烦恼，因此他们每次购物时，都不想带艾米一起去。艾米妈妈的同事任霞告诉了她一个好办法,那就是在孩子提出要求之前,先抑制孩子的要求。艾米妈妈尝试之后,发现果然有效。

一天,艾米妈妈要到超市购买牙膏、洗衣粉等日常生活用品,她让爸爸在家陪伴女儿,一个人好快去快回。可是艾米不干,一定要让妈妈带她一起去。妈妈对艾米说:"我不能带你去,因为你去了超市总喜欢乱买东西,所以还是留在家里玩你的玩具吧。"艾米站在那里没有说话,就好像她的小心思一下被妈妈识破,没有反应过来一样。妈妈穿上衣服,拿起购物袋马上就要出门了,艾米一下就着急起来,她跑过去抱住妈妈的腿说:"妈妈,我什么都不买,就出去看看。"妈妈俯下身子问道:"是真的吗?"艾米说:"是真的。"妈妈说:"那你要说话算话,要是你没有做到,今天就没有动画片看,好不好?"艾米说:"行!"母女两人拉了勾之后,愉快地出了门。这次去超市,艾米看到可爱的小布熊忍不住摸摸抱抱,多看几眼,始终没提把它买回家的要求,妈妈非常满意。之后,无论到什么地方,只要妈妈意识到艾米可能会提无理要求,都会提前向艾米说明,抑制她的念头,这样一来,艾米便很少提出不合理的要求了。

父母经常陪伴在孩子身边,应该是最了解孩子的,孩子喜欢什么,不喜欢什么,在提要求之前行为特征是什么样的,父母应该一眼就能分辨出来。在带孩子外出或是参加活动的时候,父母首先应该对孩子进行观察,第一时间了解他们的想法。如果意识到孩子会提无理要求,就要提前改变他们的想法,让他们自己不好意思说出口。

提前制止孩子提不合理要求,让孩子在思想上有个准备,可以有效避免之后的亲子冲突,将不愉快的程度降到最低。提前抑制孩子提要求的方法有很多，可以直接告诉他们不能怎样做，或是转移他们的注意力，让他们无暇顾及自己的想法等。但是，在此之前，父母一定要认真猜测孩子的想法，提前进行心理疏导，这样就可以轻松解决棘手的问题。

第四节　拒绝了就不要妥协

父母一味迁就顺从孩子，对孩子的成长非常不利。迁就顺从看似使孩子的情感需求得到满足，但是满足过度，便成了溺爱。溺爱对孩子有百害而无一利，它会使孩子自私自利，不懂为他人着想，在性格上飞扬跋扈，不懂宽容和忍让；口无遮拦，不懂礼貌，做事不能自控；没有纪律性，不能承受任何挫折等。因此，及时拒绝孩子的不合理要求，是父母爱护孩子的表现。

有很多父母知道拒绝，但态度却不够坚决。当孩子提出不合理要求时，若父母不予允许，孩子通常会以哭闹作为威胁。此时，父母担心孩子的不良情绪引起健康问题，于心不忍，或是害怕坚持自己的意见会使情况向着更恶劣的方向发展，让自己心力交瘁，于是便会轻易向孩子妥协。然而，妥协之后尽管一时缓解了孩子的不良情绪，但长此以往，孩子会更加任性、放纵，令父母无法管教。

嘉豪是一个任性放纵的孩子，无论做什么事情，他都喜欢由着自己的性子来。如果父母认为他的所作所为无理,会拒绝他的要求。但拒绝过后,嘉豪会十分任性地哭闹,甚至一哭就很长时间停不下来。父母担心他把嗓子哭坏,没一会儿就会妥协。

一次,嘉豪去姥姥家,拿着一个小木棍在门口不远处挥来挥去。一会儿,一个亲戚进了院门,刚往前迈了几步,就被嘉豪的小木棍碰着了。亲戚觉得孩子毕竟还小,怎么玩都不算过分,还夸赞他是个男子汉。嘉豪听了十分自豪,不管不顾地挥舞着他的小木棍。他见妈妈在客厅和姥姥说话,就跑过来拿小木棍朝妈妈身上打去,边打还边呵呵笑着说:"把你们都打败。"紧接着,他又跑到姥姥身边,举起小木棍打了姥姥的腿,姥姥觉得疼,"唉呦"了一声。听到这一声,嘉豪更加兴奋,他再次举起木棍打向妈妈。这时,妈妈觉得嘉豪捣乱,太没有礼貌了,就斥责他说:"自己到一边玩去,不许再用木棍打人了。"嘉豪说:"我就是要打,把你们都打败。"妈妈听了很生气,瞪大眼睛用愤怒的语气大声吼道:"要是再这么没规矩,小心我打你啊。"嘉豪被吓到了,大哭起来,一边哭嘴里还一边念叨:"就是要打你们""把你们都打败""我不喜欢你们"等。他哭了一会儿,发现妈妈没有妥协,一下就躺到地板上哭,一边哭一边使劲蹬地,弄出很大动静。

妈妈觉得嘉豪当着这么多亲戚的面哭,让她很没面子,她想打嘉豪一顿,但又怕打完之后他哭得更厉害,于是赶快对他说:"行了,别哭了,是不是打一下就行了?"嘉豪一听妈妈妥协了,擦了擦眼泪点头说了声:"嗯。"妈妈说:"行了行了,你快起来打一下,打完赶紧去那边玩去。"嘉豪站了起来露出了笑容,他用小木棍用力打了妈妈一下,然后笑着跑开了,随后还得意地说了一句:"哼,不听话我就打你。"妈妈本以为嘉豪这下老实了,可是没一会儿,他就拿着小木棍去打别的亲戚,总之不把家里每个人打一遍他就不罢休。妈妈虽然对他这种行为感到气愤,但也无可奈何。

人的欲望是没有止境的,孩子也是如此。当孩子提出不合理的要求或是行为不当时,父母想通过教育改变他们,但通常又狠不下心来,于是对他们妥协退让了。孩子尝到了甜头,还会期待第二次,此后他们的不当行为就会无限扩大。这就和人占了小便宜的心理一样,占了一次就想占第二次,欲望就会无穷无尽,更加难以抑制。

轻易向孩子妥协,会带来很多不良后果。因此,父母应该当机立断,该拒绝时就拒绝,一旦拒绝就不要轻易妥协,否则会助长孩子的不良行为。当然,拒绝也是有讲究的,不要跟孩子争论太多,也不能拒绝之后就把孩子搁在一边,冷眼相待,而要等孩子平静之后,站在平等的角度跟孩子讲道理。如果父母给予孩子耐心和尊重,孩子一定能认识到自己的错误。

云帆四岁的时候非常调皮霸道,想干什么必须要得到及时满足,否则就躺在地上一边大哭,一边打滚。

一天,比云帆大三岁的表姐琳琳过生日,小姨邀请云帆到家中为琳琳庆祝。当天,妈妈很早就带着云帆去了小姨家,想帮忙做些什么。到了下午五点钟的时候,门铃响了,小姨过去开门,原来是预订的生日蛋糕送到了。云帆看到生日蛋糕,口水都快流出来了。她很想吃,就问小姨:"我能尝一尝吗?"妈妈赶快过来阻止说:"云帆,今天是姐姐过生日,你要等到生日会开始的时候,大家一起吃。"云帆起初答应了,可是等了没一会儿,她又被蛋糕诱惑得嘴馋起来。她跑到厨房,看看蛋糕,再次说道:"我要吃蛋糕。"妈妈再次拒绝了她的要求。这次,云帆不高兴了,她大声哭喊着要"吃蛋糕",并且一边流泪,一边躺在地上进行威胁。小姨不忍心,对云帆的妈妈说:"不然就给孩子吃一块吧,反正都是要吃的。"妈妈说:"不能这么惯着她,不然太不尊重琳琳了。要吃也应该让琳琳第一个吃。"紧接着,云帆更加肆无忌惮地哭闹,不但躺在地板上,竟然还在地上左右翻滚起来,嘴里还不停喊着:"我就要吃蛋糕,就要吃蛋糕。"妈妈几次要求她起来,但是无效,小姨忙说:"孩子还小,想吃蛋糕也正常,谁第一个吃都没关系。"可是妈妈就是不愿妥协,说不能惯她这种坏毛病,于是任凭她在地上打滚。

过了一会儿,云帆见自己哭闹、打滚的伎俩对妈妈不管用,于是停止哭闹。接着,她擦干了眼泪,观察妈妈的反应,但妈妈没有回应。又过了一会儿,她就自己从地上站了起来,乖乖走到妈妈身边说:"妈妈,我不能一个人吃蛋糕,一会儿和姐姐一起吃。"妈妈见云帆平静了下来,于是问道:"你刚才为什么要哭闹打滚呢?"云帆说:"因为你不让我吃蛋糕。"妈妈说:"不对,妈妈不是不让你吃,而是让你等到姐姐的生日宴会开始的时候大家一起吃。"接着妈妈耐心地给云帆讲道理,告诉她这样做的坏处。云帆也意识到自己的行为不对,就到一边去玩,直到开饭前,她再也没有提无理要求。

当孩子提出不合理要求时,父母千万不能毫不犹豫地答应,而是根据情况坚决地拒绝。在拒绝时,要给孩子讲道理,让他们知道父母拒绝是有正当理由的。而且,当孩子以哭闹威胁时,父母切记不能心软,否则之前所做的一切努力都将付诸东流。

拒绝后尽可能避免向孩子妥协,这相当于将主动权抓在自己手中,避免被孩子支配。而要做到这一点,要求父母能够细心观察,探索孩子的内心,及时了解孩子的需求,然后再把握时机做出正确的反应。对于孩子,该民主时民主,该专制时就专制,这样,孩子的不合理要求才会减少。

第五节　拒绝后，学会安抚孩子

孩子被拒绝后，会出现种种负面情绪，他们会不满、抗拒、沮丧、懊恼，做事缺乏积极性……此时，父母有必要做的事情是安抚孩子。父母在对孩子进行日常教育时，不应该只是"拒绝"，还应该"安抚"，二者相互结合，配合使用。

拒绝不是一味板着脸，对孩子不理不睬，不予回应；安抚也不是顺应孩子的主张，满足他们的不合理要求。只有在拒绝之后再进行安抚，才能有效疏导孩子的不良情绪，让他们更好地正视自己的问题。

但是有些父母往往一听到孩子提出不合理要求就直接拒绝，拒绝之后也没有及时体察孩子的内心，感受孩子的情绪，继而进行适当安抚。孩子将不良情绪压抑在心底，觉得自己不被接受和认同，时间一长，就会影响身心健康。

肖灵和彭洁既是发小又是多年的老同学，两人十分亲近，因此经常在一起讨论孩子的教育问题。

一天，彭洁对肖灵说，最近这一阵，自己的孩子悦悦不知为何每天回家都是一副无精打采、闷闷不乐的样子，就好像生病了一样。肖灵问："孩子不是身体不舒服吧？"彭洁说："到医院检查过了，没有任何问题，可就是打不起精神来，大夫说可能是最近心理压力过大。"肖灵立即意识到问题的严重性，便问彭洁："最近悦悦有什么不高兴的事情吗？有没有被老师批评或是和同学闹矛盾什么的？"彭洁想了想说："没听她说起过，应该没有吧。"她又认真回忆了一下，突然想起两个星期前家里发生了一件不愉快的事情：悦悦要求妈妈给她买一个平板电脑，还强调要内存最大，价格最贵的那种，结果遭到妈妈的拒绝。后来为这事，妈妈还狠狠地批评了她。之后她情绪就不怎么好，也不愿意多说话了。彭洁赶快问肖灵："难道就因为这事？都这么多天过去了，她还记得？"肖灵说："孩子的内心是很敏感的，特别是像悦悦这样的孩子，平时就不善言辞，心事重，要是心里一直压着不痛快的事，更是难受，你应该好好安慰一下她，做做她的心理工作。"在彭洁看来，这只是一件小事，事情过去就过去了。可是肖灵又说："悦悦被你拒绝后，肯定心里不舒服，不愿说话。而这个时候你又对她不理不睬，没有及时开导她，告诉她你为什么不同意给她买平板电脑，这样悦悦的负面情绪会越积越多，所以就会越来越没有精神。当你拒绝了孩子之后，一定要记得给予安抚，让她把不良情绪释放出来。"

彭洁明白了这个道理，等悦悦回到家后，她先跟悦悦谈论了上次买平板电脑的事情，说出了自己拒绝的合理理由，并表达了对悦悦的关心和爱护，言辞诚恳，态度温和。很快，悦悦就放下心理负担，像以前一样轻松自在了。

爱孩子不仅仅体现在如何拒绝孩子的不合理要求，还体现在如何安抚孩子脆弱的心灵。有的孩子内心比较强大，被拒绝后可能一会儿就把不愉快的事情抛到脑后了，但有些孩子心思重，难以释怀，心里的疙瘩如果没有及时解开，就会压得他喘不过气来。但不管孩子性格如何，被拒绝后总会或多或少感到不舒服，父母的及时关注和安慰不但能帮助孩子梳理情绪，更重要的是能引导他们正确看待问题。

父母安慰孩子的方式有很多，可以亲切交谈，还可以给予孩子一个大大的拥抱，但是拒绝之后的安慰最好在一个小时之内进行，否则拖得时间越长，安慰的效果越不好。并且父母在安慰孩子的时候，要以平等的身份进行，让孩子感觉到自己被重视，孩子才会理解父母的想法。

一天，球球左手抱着皮球，右手拿着一辆玩具卡车对妈妈说："我想去公园里玩沙子。"妈妈说："不行啊球球，今天下午两点我们要去参加爸爸公司的聚会，很早就得把中午饭吃完，还要留出时间午休，所以时间不够，我们就在小区的花园里玩一会儿，好吗？"球球说："可是我就想去公园，小区的花园一点也不好玩。"妈妈继续说："去公园一来一回要花掉一个小时时间，我们到那里还没玩一会儿就得回来了。"但是球球就是噘着嘴用不高兴的表情表示抵抗，接着就哭了起来。其实妈妈也很想带球球去公园玩，但为了妥善安排时间，她确实不能妥协。她先让球球哭上一会儿，释放一下情绪，等他平静下来之后，拿了一个苹果递给球球，然后对他说："妈妈很爱你，妈妈真的很想带你去公园玩，之所以拒绝你，是因为妈妈更希望你到那里可以尽情地玩，玩得更高兴，但今天时间真的不够，等到下个周末有时间，妈妈一定带你去。"球球听完妈妈的话，擦去脸上的泪痕说："妈妈，时间不够我们就在小区里玩吧，下次再出去好好玩。"球球很快就不再介意这件事，妈妈欣慰地笑了。

很多孩子遭到拒绝后，心里会感到不快。为驱散孩子心里的阴霾，父母一定要及时给予安慰。安慰的时候，一定要在态度和语调上多加注意，还要将拒绝的原因和无奈解释清楚。安抚不仅是让孩子理解父母，父母也要表现出对孩子的爱，这样拒绝才算圆满。

第九章　这样给孩子定规矩，孩子不抵触

第一节　孩子为什么对规矩有抵触心理

很多父母发现，给孩子定规矩的时候，孩子明明答应得挺好，但到了执行的时候却不遵守，例如有些父母规定孩子玩完玩具之后，要自己收拾，孩子玩之前满口答应，等他们把玩具摆得乱七八糟之后就不管，一走了之。如果父母强行让孩子收拾，不但不起作用，还会引发激烈冲突，就是因为孩子对规矩有抵触心理。

孩子抵触规矩很平常，父母无须大惊小怪，也不要觉得自己在孩子面前没有尊严和威信。只要弄明白孩子的抵触来自何处，便可以找到解决问题的方法。

首先，孩子的抵触情绪很多时候来源于性格。一个性格冲动的孩子，受到某种约束就会产生一系列问题行为。一般来说，性格冲动的孩子反应快，行动力强，经常还没来得及思考，行为已经产生，而这种行为往往不是父母所期待的，于是和家人间的冲突由此而生，产生抵触情绪。冲动型性格的孩子，很少思考行为所带来的直接后果，而是以完成行动为目的，当他们发现结果事与愿违的时候，就会产生逆反心理。这种心

理会给他们带来不满，他心生疑虑，只好不断发泄情绪。

> 团团在吃饱饭之后，经常故意把自己碗里剩下的米饭舀到装菜的盘子里，再把汤分别浇到爸爸妈妈的饭碗里，撒得到处都是饭粒和菜汤。妈妈很生气，就给团团定了个规矩，以后吃完饭要把自己的饭碗收起来，不准随便玩桌上的饭菜，如果再做这样的事，就罚她当天不能看动画片。刚开始团团同意了，但是没过一天她就把妈妈定的规矩抛到了脑后。吃饱饭后，团团又自娱自乐地玩起盛饭的游戏，好好一盘菜，被搅和得都是米饭。妈妈看见后气愤不已，大声对团团说："你把菜弄成这样，别人怎么吃？今天的动画片别看了。"团团一听不能看动画片了，立即大哭起来："不行，不行，我就要看动画片，就是要看！"边哭还把刚刚搅和完菜汤的勺子使劲摔到地上，弄得地上都是饭粒和汤汁。她见妈妈没有说话，就继续哭，一边哭还一边跑到爸爸身边说："我要看动画片，爸爸帮我打妈妈。"

其次，孩子的抵触情绪源于父母的冷漠和忽视。自孩子出生起，父母就是孩子在这个世上最亲近的人。父母如果在孩子需要的时候表现出关心和爱护，孩子便能从中感受到存在感和满足感，并能开心快乐地生活。如果父母工作繁忙，没有时间陪伴孩子，或是父母本身性格冷漠，当孩子有需要的时候，等到的是父母的忽视和冷眼以对，他们当然会有抵触心理。因为当孩子表现得不配合能换来父母的恼怒，在孩子看来也是一种关注。既然如此，他们就会不自觉地习惯于这种表达方式。

> 晴晴的妈妈工作繁忙，每天白天上班，晚上回来加班，即

便是周末也时常加班,属于家庭的时间特别少,基本无法陪伴孩子。晴晴一天到晚地跟着姥姥,她更希望妈妈能多跟她说说话、玩一玩。每当妈妈回到家,晴晴就跑到妈妈身边说:"妈妈,你陪我去画画吧。"妈妈说:"晴晴乖,妈妈有点事情要做,你先让姥姥陪你画吧。"晴晴噘着小嘴离开了。周末的时候,晴晴对妈妈说:"妈妈带我去儿童乐园玩吧。"妈妈依然说:"晴晴听话啊。妈妈要赶快把这个表格赶出来,先让姥姥带你去吧。"

晴晴一次次希望,一次次失望,她觉得妈妈不重视自己,于是就故意和妈妈作对。一次,姥姥喊晴晴吃饭,晴晴蹦蹦跳跳来到饭桌前,一把抓起一个虾仁放到嘴里。妈妈正好从房间出来,看到这一幕说:"晴晴,你刚玩完玩具,怎么能不洗手就吃饭呢,赶快去洗。"晴晴答应了一声,但紧接着,她就好像忘记了一样又拿起一个虾仁放进嘴里。妈妈此时脸色已经很不好看了,晴晴还笑着安慰妈妈说:"我一会儿就去。"还有一次,晴晴看电视的时候一定要站在离电视很近的地方。妈妈很生气地说:"晴晴离远点,不要把眼睛看坏了。"晴晴听了妈妈的话,往后退了几步,可是还没过五分钟,又回到了之前看电视的地方。

妈妈觉得晴晴越来越不听话了,为此头疼不已。可是姥姥却说:"其实你不在的时候,晴晴可乖了,吃饭之前都会洗手,看电视的时候也都坐在最靠后面的地方,她在你面前那么做,是跟你撒娇呢。"

再次,孩子之所以抵触,也可能到了叛逆期。每个人到一定年龄都会出现逆反心理,大人如此,小孩也不例外。孩子在逆反期,一旦被父母命令或是听到父母的劝告，就表现得不愿接受，小一些的孩子由于畏惧父母的权威，不会与父母发生激烈争执，但会下意识地违反规定。而大一些的孩子可能会直接与父母发生冲突，因为他们有自己的想法自己的主张，自认为父母是不能理解他们的，于是和父母之间形成对抗关系。

> 彤彤小的时候十分乖巧可爱，是父母眼中的好孩子。可是到了小学四年级的时候，她忽然变得叛逆起来。以前放学回来，彤彤先做作业，然后再看电视或是跟同学玩。可是最近，她不但不想做作业，还经常在电脑上和同学聊天。妈妈过来问她作业写完了没有，她皱着眉头回答说："哎呀，麻烦死了，我先休息一会儿不行吗。"过了一会儿，妈妈再叫她写作业，她二话不说直接走进自己的房间，重重地关上房门，好长时间不出来。至于她在里边是不是写作业，谁也不知道。有时候妈妈叫她吃饭，她百般不愿意，再三催促后，扒拉两口便离开饭桌，要不去上网，要不就回自己房间。到了周末，彤彤想出去找同学玩，被妈妈阻止了，为此，她和妈妈大吵大闹。

除了上述原因外，抵抗心理产生的原因还有很多，有可能是陌生环境引发的，有可能是孩子过于依赖父母导致的，还有可能是父母的教育方式不当。不管孩子的抵触出于何种原因，父母一定要提前做好心理准备，把自己的心态调整到最好，然后制定多种方案灵活应对，这样才能帮助和教育好孩子。

第二节　下达指令要具体，不能太笼统

在日常生活中，很多父母给孩子提要求的时候，往往会说出"你认真做作业啊""你好好收拾玩具"或是"快点啊，别总是浪费时间"等类似的话。但孩子听到这些指令，常常会心生疑惑，不知道该怎么做。他们有时拖拖拉拉，做起事来心不在焉，有时会拒绝执行父母的要求，这让父母烦心不已。

父母生气、抱怨，将这些问题归咎于孩子不听话，于是和孩子发生争执，却意识不到这是自己指令下达得太过含糊造成的。

> 上小学二年级的悠悠吃过晚饭后对妈妈说："妈妈，我帮你收拾碗筷吧，一会儿再写作业。"妈妈其实更希望女儿把时间放在学习上，但见女儿这么关心体贴，就答应了她的请求。妈妈刚把空碗盘放在洗漱池旁准备清洗，悠悠便跑过来说："妈妈，你过去擦桌子，洗碗的事情交给我。"接着悠悠就像小大人一样，围上围裙，袖子一挽洗了起来。由于女儿干活没经验，

所以花了很长时间才把碗盘洗干净。她要把碗和盘子放进碗橱了,妈妈赶快过来帮忙。悠悠却说:"妈妈,你去歇着,还是我来吧。"这时候妈妈心里有点着急了,但又不忍心让孩子扫兴,于是转身进了卫生间。等妈妈从卫生间出来,看见悠悠又开始擦灶台了,此时她真觉得悠悠不能再干活了,否则一会儿哪有时间做作业、背诵课文呢。妈妈向悠悠房间看了一眼,正好发现她桌子上被书本堆得乱七八糟,便赶忙说道:"你有时间擦灶台,还不如收拾你的桌子去呢。"言外之意就是让悠悠赶快去学习,可是悠悠哪能理解,就真的拿着一块小抹布走进房间,先把桌上的书本按照大小分门别类放好,再用抹布把桌子上的灰尘擦干净。这时候,爸爸走了进来,带着责备的语气问道:"都几点了,你不写作业收拾它干什么呢?"悠悠委屈地说:"是妈妈让我先收拾写字台的。"边说边把抹布往旁边一摔,气呼呼地坐下了。而妈妈也觉得自己里外不是人,不知该怎么办才好。

其实,悠悠本身并没有错,因为她是按照妈妈的指令办事的。而妈妈虽然没有阻止悠悠洗碗,但本意是希望孩子抓紧时间去做作业,可在下达指令的时候她又没有明确说明。也就是说,她下达的指令不够清晰具体,造成了两人之间的沟通不畅。

对于孩子来说,肯主动帮助父母干活是值得鼓励和赞扬的一件事情。当然,也不能因为干家务活耽误了学习。但如果父母对一个刚上二年级的孩子以旁敲侧击的方式提醒他去学习,就有些不合乎情理了。孩子毕竟年幼,无法理解父母话中更深层的意思,因此,父母在下达指令的时候应该明确告诉孩子,希望她在多长时间之内洗完碗,然后开始写作业。

父母只有清晰地下达指令，孩子才能一步一步地去执行。

在日常生活中，父母怎样下达指令，才能对孩子有效呢？

首先，一条清晰具体的指令中，必须包含几个重要条件，那就是何时、何事、要求以及时间限制。父母在要求孩子做一件事情之前，一定要及时将时间交代清楚，否则孩子失去约束，将导致完成时间长短不一的情况。在描述具体事情时，父母要善于培养自己说话的条理性，不能说得太多，也不能太少，要用最简练的语言将需要做的事情表达清楚。而要求方面，也就是在下达指令的时候给孩子提要求，让他们知道要把这件事情完成到哪种程度，不然孩子缺乏辨别能力，很容易在做事的过程中分心。对于完成时间的限制，通常来说孩子的时间观念比较差，对自己花了多长时间做了多少事情一点也衡量不清。如果你觉得孩子做什么都拖拖拉拉、磨磨叽叽，那是因为你没有给他们限定时间。只要规定好时限，孩子慢慢就意识到做一件事情需要时间的长短了。

晓明最喜欢的动画片就要上演了，可他还有作业没有写完。晓明很着急，开始加快了写字速度。一会儿，妈妈走进房间，看了看他那不太美观的字迹说："哎呀，晓明，你看看你写得这是什么，跟飞起来一样，你能看懂吗？真是不认真啊。"

晓明本来就着急，跟妈妈说："哎呀，妈妈，你就少说两句吧，我很烦，我得赶快写作业，一会儿要看动画片呢！"

妈妈很生气，认为晓明不该顶撞自己，于是说道："看动画片着什么急，要好好写作业才行。"晓明问："妈妈你总让我好好写，好好写，那怎么才算是好好写呢？"妈妈不耐烦地说："总之就是别老琢磨着看电视。"爸爸听见母子二人说话，意识到如果再这样继续下去，很可能会引发争吵。于是他赶快走过来对孩子说："晓明，不如这样吧，现在距离动画片开始还有二十分钟，这有三十个生词，你把它们每个抄写两遍，时间来得及。但要记住，每个字都要写得横平竖直，工工整整才可以。我现在给你定上闹钟，到了时间，闹钟会叫你，不会耽误你看动画片的。"晓明听了爸爸的话，专注地写了起来，既把作业写得工工整整，也看上了最喜欢的动画片。

妈妈在下达指令的时候忽视了以上四个重要条件，于是被孩子认为是唠叨。孩子如果完不成作业就会将过错归咎于妈妈，结果弄得很不开心。而爸爸的做法却十分明智，因为他说话的时候，明显是理解孩子的感受的，而且他不但具体讲明怎样做算是好好写作业，还给孩子设定时间，确保孩子不会耽误看动画片，孩子当然愿意接受。

其次，在指令中多使用肯定词汇，少使用否定词汇。例如孩子去外面和小伙伴玩，但作业还没完成。你希望孩子能尽快完成作业，但不要说"你不要这么贪玩，赶快写作业"，而要换成带有肯定词的话，例如"玩半个小时就回来做作业"，这样说会大大提高孩子的执行效率。

再次，相同的指令只可以说一次，不可重复多次。父母经常抱怨孩子不听话，总和自己对着干，其实是因为父母说话太啰唆了，一句话反反复复说，任谁听了都会心烦。父母要改变自己的教育方式，同样的要求只提一遍就好。例如，到了吃饭时间，你告诉孩子："赶快去洗手吃饭。"孩子仍然在摆弄他的玩具，那就让他去摆弄好了，不用担心孩子被饿着。等他习惯一两次，自然知道到什么时间应该做什么事情，慢慢就养成习惯了。

总而言之，要想减少孩子的抵触情绪，父母在给孩子下达指令的时候，一定要简洁明确，语气严肃，避免唠叨和旧事重提。

第三节　适当给孩子一些惩罚，让孩子服从

父母教育孩子，虽说要以引导、鼓励、表扬为主，但也不是不可利用惩罚的手段。对于有些家庭来说，尽管父母已经从尊重孩子的角度下达指令了，但有时候仍会遭到孩子的拒绝。当孩子不服从的时候，父母会重复之前的话，重复得越多，孩子的服从性就下降得越快，从而导致父母脾气爆发，甚至使亲子关系恶化。

四岁的小豆子在房间里摆弄积木和玩具车，他每次玩耍过后，房间就会像战场一样一片狼藉。妈妈每次都要求他把玩具收拾起来。如果给小豆子一定时间，他是可以自己收拾干净的。可是碰巧有一天妈妈想去银行办点事，银行四点半关门，现在已经三点了，时间很紧。于是妈妈对正在玩积木的小豆子说："宝宝，把你的积木收起来，先跟我出去一趟吧。"小豆子说："好的，妈妈，等一下啊，我把这个积木放到卡车里。"妈妈等了一会儿，看小豆子还没动静，于是再次说："宝宝快点啊，时间来不及了。"

小豆子说:"妈妈,再等一下,马上就放好了。"

妈妈以为小豆子随后就来,于是先到门口换好了鞋。可是又等了三分钟,小豆子还在摆积木。眼看时间越来越紧,妈妈很生气,但她拼命压抑自己的情绪,然后走到房间再次问道:"小豆子,你弄好了吗?"小豆子没有回答她,也没有放下手中的积木。

这时,妈妈再也压制不住心中的怒火,突然大声呵斥道:"我说话你没听见是不是,你怎么老是不听话呢?我生气了,你才高兴吗?你要再不赶快放下积木,我就把它们都扔到外边去。"小豆子听完也异常愤怒,拿起手中的两块积木扔向妈妈,接着哇哇大哭,一边哭还一边说:"我打妈妈,我不要妈妈,我讨厌妈妈。"妈妈一听小豆子还要打自己,更来气了,举起手来就朝他屁股上拍了几巴掌。小豆子的哭声更大了,不停地说"不理妈妈""不要妈妈"之类的话。妈妈生气地自言自语:"我怎么养了这么个不听话的孩子。"

当父母提出要求以失败告终的时候,不妨给孩子一点惩罚。惩罚不是照着他们的屁股打几下,更不是在他们的小脸蛋上留下巴掌印,因为这属于体罚。体罚相当于对孩子的一种恐吓,孩子会因畏惧家长而服从,但是这种服从只是一时的,并且是表面的。由于他们的自尊心受到伤害,感觉不到安全感,虽然看起来老实了不少,但实际上心里不服,但又无法和父母对抗,便会自觉和父母保持距离,这会严重影响两代人的关系。

而适当的惩罚则不同,它可以让孩子的行为习惯变得更好、更规范,它也是一种爱的表现。对于家长来说,何时给予孩子惩罚,给予孩子怎样的惩罚,一直是他们心中不解的问题。他们担心惩罚得太早或不得当,会给孩子带来伤害。

其实，三岁以上的孩子，基本具备一定的思考能力，从这个时期开始，对孩子适当惩罚，能帮助孩子清楚地知道做什么事情是正确的，什么事情是错误的。所以，当孩子犯了错误，家长可以在孩子喜欢的事情上加以限制。例如孩子喜欢摆积木，但玩完不收拾干净，父母可以罚他当天不能再玩积木。如果孩子喜欢看动画片，却不好好吃饭，可以罚他今天不能看动画片，或是少看一集等。

不过在惩罚之前，父母需要完成三个步骤，然后再决定是不是需要惩罚。第一步，如果父母下达指令，孩子没有执行，父母可以再说一遍。但在说第二遍之后，要用双眼盯住孩子大约十五秒钟。十五秒看似不长，但足以给孩子造成一定压力，此时孩子很可能已经按你说的做了。如果十五秒之后，孩子依然不听话，那就采取第二步，再次进行眼神对视。如果这一步仍然不起作用，那就要向孩子宣布他接下来将要受到的惩罚，例如不准去游乐园玩，不准看动画片等。当孩子意识到即将遭遇的事情是他们很不喜欢的，便会乖乖听话了，但是仍然不排除一部分孩子坚持不妥协。此时，父母要坚决执行刚才说的话。

据调查研究发现，有近百分之七十的母亲会警告孩子不听话会接受怎样的惩罚，但有近百分之三十的人不去或是很少执行惩罚。因此，父母既然表示要惩罚，态度就要坚决，不可迟疑。但凡有些疑虑或表现出后悔，效果便会大打折扣。父母在予以警告后，要及时执行惩罚，越早执行，孩子越能从中认识到错误，便于他们将行为和后果很好地联系在一起，改正错误。

仍然用上述小豆子的事情为例，当小豆子不听话的时候，如果母亲对他实施惩罚的三个步骤，情况会怎样呢？

小豆子在房间里摆积木和玩具车，把房间弄得一片狼藉，妈妈走进房间，蹲下来看着小豆子的眼睛，对他说："小豆子，赶快将玩具收起来，我们必须立刻出去一趟。"小豆子明显很不情愿，眉头皱了一下，嘴巴噘了一下说道："我还想再玩一会儿。"妈妈没有继续催促，而是站在一旁盯着玩积木的小豆子，她表情很严肃，心里默默从一数到十五。接着，她让小豆子抬起头来，盯着他的眼睛又语气严厉地说了一遍："请马上收拾东西，跟我出去。"小豆子尽管感受到压力，但仍然不愿放弃，他请求道："妈妈，就让我把这些积木放进大卡车里吧。"母亲说："我说了，立即收拾起来。"这回妈妈的表情更严肃了。小豆子没有动弹，妈妈再次盯着小豆子的眼睛，用严厉的语气说："如果你再不收拾起来，我可以帮你收拾，但从今天开始的这一星期内，你都不能再玩一下积木和卡车。"小豆子最喜欢玩用卡车拉积木的游戏了，一天不玩都不行，于是他乖乖答应妈妈，把玩具收了起来。

可见，孩子不听话的时候，父母无须大吵大闹。适当给他们一些惩罚，让他们体会到被限制的滋味，他们就会很快意识到自己的错误。

第四节　乱发脾气需要面壁思过

父母小的时候是否遇到过这样的事情？上学迟到、忘记带作业本、没有完成作业或者与同学发生争执等，是否曾经被老师斥责面对墙壁站着，或者是亲眼目睹其他同学受到老师面壁思过的惩罚呢？可能，大多数人的答案是肯定的。

可是面对自己的子女或是孙子、孙女遭受面壁惩罚，父母又会有何反应呢？电视剧《爱在苍茫大地》中有这样一个情节：爷爷发现孙子在幼儿园里面壁站着，不禁愤怒地对园长说："什么人面墙站着？监狱的犯人才面墙站着，你这是体罚！你不能让他朝着人多的地方站着吗？"演员的表演很精彩，可是情节背后的意义却令人深思。

让孩子面壁思过到底算是一种体罚还是一种教育手段呢？

其实，让孩子面壁，表面上看起来像是一种体罚，但实际上它对引导和教育孩子具有很大作用。因为孩子在冲动、易怒、不配合的时候，父母给孩子施加压力也只是起到一时的作用。如果让孩子面对墙壁站一会儿，情况可能大不相同。在面壁的过程中，孩子由于有了一定的个人空间,坏情绪一点点退却,变得冷静下来。这时,他们能够对自己的错误进行思考,找到问题所在,并纠正自己的错误。

雯雯和小区里的诺诺是好朋友,两人每天都在一起玩。一天妈妈下班回来,正好碰到他们俩在小区里的滑梯前玩耍。妈妈看了看表,晚饭时间就要到了,于是对雯雯说道:"雯雯,你再跟诺诺玩十分钟就说再见,跟妈妈一起回家做饭好吗?"雯雯答应了妈妈,可是十分钟过后,雯雯要离开时,诺诺不愿意了。他一直拉着雯雯的手说:"去我家玩吧,去我家玩吧。"诺诺的奶奶也跟着一起邀请雯雯到他家做客。妈妈其实不愿意让雯雯去别人家,但这时她的手机响了,就在她和别人通话的时候,雯雯拉着诺诺的手就跟他回家了。妈妈很生气,却来不及阻拦,只好遂了雯雯的愿。

过了一会儿,妈妈做好晚饭,到诺诺家接雯雯,让她回来吃饭,可是雯雯以没有玩够为由,坚持要在诺诺家吃过晚饭再回去。加之诺诺妈妈出来帮忙说话,雯雯妈妈不好意思拒绝,又一次同意了。等到吃过晚饭,八点左右,妈妈又来到诺诺家,接雯雯回家。她对雯雯说:"走吧,雯雯,时间不早了,这次该回家了吧。"当时雯雯正在和诺诺一起摆积木,随口说道:"等一等妈妈,我再玩一会儿。"妈妈认为这次不能再妥协,于是说道:"不可以再玩了,马上就到睡觉时间了,回去还要洗澡刷牙,要做很多事情呢,赶快跟诺诺说再见。"雯雯不愿意,仍然不动,妈妈又说了一遍还是不起作用。妈妈已经很气愤了,不愿再多说一句话,抱起雯雯就往外走。雯雯被妈妈突然的举动吓到了,先是大哭,接着使劲拍打妈妈的肩膀,边打边说:"我不回去，放我下来。"

母女二人很快回到家，妈妈见雯雯还没有安静下来，就对她说："你先到小屋里去，自己面壁思过十分钟。"雯雯不愿意，哭得更伤心了，但看着妈妈不容置疑的眼神，她还是走了进去。十分钟后，雯雯走到妈妈身边，妈妈问她："知道妈妈为什么让你面壁思过吗？"雯雯说："妈妈还没有同意，我就跟着诺诺回家了。我对妈妈说再玩一会儿就回家，但是没有做到；妈妈来叫我回家，我想继续玩，还跟妈妈哭闹，还打了妈妈。"没想到在短短的十分钟之间，雯雯就清楚地意识到了自己的错误。她还跟妈妈说："我以后不会再这样，一定听妈妈的话。"现在，雯雯的情绪已经平和，妈妈对她说："雯雯，妈妈并不想让你面壁思过，但你要知道一个人犯了错就要自己去面对，去承担。既然你已经知道自己的错误了，妈妈为你感到高兴，现在你可以去洗漱，准备睡觉了。"雯雯乖乖地去洗漱了。

美国密苏里州堪萨斯市儿童慈爱医院的临床儿童心理医生爱德华博士认为，面壁思过的方法对孩子的成长很有帮助，它可以在短暂的惩罚中让孩子记住自己所犯的错，并帮助家长树立威信。可见，面壁思过是一种有效的惩罚方式，是家庭教育中不可缺少的一部分。不过，在运用这种教育方式的时候也要掌握一个度，千万不要因疏忽大意而伤害孩子。

第一，父母要清楚地认识到，面壁思过是为了让孩子平复情绪，因此，在使用这种方法的时候，千万不能带有情绪。当孩子听到"面壁思过"这几个字时，可能会反抗、惊声尖叫，脾气会更暴躁。这个时候，如果父母也带着愤怒的情绪把孩子带到墙角，孩子反而无法冷静，一旦再次向父母发火，势必会造成亲子之间的冲突。因此，父母在惩罚孩子前，应先放下激动情绪，使自己冷静下来，这样才能让自己保持理智。

第二，面壁思过与罚站不同。有些家长可能认为让孩子面壁思过就是让他们面对墙壁站着，不能改变姿势，不能挪动一步，其实这是不对的。面壁思过与罚站不一样，孩子毕竟年龄还小，让他们站在那里一下都不能移动，既不科学也不起作用。父母的目的是引导孩子审视内心，反省自己的错误。只要孩子能够做到这一点就好。因此，面壁思过不是说一定要面对墙壁，只要给孩子一个单独的空间，例如孩子的房间，父母的房间、客厅一角，坐在椅子上或餐桌椅上都可以，最好是在父母能够观察到的地方。像卫生间这种比较封闭的空间，父母最好不要强行将孩子关到里边，一来防止孩子在这种不利于观察到的地方出危险，二来这种幽闭的空间本身会给孩子带来一定的恐惧感，影响孩子的心理健康。

凯凯不但长相俊俏，而且还很有绅士风度。他常常照顾身边的小朋友，如果有谁要跟他一起玩，他会把自己的玩具让给别人玩。如果有哪个小朋友不小心摔倒了，他会主动跑过去把他扶起来，还会关切地问："疼不疼，我帮你吹一吹。"每当他想玩别人玩具的时候，总是先征得别人的同意，从来不会随便拿。小区里的叔叔阿姨都很喜欢凯凯，他们都想向凯凯的父母讨教一下教育孩子的方法。而凯凯妈妈的答案却很简单，那就是面壁思过。当然，她不是每次都使用这一种方法，她的意思是，当发现孩子存在问题时，如果提醒多次不起作用，就要给他们单独思考的空间。

一次，凯凯的妈妈带凯凯到泳池游泳，在那里遇到了和凯凯同在一个幼儿园的小伙伴。两人在水里玩了一会儿后，便上岸休息，他们不知道聊到什么高兴的事情，表现得十分兴奋，挥动双手，从站立着的泳池边上直接跳进水里。妈妈看到那一片明明是不准跳水的地方，便提醒了他。但是没一会儿，凯凯高兴起来又忘了，再次从那个地方跳了下去。凯凯妈妈的表情立刻变了，她显然很生气，于是不由分说就命令凯凯立刻上岸。

凯凯上来后，妈妈严肃地对他说："从现在开始不准下水，到那边的椅子上去坐十分钟。"凯凯很不情愿，但也毫无办法，只得一个人安安静静地坐在角落里的一把椅子上。十分钟过后，他清楚地意识到自己的错误，又重新回到水里。此后，他再也没有在不允许的区域里跳水了。

面壁思过就好像让孩子参加一场比赛，他必须知道比赛规则，如果选手触犯规则，被裁判警告多次后无效，他便会被处罚下场，到一个区域里静静待上一段时间。孩子们可能会痛恨这种惩罚，因为他们更想在比赛场上展现真我，但是这次面壁会让他们对犯下的过错加深印象，等下次再上场的时候，能表现得更好。因此，面壁看似是一种平常的管教方法，其实能在教育孩子的过程中发挥重要的作用。

第五节　跟孩子约法三章，培养孩子的自控力

经常有父母抱怨孩子做什么事情都不上心，总是拖拖拉拉，磨蹭好长时间，甚至要在父母的监督和催促下才能勉强完成，父母为此烦恼不已，于是和孩子发生争吵。由于吵闹的次数多了，其中一些家长会改变教育孩子的思路，认为如果让孩子少做些事情，由自己代劳，自己虽然劳累一些，但却可以避免吵闹。因为身体上的累远远不如心累让人难受。

这样一来，孩子要做的事情减少了，却不一定会变成一个听话的乖孩子。因为父母不让孩子去做这件事，但孩子总需要做那件事。如果他们做一件事情时拖拖拉拉、需要父母催促，那么在做其他事情时，这种行为态度也依然会表现出来，还是会不可避免地让父母生气。

当然，还有些家长认为，孩子需要做的事情，还是应该让他们自己去完成。如果孩子不配合，就要"给他们点颜色看看"，例如罚站，或是禁止他们玩玩具等。可是运用这些方法也只不过是家长自找烦恼罢了，有些孩子依然我行我素。

笑笑的妈妈是个急性子，她最忍受不了孩子做什么事情都慢悠悠的。一天，妈妈让笑笑帮忙擦桌子，笑笑拿起抹布耐心地擦着，虽然擦得很干净，但却用了很长时间。妈妈看着心里着急，一把夺过了抹布很快就擦完了。还有一次，妈妈让笑笑收拾自己的衣服，笑笑刚叠好两件，突然听到楼下嘈杂的声音，于是她赶快跑到窗边观望。妈妈做完自己手头的活，走进房间，看笑笑还没叠完衣服，于是说道："让你干点活，你就磨磨蹭蹭，这都多长时间过去了，这点事情都做不好。"接着便自己动手整理起来。妈妈每次叫笑笑干活，每次都以自己亲自动手告终，最后她想：笑笑不但干活干不好，还磨磨蹭蹭浪费时间，真是让人生气，与其如此，还不如我自己干呢。从此以后，为避免烦恼，妈妈一人承包了家里的一切，包括笑笑理应自己做的一些事情，例如洗袜子、打扫房间等，她也一并包揽了。

有一天，因为工作太累，妈妈心情不好，笑笑回来后看见地上落了好多乱纸屑便问妈妈道："妈妈，你干什么呢，地上这么多碎纸怎么不打扫一下？"被孩子这么一问，妈妈情绪终于爆发了，她对笑笑大声说道："你就是咱们家的小祖宗，我养你这么大了什么都不干，现在看着地上不干净，你不能清扫一下吗？什么事都等着我干，真是不懂事。"笑笑听后感到很委屈，她说："那还不是因为你总嫌弃我干不好，不让我干吗？要是我拿扫帚去扫地，一会儿扫不干净了，扫得慢了，又该被你教训了，你还是自己干吧。"说完就回了自己的房间，留妈妈一人在那儿生闷气。

其实有些时候，在教育孩子时，父母大可以不必如此费心。如果你担心自己的孩子在完成某件任务时会出一些差错，例如开小差、中途放弃、拖延时间等，完全可以在他们进行这些任务之前就为他们制定规则，这种方法可被称为"约法三章"。如果将"约法三章"使用得当，不但能轻松教育孩子，还能培养孩子的自控力。

"约法三章"的方式多种多样，但是不管怎样，你所制定的规则应该是孩子易于接受的。那么父母该如何与孩子约法三章呢？

第一，规定的内容尽量单一，让孩子一目了然。

如果父母需要孩子完成的事情有很多，请不要将所有事情集中在一个时间段内交给他们。你可以将这些任务分散开来，每天或是每隔几天让他们去执行一个。如果你怕记不清楚，那也没有关系，将这些任务写在纸上，列一个任务清单，并记录下每件事情的完成期限，如两天或是一个星期等。

给孩子安排任务一定要简单，方便孩子记住。例如你可以规定孩子早晨起来必须自己穿衣服、洗脸，不能被父母催促超过三次；晚上上床睡觉前完成洗漱、喝水、如厕等事情，关灯后没有特殊原因不得再随便下地等，并且内容越具体越好，这样孩子便能清楚地知道自己该做些什么。如果父母每次说出一大堆的事情让孩子做，例如："小惠，妈妈马上要去上班，你吃过饭后把桌子收拾干净，把书架上的书整理一下，再把落在地板上的饭粒扫一扫，妈妈回来要检查啊。"孩子听到这么多任务，当时肯定会点头答应，但转眼间就会忘记，最后也只能完成一两个。如果回来遭到父母的抱怨，执行任务的信心将会大打折扣。

第二，规定的任务要符合孩子的年龄，不能过于简单，也不能过于复杂。

父母规定孩子做某件事情，要根据孩子的年龄确定，如果你对一个两岁的孩子说"你要自己洗脸、刷牙、上床睡觉，并且不能被父母催促三次",那是不现实的。年龄较小的孩子,对数字的理解能力不够,而且他们在执行某件事情的时候大多需要父母的引导和帮助,因此为他们制定这样的规矩是不合适的。

第三,使用奖励制度激励孩子。

对于成人来说,如果完成了一件事情并得到大家的认可,他会体会到成就感和愉悦感。可是对于孩子来说并非如此。因为获得成就感是一种体会,只有人头脑成熟到一定程度才会获得,因此孩子不具备这种能力。当家长交给孩子一件任务的时候,孩子可能并不乐于接受,所以当他们费心费力完成后,如果没有获得相应的奖励,对于他们来说则是很大的打击。

其实,不仅是孩子在完成一件事情后希望获得奖励,成人也是如此。父母为何要努力工作,因为加薪对于他们来说就是一种奖励。可以说奖励是人们做事情的动力,没有这种动力,人们将没有激情去做事。既然奖励能有效激励孩子行动,那么父母就应该将这种方式运用于孩子的日常教育中。

> 浩然已经上小学四年级了,但是他在学习时特别马虎,每次做试卷的时候,本来对试题胸有成竹,但写的时候不是漏做一道,就是写错了结果,以至于总是拿不到满分。因为浩然在平时特别喜欢拼装汽车模型,妈妈后来和他约定,以后把试卷做完后,一定要好好检查,只要不出因为马虎、丢三落四而造成的错误,就可以得到汽车拼装的零件。如果他在重要的考试中取得好成绩,还会再得到一个完整的汽车模型。后来,浩然每次做完试卷都会认真检查,把因为马虎做错的题再改正过来,成绩有所提高。经过一段时间后,他养成了自觉检查作业和考

试题的好习惯。

不过，父母在奖励孩子之前，一定要弄清楚怎样做算是奖励。奖励是在孩子付出艰辛和努力后，或是完成了一项必须完成的任务，所获得的一种积极结果。例如努力学习后，取得了好成绩，得到学校颁发的奖状等。但是可不要经常对孩子实施小恩小惠，为让孩子完成一件事情不惜多次承诺给予不符合实际的奖励，这是不正确的，容易让孩子养成没有奖励就没法做事的习惯。

第四，要想让规定生效，就要严肃对待规定。

父母与孩子约法三章的时候一定要把这件事情当真，只有父母认真，孩子才会认真。当父母给孩子规定了任务，一定要监督其完成。如果孩子有懈怠，要及时提醒和约束。如果可能，还要将孩子执行的进度记录下来，这样孩子做起事来会更积极，更努力。在执行任务的过程中，他才能学会以严谨认真的态度对待每一件事。

总而言之，有效的约法三章，只不过是运用一种不同的形式为孩子提供一种力量推动他们进步，目的在于加强孩子的自我控制能力。因此，家长要恰当地运用这种方式，只有把握好度，才能与孩子建立起通畅的沟通桥梁。

第六节 孩子到公共场合喜欢瞎闹，需提前提出要求

孩子只要跟着父母到公共场所就喜欢瞎胡闹，这是一种很常见的现象，其原因在于孩子情绪的变化。每个人的情绪都不是稳定的，都是多变的。人们时而高兴，时而低落，时而冲动，时而含蓄，就好像上午的时候还为一场球赛兴奋不已，下午看了一集电视剧，就被女主角的悲惨命运打动，继而泪流不止。有时候一个坚定不移的人，也会为了某种自己喜欢的东西而犹豫不决，可见人的情绪是随时变化的。

孩子也一样，他们的情绪也是千变万化，不受自己控制。例如他们看见食物的时候可能很高兴，但由于手里拿着的勺子掉到地下，转眼间就哭了起来。又好比，他们之前还在大吵大闹不愿意放下手中的玩具，可是一出门看见跑来跑去的小猫小狗，立刻就露出笑容。因此，父母无须将孩子一到公共场合就喜欢瞎胡闹的现象想象得多么严重。

一般来说，孩子在家里或是小区周边玩耍得很好，是因为他们对家庭规矩、小区环境十分熟悉，可一旦到了外边，特别是公共场所，就显得极为不自然，这是因为他们不知道自己要怎么做才符合这种场合。于

是，孩子不禁心生疑问，我在这里能走多远才不会让妈妈生气，我要跑得多快才不会被妈妈教训？越是这样想心情就越紧张。

另外，一些公共场合，例如商场、超市、银行或餐厅等，很多的人来来往往，人们或三三两两聚在一起，或是单独穿梭其中，很容易因为某件事情发生口角或是肢体碰撞。加之耀眼的灯光、嘈杂的声音，以及五彩缤纷的装饰物，让周围的环境变得异常躁动。孩子面对这种环境，需要花更多的精力适应。

当他们被某种色彩鲜艳、样式新颖的物品吸引，或者看到某件他们从未经历过的有趣的事情，他们的脑细胞就会异常兴奋，不知不觉将注意力全部集中在上面。随着对这种事情或事物的深入了解，如果他们的兴趣逐渐加深，四肢也会配合大脑一起投入其中，此时，他们会变得更为兴奋，更为激动，要想保持之前规规矩矩的样子已经不可能了。

三岁的嫣嫣在家的时候还听从父母的管教，可是一到外边就爱瞎闹，每次出门去超市或是商场都让妈妈头疼不已。

一天，妈妈需要到附近的超市购买些日用品，她决定趁早晨超市刚开门的时候去，因为那时候逛街的人少，方便看管孩子。并且出门前妈妈和嫣嫣约法三章："嫣嫣，家里的香皂、卫生纸都要用完了，妈妈必须要去超市一趟。现在咱们先定下规矩，一会儿到了超市，你一定要紧紧跟着妈妈，不能乱跑，不能随便把超市货架上的东西推倒，不能随意拿起东西就放到推车里，记住了吗？如果你听妈妈的话，妈妈给你买巧克力饼干作为奖励。"嫣嫣满口答应："妈妈，我听话，我会乖乖跟着妈妈不乱跑。"

两人很快来到超市。超市门口摆放着小推车，妈妈拉过来一辆,为防止嫣嫣乱跑,将她放到了儿童座位上。她们走进超市,来到牙膏、牙刷货架前,嫣嫣立即就被色彩斑斓的牙膏外包装吸引,大声对妈妈说:"妈妈,我能下去摸摸那些好看的牙膏盒吗?"妈妈说:"我把小推车往前推一推,你坐在这里摸,好吗?但是只能摸,不能拿啊。"嫣嫣答应了妈妈的要求,但她坚持要自己站在地上。妈妈把她放了下来。刚开始的时候,嫣嫣看见一个上边印着竹子的牙膏,用手摸了一下。妈妈在一边挑东西,没有管她。可是转眼间,她就淘气起来,先是把周围的牙膏盒全都堆积起来,不管是不是一类的全都摞在一起,妈妈发现后大声训斥她道:"每个牙膏价钱不一样,不能全部堆在一起,一会儿售货员阿姨再重新摆放多辛苦啊。嫣嫣,不要再这么做了。"嫣嫣对妈妈笑了笑,手中的动作还在继续。妈妈赶快走过去阻止,此时嫣嫣更为兴奋,一手就把刚摞在一起的牙膏盒全部推倒,弄得货架乱七八糟,还掉在地上好几盒。

妈妈很生气,赶快低头捡,小家伙看见妈妈的动作更为激动,又伸手把货架上的牙膏盒也往地上扒拉,幸好售货员阿姨及时过来,才制止了她的行为。妈妈不好意思地向售货员道歉后,拉起嫣嫣就走,并对她说:"你今天在超市表现得很不好,没有巧克力饼干吃了。"嫣嫣站定大哭起来,怎么也不肯走,妈妈只好使劲拽着她走,边走边说:"这孩子实在太淘气,太气人了,下回再也不带你出来了!"

很多父母带孩子到超市或商场买东西,都会碰到这样的事情。尽管在出门之前一再跟孩子讲规矩,可是孩子到达目的地后,还是不由自主地变得活蹦乱跳,难以管教。这是因为孩子在家里适应的规矩与外面的规矩不同。他们在家里玩耍的时候，可以随意支配自己的玩具，不论是将它们堆积在一起，还是推倒在地都是被允许的。当孩子们来到外面，看到琳琅满目的物品，不自觉地就将这些东西看作玩具，但因为这些"玩具"是他们平时很少见的，他们兴奋过了头，于是就失去了自控力。

父母经历几次这种情形后，可能会发誓永远不带孩子逛街。他们通常采取逃避的方式解决问题，让孩子待在家里或是把孩子放到儿童乐园，由一人看管，另外一人去采购东西。可是这并不是一个好办法，以后孩子还需要到更多的公共场合去磨练，去开拓眼界，父母不可能永远阻挡他们接触外界的脚步。因此，最好的办法就是让孩子提前了解外出的规矩，帮助他们慢慢进步。

首先，在去公共场合之前，要认真而严肃地告诉他们应该怎样做。

在出门之前，父母一定要告知孩子到什么地方应该有怎样的表现，并且确定孩子确实理解了你说的话。在说话的时候，父母一定要用严肃认真的语气，让孩子知道你对这件事情的态度。出发走在路上时，你也要时刻引导和规范孩子的行为，帮助他们加深印象。

其次，设定规矩要符合孩子的年龄，不能期望过高或是过低。

一般来说，为孩子设定出门的规矩一定要以年龄为前提。孩子年龄小，就不能对他们期望过高，只要为他们设定一条规矩，并引导他们完成就可以。例如"一会要牵着我的手，不能乱跑"或是"不能随便从货架上拿东西"等。

再次，孩子出门遵守规矩可获得奖励，但是若违反规矩，也要接受相应的惩罚。

当父母为孩子设定好出门的规矩后，为鼓励孩子认真执行，可为孩子设定奖惩规则。当孩子在公共场合能够很好地遵守规矩，父母应该及时给予奖励。奖品可以是糖果、小玩具或是小贴纸，这样会激励孩子下次做得更好。相反地，如果孩子的表现并不能让父母满意，或是他们完全没有按照约定行事，那么父母也应该及时给予孩子惩罚，让他们知道不遵守规矩是错误的。如果孩子违反规矩后造成了十分严重的后果，例如将大件物品推倒，或是在人群中乱跑。为避免孩子陷入危险，父母一定要给予最严厉的教训，让孩子铭记教训，这样一来，孩子下次才能不再犯类似的错误。

四岁的峰峰也是个调皮捣蛋的孩子，他在跟妈妈去超市之前，妈妈总要认认真真地告诉他："进超市之后不能随便乱跑，没有经过我的同意，不能随便拿货架上的东西，这两点记住了吗？"峰峰说："记住了。"妈妈说："你再重复一遍。"峰峰说："要牵着妈妈的手，不能随便跑，不能随便拿超市的东西。"妈妈确定峰峰已经完全理解了她制定的规矩，于是带他去了超市。

在去超市的路上，妈妈再次重复刚才的规矩，并说道："如果一会儿进了超市，你能按照咱们之前约定的做，妈妈会奖励你最喜欢的巧克力豆；如果不遵守规矩，就没有巧克力豆，并且回家还要面壁思过，明白吗？"峰峰点点头。妈妈再次确定峰峰记住了这些奖励和惩罚后，带他走进超市。当峰峰看到满柜台的玩具，想要奔过去的时候，妈妈认真提醒他道："峰峰，妈妈刚才跟你说了什么，你还记得吗？"峰峰停下了脚步。规规矩矩地拉着妈妈的手，说道："妈妈，我想到那边看看玩具。"妈妈说："好，先等妈妈在这里买好卫生纸和牙膏，妈妈再带你去看玩具。"峰峰答应了妈妈的要求，在一旁安安静静地等着，但是还没过两分钟就动手摆弄起货架上的商品。峰峰刚刚将一盒牙膏扔到推车里，妈妈便及时阻止道："峰峰，妈妈是不是说没有经过允许，不能随便拿货架上的东西，你做到了吗？"峰峰赶忙把东西又从车里拿出来放到了货架上。

接着，妈妈和峰峰继续购物，看他今天表现不错，妈妈还带他来到玩具区看了一会儿汽车模型。之后，妈妈买了峰峰最喜欢的巧克力豆，直到结账时，峰峰都表现得很好。在回家的路上，妈妈奖励峰峰一袋巧克力豆，并表扬他今天做得很好。

孩子毕竟是孩子，父母不能用成人的眼光衡量他们。尽管父母已经设定了很多规矩帮助孩子提高自控力，但他们难免受某件特殊事情的影响，而表现得情绪异常。这时候，家长为确保孩子不受到伤害，或是防止造成恶劣的后果，应该时刻监督孩子的行为。如果孩子因情绪激动做出某种出格的行为，令父母难以控制，在此情况下，父母要及时带孩子到安静的地方让他们冷静下来，然后再决定是回家还是继续外面的活动。

第七节　父母忙碌，要让孩子学会不打岔

在教养孩子的过程中，很多父母经常遇到这样的问题：自己越是忙乱，孩子越喜欢找事。例如妈妈正忙着做饭，锅里的油已经冒烟了，再不翻炒就煳锅的时候，孩子在厨房门口大声哭喊不让妈妈做饭；妈妈洗衣服，忙得不可开交的时候，孩子在一旁拽着妈妈的手，让妈妈陪着玩积木。尤其对于两三岁的孩子来说，这种现象时常发生。

父母由于要做的事情被孩子打断，便抱怨孩子不听话、不懂事，甚至会和孩子发生争执。而孩子在父母的压力之下，往往能安静下来，但是过不了多长时间，孩子又变得难以管教。当然，随着年龄的增长，孩子们的这种问题会逐渐改善，但有一些孩子免不了像以前一样喜欢打断父母做事。

今天，妈妈亲自下厨为鹏鹏做他最喜欢吃的炸大虾。鹏鹏在客厅里看动画片，由奶奶在一旁陪伴。开始的时候，鹏鹏看得津津有味，妈妈说去做饭，他很快就同意了。可是在动画片

播完一集,中间插播广告的空档,鹏鹏好像忘记妈妈去哪了一样,问奶奶道:"妈妈呢?"奶奶说:"妈妈去给宝贝做饭了,做你最喜欢吃的菜。"鹏鹏说:"不让妈妈做,奶奶去做。"奶奶说:"奶奶不会做这道菜。"鹏鹏立即不高兴了,光着小脚丫就去厨房找妈妈。

妈妈刚把虾放进油锅里煎炸,鹏鹏突然冲了进来。起初,他还能想起来妈妈叮嘱过的靠近灶台很危险,于是就站在离妈妈一米远的地方喊道:"妈妈过来,妈妈过来。"妈妈说:"妈妈在给鹏鹏做饭,鹏鹏先到外边玩一会儿好吗?"此时,锅里油温很高,为避免煳锅,妈妈看到虾变了颜色后,需要赶快夹出来,所以没法顾及一旁的鹏鹏。鹏鹏见妈妈没伸手过来抱他,立刻跪在地下,大声哭喊:"妈妈过来,妈妈不做饭。"妈妈此时很着急,又想过去拽起鹏鹏,又不能放着锅里的东西不管,于是大声说道:"鹏鹏先别闹,快出去等妈妈。"鹏鹏还是不停地哭喊,一点一点地往前蹭,直到抱住了妈妈的腿,使劲喊着不让妈妈做饭。妈妈担心锅里溅出的油点烫着鹏鹏,只好先放下手里的锅铲,把火调到最小,急忙把鹏鹏抱到厨房外边。

妈妈大声斥责了鹏鹏,让他乖乖听话,才又返回厨房继续做饭。此时,大虾由于在油锅里放置时间过长,有的早就煳掉了,可是鹏鹏仍然在一旁大哭。妈妈实在气愤,大声对鹏鹏吼道:"你哭够了没有?你看看,好好的虾被你一闹炸成了这样,你现在马上回客厅自己去玩,如果再到厨房里来,明天就不准再看动画片。"鹏鹏哭得更厉害了。

孩子因为年龄小,头脑中一旦冒出某种想法就要付诸行动。如果告诚他们不要冲动，耐心等待一会儿，那对于他们来说是很难办到的。就好像孩子突然想要妈妈的陪伴，如果不成功将妈妈叫到身边，他们会很难受一样。因此不管妈妈在做多么重要的事情，也不管她做到什么程度，孩子都会毫不犹豫地过来打扰。

有些父母经常说："只要我忙碌的时候，孩子就会过来故意捣乱。"他们认为孩子捣蛋还会挑时间。其实，孩子中途扰乱父母要做的事情真的是无心之举，父母认为孩子故意，只是因为人在忙碌的时候，通常都会感到心烦意乱，此时如果再被孩子纠缠，更是难以压制心中的怒火，于是就觉得孩子不懂事，无理取闹。而对于孩子来说，他们可不会去想什么时间，自己该不该过去打扰，只要有了想法就要有行动。换言之，孩子捣乱是不分时候的，而父母只有在忙于某事的时候，才会认为孩子故意捣乱，其他时候则没有这种想法。

因此，父母如果忙于一件事情，而中途遇到孩子哭闹，可能不是孩子的错。孩子只不过还没有理解忙碌的含义。在这种情况下，父母应该提前告诉孩子应该怎么做，而不该怎么做。

父母不妨事先就告诉孩子自己要做什么事情，并向孩子提出几点要求。这些要求一定要具体，不能过于模糊，例如你可以说"妈妈去做饭，你不能进厨房"，而不能简单地说"乖乖听话""不要捣乱"等。

在说话的时候，要与孩子保持无障碍沟通，让孩子确信你的态度是认真的，还要确定孩子已经听到你说的话，并且已经理解。父母可不能随便一说，孩子答应一声就认为他们听明白了。有时候孩子被某件事情吸引，答应是下意识的。等他们放下手里的东西时，往往已记不得父母刚才对他们说了什么。

如果你正在忙手头的事情，突然遭遇孩子打岔，可以先将手头的事情暂时放一放，再一次重申刚才提出的要求，帮助孩子强化记忆。当然，在重申的时候一定要控制好情绪,千万不能打骂孩子,否则引导效果会下降。

  四岁的晨晨在摆弄玩具车,妈妈在一旁陪伴。过了一会儿,妈妈想把晨晨刚才换下的衣服洗一洗,于是看着晨晨的眼睛说:"晨晨,妈妈在那边看着你,好吗?顺便把衣服洗一洗,你就在这里摆积木,那边水多,不要过去。如果你能做到,妈妈一会儿会给你贴上一个奥特曼的小贴画作为奖励,好不好?"妈妈依然看着晨晨的眼睛,晨晨说:"记住了。妈妈你去洗吧,我肯定不打扰你。"妈妈确定晨晨听清了自己的话,就在一旁的洗漱盆洗起了衣服,并时不时回头看看摆积木的晨晨。过了一会儿,晨晨一个人玩得似乎有些无聊,便跑到妈妈身边说:"妈妈陪我玩一会儿吧。"妈妈再次用肯定并且认真的语气对他说:"刚才妈妈对你说了什么?你是不是亲口答应了?可不能说话不算话啊。"晨晨一直自称小小男子汉,他可不想被妈妈认为说话不算话,于是说道:"我说话算话,妈妈洗吧,我等着。"妈妈面带笑容地说:"晨晨真乖,妈妈还有一件衣服就洗完了,马上就可以陪晨晨玩了。"晨晨听后很高兴,又一个人开心地摆起了积木。

父母在做一件事情之前,可以清楚地告诉孩子如果不中途打扰,会得到什么样的奖励。孩子遵守规定,父母则及时给予奖励;如果违反规则,便要受到惩罚。奖励和惩罚都可以是积分制的,例如这次妈妈通电话没有被干扰,就给孩子在纸上贴一个小贴画,积累五个小贴画,可以换一个小玩具。如果没有遵守规矩,当然也要扣掉一个贴画,直到累积到五个才能兑换奖品。

在接下来的日子里,父母可以让孩子多次参与到情境中,反复进行实践。如果孩子还不能遵守规则,就要加强练习。如果没有真实的情境,可以采取模拟的形式。当孩子获得的成功多于失败的时候,说明规矩已经形成,日后再遇到父母忙碌,则可以很好地控制自己。

第八节　让孩子从一项活动轻松过渡到另一项活动

对于父母来说，让孩子参与一项活动可能很容易，例如吸引他们去玩一个玩具。可是让他们从一项活动过渡到另一项活动，比如让正在玩玩具的孩子去洗澡、洗脸，却不是一件轻松的事情。

很多父母面对这种情形，通常会很无奈，他们抱怨孩子不听话，难以沟通。相反的，在这种情况下，孩子也会认为父母无理取闹，难以沟通。孩子为什么不愿听从父母的安排，放下手头的事情呢？这是因为孩子一旦被某件事情吸引，投入进去后就很难抽出身来。就好比他们在看动画片，正看在兴头上的时候，你让他们过去吃饭，他们大多数是难以服从的。不仅孩子如此，大人也是一样。如果大人正在津津有味地看着手机新闻，被别人差遣去打扫卫生，也十有八九不乐意，只不过大人在情绪上的自控能力强些，不会轻易表现出来罢了。

而小孩子是不同的，他们不论高兴还是愤怒，都会通过神情或语言体现出来，因此父母要想让孩子从一件事情中立即抽身，一般会遭到孩子的反抗和拒绝。

倩倩正在聚精会神地看动画片《熊出没》，饭菜全部摆放在餐桌上之后，妈妈走过来说："乖宝贝，该吃饭了，把电视关了吧。"倩倩没有说话。妈妈意识到倩倩看得太专注了，没听见，于是又大声说道："倩倩，关掉电视吧，该吃饭了。"倩倩随口说："不行。"爸爸早就知道倩倩不会这么快妥协，于是过来帮腔说道："倩倩，吃饭的时候，不能看电视，你现在必须把电视关掉。"倩倩说："不行，不能关，我要把这一集看完。"妈妈很生气，再次说道："你必须关掉电视，否则不准吃饭。"倩倩说："我不饿，我不吃饭。"妈妈抑制不住心头的怒火，对着倩倩大声吼道："我说话你听见没有？给我立刻关掉电视。"倩倩也大声叫道："不关，就是不关，我就要看完！"妈妈简直气愤到极点，走到电视机前一把拔掉了电源插头，说了句："不关也得关。"倩倩大声哭了起来，边哭边说："我讨厌妈妈，妈妈是坏妈妈。"还想伸手打妈妈，被爸爸一把拽住了胳膊，拖到餐椅上。接着爸爸对她说："给我好好吃饭，以后再不听话就不准看电视。"后来，倩倩不说话，也不看他们，往嘴里扒拉了两口就把碗用力推到一边，还碰翻了旁边的小菜碟，妈妈气得直叹气。

孩子毕竟年幼无知，在大人们看来应该的事情，却无法认同，因此不能理性对待。当他们正在看自己喜欢的动画片而被人打断时，第一反应就是接着看。如果遭到拒绝就会愤怒，甚至与父母对着干。当然，有些孩子会听父母的话，关了电视过去吃饭，这取决于自控力的强弱，但每个孩子都会下意识地觉得还没看过瘾。相对来说，自控力弱的孩子，会对父母心生抵触，进而有冲动的行为。越是强制他们去做什么事，他们越是强烈地对抗。

如果父母不想让事情发展到恶劣的程度，首先要保持理智和冷静的情绪。面对孩子的不配合和拒绝，父母很容易暴跳如雷。但是如果大人和孩子的情绪都处于失控状态，如何控制事情向更好的方向发展？如果父母保持理智，无论孩子表现得如何，父母都能以不变应万变，才不会处于被动地位。

那么，父母该怎样做，才能帮助孩子从一件事情轻松过渡到另一件事情呢？

第一，在孩子还未投入到一件事情之前，就要给他们定好规矩。例如"再摆一会儿积木，就到睡觉时间了，我叫你洗脸时，你一定要放下积木过来洗脸"。孩子答应后，从心理上就做好了准备，一会儿被父母叫去做什么事情也会很快适应。

第二，可以多次提醒孩子。例如在孩子看动画片之前，父母已经告知他马上到吃饭时间，到点就要关掉电视。但是孩子在专注于某件事情的时候，难免会忘了时间。这时候，父母可以对孩子多次提醒，在距离吃饭十分钟的时候提醒一下，五分钟的时候再提醒一下，给予孩子紧迫感，孩子不断被提醒，加强了心理准备，再转换到另一件事情就会轻松一些。

第三，给予孩子相应的奖励与惩罚。如果孩子成功按照父母的要求进行另一件事情，父母则可给予适当奖励，让他们意识到遵守规矩是正确的。如果孩子说到做不到，表现得不好，父母也需给予惩罚，例如面壁思过，或是其他惩罚，让孩子记住这样做是不对的。

第四，父母一旦为孩子制定了规矩，就应该要求孩子严格执行。如果父母对孩子说，十分钟之后就要上床睡觉，时间到了之后，一定要让孩子履行约定。如果孩子一再恳求要多玩一会儿，父母最好不要心软妥协。否则孩子一次尝到甜头,下次依然会用这种方式,父母将很难让孩子适应规矩。如果孩子强烈反抗,一定要采取必要的惩罚措施,如果没有特殊情况,一定要把这些规矩执行到底。

孩子正在做一件事情,突然被告知要去做另一件事,通常会无所适从,大发脾气。但是任何一种不好的习惯都不是一天两天就能改变的。父母既然制定了规矩,就要努力创造机会让孩子去实践、去适应。当孩子的自控力日益增强,育儿问题就变得轻松了。

第九节　不要给孩子开空头支票

古人常说:"君子一言,驷马难追。"无论是在家庭中,还是社会上,承诺都是十分宝贵的东西。遵守承诺、诚实守信是中华民族的传统美德,是一个人身上非常重要的品质。一个人承诺,不仅是简简单单地许下某个诺言,而是要在许下诺言之后,真真正正付诸实践。人只有遵守诺言,才能赢得他人的信任,只有履行诺言,才能维护人际关系的良好运行。这一原则不仅适用于成人与成人之间,也适用于成人与孩子。

然而,对于大多数父母而言,他们往往有承诺的习惯,对孩子许下承诺,却很少兑现。尽管父母在口头承诺的时候,对孩子起到了激励作用。当孩子完成任务,发现父母没能依照承诺办事时,期望落空,就会感到委屈、难过,甚至对父母心生怀疑。父母如果长期只开空头支票,他们会不再相信父母说的话,并对父母制定的规矩产生抗拒心理。

静静从小聪明伶俐,在学习上一点就通,可就是学习成绩不稳定。现在上三年级的她,考试成绩一直起起落落,有时全班第一，有时第三，有时第五，有时又回到第四，这个学期突然掉到了第七名。妈妈心里十分着急，就对静静说："静静，你好好学习，要是这次能考回前三名的好成绩，我就给你买一套新的彩笔。"因为静静平时喜欢画画，她特别想要一套新的彩笔，这次妈妈亲口承诺，她高兴极了。之后，她每天努力学习，不懂就问，在期末考试的时候认真审题，做完试卷仔细检查，排除了因粗心马虎而犯的错误，终于又重新获得了第三名。

静静知道考试成绩后十分兴奋，等妈妈下班回家后，第一时间把这个好消息告诉了她。妈妈抱着静静，在她脸蛋上使劲亲了一下说："我的静静实在是太棒了！下次也不要让妈妈失望啊。妈妈去给你做好吃的。"妈妈只字未提彩笔的事，径直走进厨房，静静很失望。不过她转念一想："妈妈可能着急做饭，再说现在天也快黑了，出去买也来不及，也许明天妈妈就买来放到我桌子上了。"

第二天放学回来，静静急急忙忙到写字台旁查看，依然没有看到她期待已久的新彩笔。第三天也是如此。到了第四天，正好是个休息日，静静终于忍不住了跑去问妈妈："妈妈，你说我考试得了前三名就给我买一套新的彩笔，那你什么时候给我买呢？"妈妈说："妈妈前几天一直上班，实在没有时间。"静静说："妈妈，今天休息，我们一起去买吧。"可妈妈却说："哦，静静，你考了第三名妈妈很高兴。妈妈看你之前的彩笔还能再用几天，咱们不能浪费啊，先把旧的用完再买新的好吗？"静静一听就噘起了小嘴，说道："不行，不行，妈妈答应了的，说话要算话。"妈妈挥手说道："什么时候买不都是买吗，晚买一段时间有什么不行，你这孩子真是不懂事。"静静听后，表现得很平静，她没有大哭大闹，没有抱怨妈妈，但心里却感到很委屈，很难过。静静不愿再继续追问妈妈，转身回到自己的房间，关上了房门。

从那以后，她心里总是隐约觉得不舒服，感觉妈妈是不能信任的人，慢慢就失去了学习的动力。

其实，妈妈为了激励孩子进步，向孩子许下奖励的承诺，其出发点是正确的。但是当孩子遵守约定努力学习，并且获得了一定的好成绩后，妈妈却没有兑现承诺，这种行为所带来的影响是负面的。妈妈对孩子的承诺，让孩子刚刚找到动力，孩子正为此而兴奋。如果妈妈兑现承诺，相当于为孩子打了一针强心剂，能帮助他们在学习的道路上走得更稳更远。可是，妈妈不但爽约，还为自己的失信找了多个理由，使得承诺带来的正能量逐渐衰退，直至消失不见。如果孩子接受教训，则不会再相信父母，继而对父母表现出消极态度。而父母这么做也为孩子起了不良示范，孩子将来如果无法兑现承诺，不但不会自我反省，反而会为自己寻找借口逃避责任，也会变成一个不遵守承诺，没有责任感的人。

有时候，父母爽约可能有正当而充分的理由，但孩子毕竟年幼，无法分辨事情的前因后果，便认为父母言而无信，从此对父母失去信任。父母的威信在孩子心目中大打折扣后，父母与孩子的交流和沟通就会出现问题。

父母要想真正让孩子信服，就应该做个有威信的家长，而树立威信最基本的做法就是说话算话，一言九鼎。要做到这些，父母首先要放弃孩子年龄小就不懂事的想法，尊重他们的独立人格。不能因为他们年龄小，依赖父母，就可以随便对他们开空头支票。孩子是天真无邪的，他们最容易对大人产生信任，但如果大人亲手将与孩子之间建立起的信任摧毁，也会在孩子心中留下印记，所以大人最好不要等到孩子抱怨，再去兑现承诺。

父母在承诺时应该量力而行，不要为了急于催促孩子进步而许下自己无法兑现的承诺，也不能接二连三地承诺。承诺越多，越是不切实际，兑现的可能性就越小。这样一来，父母在孩子心目中的地位不但没有提升，反而有下降的可能。因此父母许诺的次数，应该随着孩子的年龄而逐渐减少，并且不要随便在孩子面前言过其实，夸下海口，既然说到就要努力做到，做不到就不要多说。

如果父母让孩子自己提要求，也要有自己的原则。对正当要求可以支持，如果要求是难以实现或是不符合孩子需求和年龄层次的，父母应该讲明原因并及时拒绝，切不可因为溺爱就来者不拒，这样更加无法让孩子分辨正误。父母只有把握好一个度，才能让孩子逐渐意识到承诺的分量。

承诺不免会和物质挂钩，因为物质奖励既实际又深得人心。但是物质承诺过多，往往会让孩子变得虚荣和自私。有时候，精神承诺也有其无法比拟的作用，例如父母可以承诺孩子如果遵守规则，就带他们到图书馆博览群书、去看画展提高审美、去游览胜地欣赏风光等，不但开拓孩子的视野，还能充实孩子的精神世界。

如果父母因为忙于工作或其他重要原因而忘记兑现承诺，千万不要强行让孩子接受这个没有兑现的结果。一定要向孩子及时说明原因，求得谅解，并承诺找适当的机会兑现没有兑现的诺言。只有父母把孩子当作朋友一样尊重，以诚相待，孩子才能对父母充满信任，才更加愿意遵守约定。

第十节 不要要求孩子绝对服从

很多时候，孩子有需求父母会表示反对，而父母提什么要求却要求孩子绝对服从。生活中，经常会上演这样的"剧情"，父母对孩子说："我让你怎么做你就怎么做，不要问为什么。"孩子想拒绝但是又表现得无可奈何。

从表面上看，父母强迫孩子做事出于为孩子着想，但实际上，这种强迫并不合理。父母要求孩子绝对服从，可能出于两点原因。

第一是因为父母自认为孩子经验尚浅，考虑问题不够周全，而自己"走过的桥比孩子走过的路还多"，无论对生活还是对学习，经验都比孩子充足，因此自认为自己做的决定和提出的要求都是对孩子有益的，孩子理应服从。

另一个原因是，父母本身性格比较强势，做事情比较专制。他们出门在外对朋友对同事如此，更不用说对家里的孩子了。父母为在孩子面前表现自己的权威，经常用教训的口吻跟孩子说话。每当要求孩子做什么事情时，更是喜欢用强制的方式要求孩子接受。如果孩子拒绝，则是挑战了他们的权威，他们就再次向孩子施压，直到孩子绝对服从。这样一来，父母和孩子之间就形成了压迫与被压迫的关系。

无论父母基于上述哪种原因要求孩子绝对顺从，都是只关注自己的内心，而忽视了孩子心里的想法。因为父母和孩子之间缺乏沟通与交流，长此以往，亲子关系不但会越来越疏远，孩子的心理发育也可能会出现问题。

小雨的妈妈是个女强人，她在公司说一不二，雷厉风行，在家里也是如此。在教育小雨的问题上，她心里只有一个标准，那就是自己说的话孩子不能有一点异议。她经常用命令式的口气说："小雨，你今天必须背会30个英语单词"，"小雨，你不能学舞蹈，喜欢不能当饭吃，去学小提琴吧"，"小雨，听我的话，你要是一定这么做，结果只能失败"等。

小雨平时学习成绩不上不下，在全班排名中下等，妈妈为了让小雨增强学习意识，就对她说："这次期末考试，你无论如何都要考进全班前五名，否则我就对你不客气了。"听了妈妈的话，小雨很难过。平时她对妈妈的要求无一不顺从，心里承受了巨大的压力。这次妈妈竟然对她提出了更高的要求，明显是为难她。小雨越想越觉得委屈，她觉得即便从现在开始努力，以自己的水平，提高两三名还有指望，要想冲进班级前五名，简直是痴心妄想。就这样想着想着，小雨愈发感到无助和绝望，她不敢回家，不愿回家面对专制的妈妈，于是选择了离家出走。

到了晚上八点多，妈妈发现小雨还没回家，才意识到事情的严重性，她敲开邻居家的门寻求帮助。大家齐心协力，终于把小雨找了回来。邻居阿姨认真地向小雨询问她离家出走的原因，弄明白后对小雨妈妈说:"对孩子期望高本身没有错，但也要实事求是。你有没有问小雨在学习上有什么困难呢？有没有为她提供帮助呢？只是下死命令一味让她遵守，时间一长，孩子怎么受得了？你要好好改改自己专制的毛病啊。"小雨妈妈为自己的行为感到很后悔。

很多家长往往把子女视为他们的附属品，希望孩子对他们言听计从，即便孩子已经长大，有了自己的想法，他们也不愿放弃支配孩子的权力。他们经常发布各种命令，强迫孩子去执行。孩子完成的情况如果和他们期望的不一致，就会受到惩罚。因为专制的父母严厉，对子女期望过高，而又缺乏宽容，让子女感受到巨大的心理压力。而孩子经常被要求绝对服从，则通常会变得胆小、怕事、没有主见。一旦有些事情超出他们的心理承受范围，他们将无从适从，很可能会以极端的方式解决。

其实，不管父母有怎样的道理，对于孩子而言，限制他们的想法和自由发展的天性，都是伤害孩子自尊的行为。每位父母都希望自己得到别人的尊重和爱护，也希望自己的孩子懂得尊重别人，对人有爱心，但这些良好品质的前提是具有自尊心。父母只有保护好孩子的自尊心，他们将来才能过得更充实更有爱，因此要给予孩子一定的人格自由，而不是独断专行。

恒轩喜欢玩电脑游戏，在房间里一玩就是好几个小时。问及原因，原来他是为了躲避说一不二的妈妈。妈妈在他心目中就是独断专行的"慈禧太后"，每次说什么都像发布命令一样。刚开始的时候，恒轩选择妥协，可时间一长，妈妈不但丝毫没有改变，反而变得越来越强势。恒轩不想按照妈妈说的做，也不愿跟她争吵，只好躲到房间里求清静。

一天，恒轩妈妈的好朋友黄阿姨到家里做客，恒轩仍然在房间里玩电脑。妈妈走进房间，生气地对恒轩说："黄阿姨来了也不打声招呼，天天在这玩电脑像什么样子，告诉你，好好学习，再这么玩我就把你的电脑扔了。"恒轩没有说话。

黄阿姨觉得恒轩妈妈这么对孩子说话实在是过分，赶快把她拉到客厅。恒轩妈妈开始抱怨儿子一点也不像自己，干什么事情都不积极，为此很是生气。黄阿姨赶快安慰她说："你的儿子毕竟是独立的人，他也有自己的想法，自己的人生，不可能和你一样，所以你不该让他按照你的想法生活。"恒轩妈妈听了开始沉默，可能她也意识到自己武断的教育方式是不对的。

过了一会儿，黄阿姨要走了，她准备去看一看恒轩，于是走进恒轩的房间对他说："恒轩，你玩了有一会儿了，眼睛会受不了的，快休息一下吧。我知道你不愿意被妈妈强迫，你妈妈要是被人强迫肯定也受不了。她是关心你，只不过没有找对方法，你们要相互理解才行。"恒轩听后若有所思地点点头，那天他很早就关电脑睡觉了。

孩子还处于成长之中，他们有思想有个性，身上蕴藏着巨大的潜能，等待着被开发。父母尽管经验丰富，视野开阔，但也不能武断地用自己的想法替代孩子的想法。每个孩子都是独立的个体，他们需要自主探索的机会，只有这样，他们才能认清自己，找到自己前进的方向。父母需要做的是，尽量心平气和地对待孩子，有什么问题多与孩子商量和探讨，也要适当征求他们的意见。即使孩子表现出对抗，父母也尽量不要生气，不要用长辈的身份去压制他们。只有相互沟通，彼此理解，才能让亲子关系朝着稳定与良好的方向发展。

第十一节　父母双方对孩子的教育要一致

自从家里有了孩子之后，很多父母的生活主题就变成了养儿育儿。在此过程中，夫妻双方产生分歧也是很正常的事，毕竟人的想法各不相同，没有两个人能想得一模一样，只要是为了孩子好，大家都能接受。但如果父母当着孩子的面表现出意见不统一，甚至还为此相互争执，则不是好的教育方式。

生活中经常上演这样的情景：父亲在责备孩子，母亲站出来替孩子说话；或者是母亲在教训孩子的时候，父亲为孩子抱打不平。他们各自都认为自己是关心孩子，爱护孩子，公说公有理婆说婆有理，殊不知自己的做法不但不能保护孩子，还会给孩子带来巨大的心理压力。

孩子年纪尚轻，通常很容易屈服于大人，任何长辈在他们心目中都有很高的威信，如果父母在教育孩子的问题上保持一致，孩子很容易接受他们的意见。但是如果父母在孩子面前毫不忌讳地产生分歧，孩子就会变得左右为难，无所适从。因为他们缺乏主见和是非观念，分辨不清哪一方的意见对他们更为有利，于是倾向于归顺到强势的一边。当然，更重要的是，这会破坏父母之前为他们定下的规矩，助长孩子的不听话。

父母在教育孩子时保持一致性是很重要的，否则会产生很严重的后果。

首先，父母在教育上产生不一致意见，一个说东，另一个说西，孩子通常会无所适从。他们会分辨哪一边的意见倾向于自己，然后就会选择谁，靠近谁。例如孩子想看电视，父亲说不能看，伤眼睛，母亲说好长时间没看了，可以看。孩子认为母亲是支持他的，因此会倾向于母亲，如果父亲坚持自己的意见，孩子则会表示强烈抗议，因为他知道会有人和他站在一边，直到达到目的为止。也就是说，在家庭中，一个人对孩子持支持意见，另一个对孩子持反对意见，一个顺从，一个严苛，会造成孩子双重人格，不利于孩子的心理发展。

通常来说，在孩子心里，谁强势谁说的话就是正确的，谁弱势谁说的话就是错误的。当父母无法保持统一意见，特别是当着孩子的面发生争执时，父母在孩子心目中的威信会下降，孩子对父母感到失望，很可能不服管教。

孩子是一个独立的个体，他们有自己的想法并能支配自己的行为。但是因为无法分辨行为的对错，因此需要父母引导。如果父母对孩子的行为表现一致的肯定，他们便知道自己可以这样做；如果表现出一致的否定，他们也知道不能这样做。但是如果一方肯定，另一方否定，孩子会对自己的行为表示怀疑，从而畏首畏尾，束缚了个人自由发展的能力。

三岁半的姗姗跟爸爸妈妈外出逛街，在经过一家玩具店的时候，姗姗说："妈妈，我要买这个芭比娃娃。"妈妈说："你已经有好几个这样的娃娃了，不能再买了，我们一会儿去看别的，好吗？"姗姗噘起了小嘴，懊恼地说："不嘛，我不要别的，就要这个。"她见妈妈没有搭理她,又转过身拉爸爸的手说:"爸爸,你给我买这个娃娃好吗?"爸爸说:"你为什么喜欢它呢?"姗姗说:"因为我觉得她长得漂亮,我买回去给她穿衣服,梳头发,而且她一个人在这里多孤独啊,要是跟我回家,我还能陪她睡觉,陪她一起玩呢。"

爸爸听姗姗说得头头是道,一高兴就说:"好,爸爸给你买。"妈妈一听,赶快阻拦:"你看看咱们家有多少芭比娃娃,除了长相、穿的衣服不一样,其他的都差不多,买太多回去,她玩几天就扔到一边了,这不是浪费吗?"可是爸爸却说:"我上回看了一本书,说应该培养有主见的孩子。我问姗姗为什么要买这个娃娃,她清清楚楚讲明了原因,而且她只要这个,别的坚决不要,说明她是很有主见的,所以我们应该支持她的想法。"妈妈又跟爸爸讲了一通道理,但爸爸还是坚决要给姗姗买,妈妈生气地对姗姗说:"今天要买了芭比娃娃,就不能去儿童乐园。"姗姗一听大声哭起来:"我就是要买,就是要买,爸爸你给我买。"说着紧紧抱着爸爸。爸爸看到女儿的眼泪就心软了,责备妈妈说:"你为什么要招她哭?"于是径直走到柜台付了芭比娃娃的钱。走出玩具店的时候,姗姗一手拿着娃娃,一手拉着爸爸的手,一路上都不理妈妈。

孩子的心智还不成熟,对于是非评判没有一定的标准。父母其中一方谁支持他的想法,他便认为谁是正确的。这样一来,是非观会变得模糊不清。如果孩子的心思比较细腻内敛,父母在意见不一致发生争执时,很容易影响孩子的情绪,让孩子变得焦躁不安。长此以往,孩子会压抑自己对某种事物的渴望,生活得畏首畏尾,小心翼翼,从而影响身心健康。

父母在孩子面前应该相互尊重，相互爱护，时刻维护好做父母的权威。孩子虽然年纪小，但谁是帮着自己，谁是反对自己，他们一听就能分辨出来。即使是婴儿时期的孩子，也能看父母脸色分辨出对自己有利的一方，疏远对自己不利的一方，因此，父母在说话的时候不能想到什么就说什么，而应该讲究一个度。

　　当父母一方有不同意见时，尽量不要在孩子面前表现出来，也不要为此发生争执，而应该避开孩子将这个问题解决清楚。如果一方坚决不同意另一方的观点，也不要一气之下用孩子当挡箭牌，问孩子向着谁。面对如此艰难的选择，孩子也会情绪失控。

　　天下的每个父母都是爱自己孩子的，但是如果过分宠爱，则会助长孩子的威风，让他们变得难以管教。爱不是庇护和迁就，爱是需要理智的。父母在教育孩子的时候应该统一观点，理智对待，对就是对，错就是错。只有让孩子明确道理，孩子才能清楚分辨是非，成长为一个身心健康的人。

图书在版编目（CIP）数据

说到孩子心里去：完美亲子沟通书 ／ 富杰著．—北京：北京联合出版公司，2017.4
ISBN 978-7-5596-0238-1

Ⅰ.①说… Ⅱ.①富… Ⅲ.①家庭教育 Ⅳ.①G78

中国版本图书馆CIP数据核字（2017）第079504号

说到孩子心里去：完美亲子沟通书

作　　者：富　杰
选题策划：北京凤凰壹力文化发展有限公司
责任编辑：李艳芬　徐秀琴
特约编辑：周正朗
封面设计：Metis 灵动视线
版式设计：文明娟

北京联合出版公司出版
（北京市西城区德外大街83号楼9层　100088）
三河市华润印刷有限公司　新华书店经销
字数245千字　960毫米×640毫米　1/16　印张20
2017年5月第1版　2017年5月第1次印刷
ISBN 978-7-5596-0238-1
定价：29.80元

未经许可，不得以任何方式复制或抄袭本书部分或全部内容
版权所有，侵权必究
本书若有质量问题，请与本公司图书销售中心联系调换。电话：
010-85376701